掌尚文化

SALUTE & DISCOVERY
致敬与发现

贵州省社会科学院蓝皮书
BLUE BOOK OF GUIZHOU ACADEMY OF SOCIAL SCIENCES

贵州乡村振兴发展报告

（2021~2022）

ANNUAL REPORT ON DEVELOPMENT OF
RURAL REVITALIZATION IN GUIZHOU (2021－2022)

主　编／黄　勇

执行主编／蔡　伟　吴　杰　潘　一

经济管理出版社
ECONOMY & MANAGEMENT PUBLISHING HOUSE

图书在版编目（CIP）数据

贵州乡村振兴发展报告 . 2021~2022/黄勇主编 . —北京：经济管理出版社，2023. 6
ISBN 978-7-5096-9097-0

Ⅰ . ①贵⋯ Ⅱ . ①黄⋯ Ⅲ . ①农村—社会主义建设—研究报告—贵州—2021~2022 Ⅳ . ①F327. 73

中国国家版本馆 CIP 数据核字（2023）第 105614 号

组稿编辑：宋　娜
责任编辑：宋　娜
责任印制：黄章平
责任校对：蔡晓臻

出版发行：经济管理出版社
　　　　　（北京市海淀区北蜂窝 8 号中雅大厦 A 座 11 层　100038）
网　　址：www. E-mp. com. cn
电　　话：（010）51915602
印　　刷：唐山昊达印刷有限公司
经　　销：新华书店
开　　本：720mm×1000mm/16
印　　张：17. 5
字　　数：227 千字
版　　次：2023 年 6 月第 1 版　　2023 年 6 月第 1 次印刷
书　　号：ISBN 978-7-5096-9097-0
定　　价：98. 00 元

目　录

巩固拓展脱贫攻坚成果　奋力推进乡村振兴开新局

——2021~2022年贵州乡村振兴发展报告

黄　勇　蔡　伟　潘　一　吴　杰*

摘　要：2021年是"十四五"的开局之年，也是贵州脱贫攻坚取得全面胜利后的第一年。一年来，贵州省各级各部门认真贯彻落实党中央、国务院和省委、省政府关于农业农村重点工作部署，把巩固拓展脱贫攻坚成果作为全面推进乡村振兴的首要任务，全面启动实施乡村振兴"五大行动"，加快推进农业农村现代化，"十四五"乡村振兴实现良好开局。2022年，贵州聚焦高质量推动农业现代化，打造现代山地特色高效农业强省的战略目标，贵州省需要重点做好粮食生产、巩固拓展脱贫攻坚成果、产业结构调整、市场主体培育、农产品加工和品牌建设、农村劳动力转移等各项工作，不断促进农业稳产增产、农民稳步增收、农村稳定安宁，确保全省农业农村继续保持稳中有进、持续向好的良好发展态势。

关键词：乡村振兴；贵州；2021年

＊　黄勇：贵州省社会科学院副院长、研究员、省管专家。蔡伟：贵州省社会科学院工业经济研究所副研究员。潘一：贵州省社会科学院区域经济研究所助理研究员。吴杰：贵州省社会科学院区域经济研究所副所长、副研究员。

一、发展现状

2020 年 11 月 23 日，贵州省人民政府宣布，紫云县、纳雍县、威宁县、赫章县、沿河县、榕江县、从江县、晴隆县、望谟县九个县全部退出贫困县序列，至此贵州 66 个贫困县全部"摘帽"，923 万贫困人口全部脱贫，192 万群众搬出大山，减贫人数、易地扶贫搬迁人数创全国之最，曾经全国贫困面最大、贫困程度最深、贫困人口最多的省份，终于撕掉了千百年来的绝对贫困标签。"脱贫摘帽不是终点，而是新生活、新奋斗的起点"，为夯实筑牢脱贫基础、确保不发生规模性返贫，守住来之不易的脱贫攻坚成果，2021 年，贵州省上下以习近平新时代中国特色社会主义思想为指导，认真贯彻落实习近平总书记视察贵州重要讲话精神，按照党中央、国务院和贵州省委、省政府关于巩固拓展脱贫攻坚成果同乡村振兴有效衔接决策部署，以高质量发展为统揽，把巩固拓展脱贫攻坚成果作为全面推进乡村振兴的首要任务，加快推动脱贫攻坚向乡村振兴"三个转变"，全力实施巩固拓展脱贫攻坚成果、发展乡村产业、农村人居环境整治提升、推进乡风文明、加强乡村治理"五大行动"，贵州省"三农"工作成绩令人瞩目，乡村振兴实现"十四五"良好开局。

（一）体制机制更加完善，为乡村振兴开新局提供更有力的保障

（1）组织体系建立健全。按照党中央和贵州省委关于调整扶贫工作机构设置的部署要求，贵州省扶贫开发办公室重组为贵州省乡村振兴局，主要负责巩固拓展脱贫攻坚成果、统筹推进实施乡村振兴战略有关具体工作。继 2021 年 5 月 25 日贵州省乡村振兴局正式挂牌成立后，贵州省各市（州）、县（市、区、特区）、镇（乡、街道）的乡村

振兴机构相继成立，标志着如期完成脱贫攻坚历史使命后，驶入全面推进乡村振兴、加快农业农村现代化的新阶段。成立由贵州省委、省政府主要领导任组长，省委副书记任常务副组长的省委乡村振兴领导小组，负责统筹推进实施乡村振兴战略，加强对全面实施乡村振兴战略的组织领导，领导小组办公室设在省乡村振兴局。建立省领导联系乡村振兴点制度，贵州省委、省政府主要领导带头，41 名省领导联系帮扶全省 50 个县，其中，贵州省委常委、省政协主席、省人大常委会党组书记、省政府副省长联系帮扶 20 个国家乡村振兴重点帮扶县，实现国家乡村振兴重点帮扶县全覆盖。省委常委在联系 1 个国家乡村振兴重点帮扶县的同时，还联系 1 个乡村振兴引领示范县，按照"抓两头带中间"的原则，一方面帮助国家重点帮扶县巩固拓展好脱贫攻坚成果，另一方面帮助引领示范县重点突破形成一批可复制可推广的乡村振兴先进典型。贵阳市率先成立市级乡村振兴服务中心，为贵阳贵安新区统筹推进乡村振兴工作提供技术支持和服务保障。

（2）政策措施逐步完善。2021 年，中共贵州省委常委会 14 次召开会议、贵州省人民政府 18 次召开常务会议，研究贯彻巩固拓展脱贫攻坚成果同乡村振兴有效衔接政策举措。围绕巩固拓展脱贫攻坚成果、全面推进乡村振兴，贵州省委、省政府先后出台了《中共贵州省委 贵州省人民政府关于全面推进乡村振兴加快农业农村现代化的实施意见》《关于加快山地农业现代化推进农业高质量发展的实施意见》《贵州省全面推进乡村振兴五年行动方案》《贵州省巩固拓展脱贫攻坚成果五年行动方案》《贵州省发展乡村产业五年行动方案》《贵州省农村人居环境整治提升五年行动方案》《贵州省推进乡风文明建设五年行动方案》《贵州省加强乡村治理五年行动方案》《贵州省"十四五"巩固拓展脱贫攻坚成果同乡村振兴有效衔接规划》《关于分类分级推进乡村振兴的指导意见》等纲领性文件。相关省直部门相继出台《关于高质量做好易地扶贫搬迁集中安置社区治理工作的实施意见》《贵州省易地扶贫搬迁基本公共服务标准体系》《关于建立正常增长机制进一步加强村级组织运转经费保障工作的通知》《贵州省巩固拓展医疗保障脱贫攻坚成果有效衔接乡村振兴战略实施方案》《贵州省自然资源厅助力巩固拓展脱贫攻坚成果同乡村振兴有效衔接若干措施》《贵州省乡村公益性岗位开发管理办法》等具体措施和实施方案，巩固拓展脱贫攻坚成果、助推乡村全面振兴。

（二）脱贫成效巩固提升，为乡村振兴开新局创造更良好的条件

（1）守住了不发生规模性返贫的底线。在严格落实"四个不摘"基础上，在全国率先建立开发"防贫申报"小程序、率先开发建设防止返贫监测信息平台、率先建成低收入人口动态监测信息平台，构建起覆盖省、市、县、乡四级的低收入人口动态监测和常态化帮扶机制，实现了对全省低保对象、特困人员、低保边缘人口、易返贫致贫人口的动态监测预警全覆盖。聚焦群众收入变化、"3+1"保障实现情况、易地扶贫搬迁后续扶持等重点，开展跟踪监测和"回头看"大排查，高质量推动问题整改，切实巩固脱贫成果。建立农村危房安全动态管理机制，持续开展农村房屋安全隐患排查整治，及时发现和改造新增农村危房，扎实推进农村危房动态"清零"，巩固脱贫攻坚住房保障成果。对因病、因灾等突发困难群众及时进行精准识别、精准帮扶，积极推进"民生保""防贫保"等筑牢农户返贫致贫防线，及时消除40多万易返贫人口返贫致贫风险。贵州省人力资源和社会保障厅印发了《做好当前稳岗留工和返岗复工工作二十一条措施》，对返岗复工工作进行了系统安排和部署，组织专列、专厢、专车、包机以及自驾等举措"点对点"接返外省市务工人员，推出跨省务工交通补助、"三类人员"（脱贫人口、农村低收入人口、易地搬迁人口）外出务工求职创业补贴、组织"三类人员"就业机构跟踪服务补贴、"以工代

训"培训补贴、"送岗上门"等援企稳岗等政策措施，推动脱贫劳动力外出务工就业增收，全年全省脱贫劳动力稳定外出务工规模达330余万人，为巩固拓展脱贫攻坚成果、全面推进乡村振兴有效衔接提供了强有力的支撑。对照《贵州省易地扶贫搬迁基本公共服务标准体系》，持续深化易地扶贫搬迁后续扶持"五个体系"建设，统筹财政专项资金50.5亿元、金融信贷资金86.91亿元用于安置点补齐基础设施、公共服务设施短板和发展产业，切实提高基本公共服务水平和质量，拓宽就近就业渠道，扎实做好易地扶贫搬迁"后半篇文章"，确保搬迁群众稳得住、有就业、逐步能致富。多彩贵州网官方账号数据显示，截至2022年10月，在贵州省845个安置区周边工业园区、农业园区、扶贫车间入驻各类企业2446家，易地扶贫搬迁有劳动力家庭41.36万户99.14万人，实现就业41.36万户92.84万人，就业率达到93.65%，实现了有劳动力搬迁家庭一户一人以上就业目标。在全国率先出台《关于切实做好易地扶贫搬迁人口新增住房需求保障工作的实施意见》，破解搬迁人口自然增长导致住房不足的难题。

（2）对口帮扶力度不减、高效推进。粤黔东西部协作不断深化、成效突出。按照国家新一轮东西部协作战略部署，"十四五"期间广东对口帮扶贵州，明确广州、珠海、佛山、惠州、东莞、中山6个市帮扶贵州省除贵阳市以外的8个市（州）66个协作县。一年来，广东、贵州两省主要领导率领代表团开展高规格互访，签署《"十四五"时期粤黔东西部协作协议》，并积极推动协议部署项目落地，在贵州省雷山县举办广东省2021年东西部协作"百企桂黔行"对接活动，全年共拨付贵州财政援助资金34.43亿元，选派220名党政干部、1391名专业技术人才到贵州开展帮扶工作，引导481家企业到贵州投资兴业，援建帮扶车间547个。粤黔协作共建产业园88个，引导入园企业193家，实际到位投资63.14亿元；深化劳务协作，帮助贵州26.22万名农村劳动力实现就业，其中脱贫人口为17.21万人；深化消费协作，在贵州认定粤港澳大湾区"菜篮子"生产基地149家，采购或帮助销售贵州农特产品174.14亿元；深化科技协作，成立广州国家农业科创中心黔南分中心，帮助协作地区突破农业生产技术瓶颈，安排专项资金推广种植高产冷水稻良种助农增收；深入组织开展"万企兴万村"等行动，发动415个村（社区）、1033家企业、354个社会组织结对帮扶贵州省2302个原深度贫困村。中央单位定点帮扶持续推进，中组部、国家乡村振兴局等40家中央单位选派128名干部到贵州脱贫地区蹲点挂职指导工作，投入帮扶资金7881万元，采购或帮助销售贵州农特产品1.58亿元。省直单位定点帮扶继续开展，全省264家省直和中央在黔机关事业单位、省管国有企业、省管高等院校定点帮扶全省除贵阳市和遵义市红花岗区以外的77个县。从省直单位、市州、县选派干部32175名，组建驻村工作队10035支到乡村振兴一线，实现脱贫村、易地扶贫搬迁安置社区（村）、乡村振兴任务重的村、全国红色美丽村庄建设试点村、党组织软弱涣散村"五类村"选派全覆盖。全国统一战线帮扶毕节、澳门帮扶黔东南从江、恒大整市帮扶毕节、万达整县帮扶黔东南丹寨等继续开展。继续推动贵阳市对口帮扶省内12个脱贫县，引导参与"千企帮千村"精准扶贫行动的5849个民营企业按照结对帮扶关系继续开展帮扶。

（3）分类分级推进乡村振兴。出台《关于分类分级推进乡村振兴的指导意见》，将除贵阳市云岩区、南明区以外的86个县（市、区）分为乡村振兴夯实基础县（国家乡村振兴重点帮扶县）、乡村振兴重点推进县（省级乡村振兴重点帮扶县）和乡村振兴引领示范县三类，分类分级推进全省乡村振兴工作。贵州正安县、务川县、水城区、紫云县、关岭县、威宁县、纳雍县、赫章县、织金县、沿河县、松桃县、从江县、榕江县、剑河县、锦屏县、望谟县、晴隆县、册亨县、三都县、罗甸县20个县（区）进入国家160个国家乡村振兴重点帮扶县名单。同步加大对国家乡村振兴重点帮扶县的支持力度，20个国家乡村振兴重点帮扶县由贵州省委常委、省政协主席、省人大常委会党组书记、省政府副省长联系帮扶，全年共下达中央财政衔接推进乡村振兴（巩固脱贫成果与乡村振兴任务）补助资金57.94亿元、占全省下达补助资金的52.1%。并且，还出台了《中共贵州省委办公厅　贵州省政府办公厅关于印发〈贵州省特色田园乡村·乡村振兴集成示范试点建设方案〉的通知》，确定将贵阳市清镇市红枫湖镇民乐村刘家寨等50个自然村寨（片区）作为第一批省级特色田园乡村·乡村振兴集成示范试点村启动建设。

（4）表彰先进树典型、鼓舞干劲创新绩。2021年4月，贵州隆重举办脱贫攻坚总结表彰大会，授予贵阳市委办公厅等1000个集体"贵州省脱贫攻坚先进集体"称号、授予刘明兰等1500人"贵州省脱贫攻坚先进个人"称号，激励广大党员干部群众以先进集体和先进个人为榜样，在乡村振兴新征程中接续奋斗。在2021年举行的全国乡村振兴（扶贫）系统先进集体、先进个人表彰大会上，授予153个集体"全国乡村振兴（扶贫）系统先进集体"称号、授予257名同志"全国乡村振兴（扶贫）系统先进个人"称号，其中贵州9个集体和12名个人获得表彰。

（三）农业产业兴旺发展，为乡村振兴开新局奠定更坚实的基础

（1）农业规模不断壮大。贵州地处云贵高原东部，地势西高东低，平均海拔1100米左右，山地和丘陵面积占全省国土总面积的92.5%，属亚热带温湿季风气候区，降雨丰富、雨热同季，生物资源种类繁多，植被丰厚，为发展现代山地特色高效农业创造有利条件和巨大空间。2021年，贵州省委办公厅、省政府办公厅印发了《关于加快山地农业现代化推进农业高质量发展的实施意见》，加大农业发展政策支撑，各地立足资源禀赋、气候条件、产业基础和市场需求等，

因地制宜发展现代山地特色高效农业，推动农业规模不断壮大，有力促进了农民增收，为巩固拓展脱贫攻坚成果同乡村振兴有效衔接提供了强有力的支撑。2021年贵州省农林牧渔业总产值达到4691.97亿元，比2020年增长9.2%，两年平均增长7.8%；第一产业增加值为2730.92亿元，比2020年增长7.7%，两年平均增长7.0%。其中，种植业总产值为3123.71亿元、林业总产值为319.82亿元、畜牧业总产值为958.96亿元、渔业总产值为69.83亿元，其分别占贵州省农业总产值的66.58%、6.82%、20.44%、1.49%。

（2）农业结构持续优化。2021年，贵州省切实扛起粮食安全政治责任，深入实施"藏粮于地""藏粮于技"战略，采取"基本农田要种粮，高标准农田则必须种粮"，确保粮食播种面积只增不减，推动贵州省粮食播种面积和产量实现双增长，粮食播种面积达到4181.57万亩、总产量达到1094.86万吨，圆满完成粮食生产任务。茶叶、食用菌、蔬菜、牛羊、特色林业（竹、油茶、花椒、皂角等）、水果、生猪、中药材、刺梨、生态渔业、辣椒、生态家禽12个特色优势产业持续壮大。其中，蔬菜及食用菌种植面积为2271.62万亩，产量为3280.09万吨；茶园面积为700万亩，辣椒面积为545万亩，李子面积为263.5万亩，刺梨面积为200万亩，蓝莓面积为19.3万亩，种植规模均居全国第一；果园面积为1203.21万亩、产量为583.40万吨，猕猴桃、火龙果等产业在全国名列前茅，百香果规模进入全国前三；太子参产量占全国需求量的40%；猪牛羊禽肉产量为225.80万吨，禽蛋产量为27.70万吨，牛奶产量为4.92万吨，水产品产量为26.20万吨。

（3）农田基础设施不断夯实。2021年，贵州省上下大力实施高标准农田建设和现代农业水利工程，下达专项资金37.97亿元支持高标准农田建设，完成高标准农田建设237.81万亩，进一步夯实农业发展基础，巩固和提高粮食生产能力，促进农民增收。同时，还印发了

《贵州省高标准农田建设质量提升行动试点方案》，在开阳、乌当、湄潭、凤冈、余庆、盘州、紫云、平坝、普定、威宁、金沙、松桃、德江、天柱、惠水、平塘、福泉、兴仁、望谟、兴义20个县（市、区）开展整县推进试点，统筹整合财政投入资金，加强与市场主体合作，集中力量建设高标准农田。

（4）农业机械化水平不断提高。2021年，贵州省上下大力实施山地农机化攻坚行动，优化拓展省级农机购置补贴政策覆盖面，加大农机推广应用力度，大力发展以机耕、机播、机收、机械加工为主的农机社会化服务，积极推进丘陵山区农田"宜机化"整治，全面落实农机购置补贴惠农政策，推动主要农作物耕种收综合机械化率持续提升。全省主要农作物耕种收综合机械化率达到44%，较2020年增长2.8个百分点。

（5）现代农业产业园建设步伐加快。2021年，贵州省上下大力实施农业高质量发展平台创建行动，积极推进"高标准"的现代高效农业示范园区建设，推动省级现代农业高效示范园区创建国家现代产业园，持续提升现代高效农业示范园区竞争力和示范引领作用。截至2021年底，全省共有水城县、湄潭县、修文县、麻江县、安龙县和习水县六个现代农业产业园区被纳入"国家现代农业产业园"，盘州市刺梨、息烽县、凤冈县、松桃自治县、威宁自治县迤那、余庆县江北、习水县、平坝区、榕江县、晴隆县、纳雍县、都匀市、碧江区、六枝特区、丹寨县、红花岗区16个现代农业产业园被纳入省级现代农业产业园创建名单。

（6）政策性农业保险不断升级。2021年，贵州出台《贵州省2021-2023年政策性农业保险工作实施方案》，积极推进全省农业保险持续"扩面、提标、增品"。经过对承保机构服务能力、合规经营能力、风险管控能力的综合判定，增加大地财险、阳光财险、太平财险等新机构开展政策性农业保险业务。截至2021年底，全省在中央政策性险种的基础上，开办了 97 个特色险种，实现全省农业主要产业全覆盖；政策性农业保险保费收入 17.6 亿元，同比增长 6.2%，累计为 660.3 万户次农户及各类农业生产组织提供风险保障 1955.3 亿元，累计向 43.6 万户次投保农户支付赔款 11.3 亿元，同比增长 19%；[①] 大力推广应用物联网、区块链、航拍助手、远程查勘等现代信息技术，提升保险承保理赔服务质效。

（7）绿色发展成效显著。2021 年，贵州省上下按照"一控两减三基本"要求，加大农业投入品管控力度，在全国率先禁止使用水溶性农药，大力推广绿色防控和测土配方施肥，强化有机肥资源化利用，积极推进科学施肥用药，推动全省化肥农药施（使）用量进一步下降，畜禽粪污资源化利用率、农膜回收率、农作物秸秆综合利用率持续提高，全面完成国家下达的农业面源污染防治目标任务。大力实施农资打假专项行动，持续开展茶园、菜园、果园违规使用草甘膦等除草剂整治，查处 192 起违规使用草甘膦案件，罚款 21.9 万元。绿色产业不断壮大，绿色食品企业有 275 家，累计认证绿色食品 407 个、农产品地理标志 151 个。同时，在 2021 年生态文明贵阳国际论坛"智慧助力农业创新 绿色引领产业未来"主题论坛上，发布了"FAO 中文出版计划项目""农业对外合作与乡村振兴系列丛书""中国农产品贸易发展报告 2021 和中国农产品贸易图册 2020""全球重要农业文化遗产（GIAHS）助力脱贫攻坚和农民增收报告""贵州石漠化综合治理成果""全球环境基金（GEF）七期项目"六项农业绿色发展成果。遵义市凤冈县"实施'五化'联动推动 茶叶一二三产业融合发展"、毕节市金沙县"推进绿色防控与统防统治融合示范 促进高粱产业绿色发展"入选 2021 年全国农业绿色发展典型案例，成为全国各地农业绿色发展的"样板"。

---

① 贵州省"金融十年"工作成绩单［EB/OL］.（2022-04-11）. http：//rc. guizhou. gov. cn/home/frontarticle/info. html？ articleld＝923.

（8）农业经营主体不断壮大。2021年，贵州省上下坚持市场导向，加大龙头企业、合作社、家庭农场等农业新型经营主体培育力度，优化农业生产资源要素配置，激发农业农村发展活力。全年新增贵阳市农业农垦投资发展集团有限公司、贵州中科易农科技集团有限公司、贵州首杨企业管理有限公司、贵州贵旺生物科技有限公司、贵州卓豪农业科技股份有限公司、贵州阳春白雪茶业有限公司、贵州初好农业科技开发有限公司、贵州南山婆食品加工有限公司、贵州秀辣天下农业有限公司、中禾恒瑞（贵州）有限公司、贵州高原蓝梦菇业科技有限公司、贵州省梵天菌业有限公司、贵州省三穗县兴绿洲农业发展有限公司、贵州金晨农产品开发有限责任公司、普安县宏鑫茶业开发有限公司15家国家级农业产业化重点龙头企业，新增国家级农民合作社示范社45个，全省省级以上龙头企业达到1176家，家庭农场达到3.2万家，其中省级示范家庭农场达到972家。同时，积极发挥龙头企业的"领头雁"作用，通过"龙头企业+合作社+农户"组织方式拉动农业发展，带动广大农民通过土地流转、务工收入、入股分红等多种形式分享产业发展红利。

（9）农产品加工发展成效令人瞩目。2021年，贵州省坚持市场导向，围绕特色资源优势、生态优势和产业优势，大力推进农村一二三产业融合发展，助推乡村振兴。围绕特色农业资源，大力发展农产品精深加工，延伸农业产业链，提高农业附加值，全年农产品加工转化率达到55.8%，较2020年提高4.8个百分点，农产品产地冷藏保鲜设施达到605个。贵州省委、省政府印发《全省农产品（食品）深加工高成长企业培育工作方案》，遴选贵州五福坊食品股份有限公司、贵州玄德生物科技股份有限公司、遵义金紫阳食品有限公司、贵州红赤水集团有限公司、贵州黄果树中央厨房有限公司、贵州初好农业科技开发有限公司、贵州南山婆集团有限公司、贵州阳光食品有限公司、贵州金沙冠香坊调味食品有限公司、贵州铜仁贵茶茶业股份有限公司、贵州佳里佳农业发展有限公司、茅台生态农业公司、麻江县明洋食品有限公司、贵州成有王记善沅食品有限公司、贵州光秀生态食品有限责任公司、贵州宏财聚农投资有限责任公司16家企业作为全省首批农产品（食品）深加工高成长企业进行培育，助推生态特色食品产业高质量发展。全年16家农产品（食品）深加工高成长企业实现产值32.76亿元，比上年同期增长34.3%，产品产量为11.24万吨，同比增长55%；采购原料18.23万吨，同比增长44.9%。

（10）乡村旅游加快发展。在大力发展农业产业的同时，充分发挥田园风光、民俗风情、特色文化等乡村旅游资源优势，积极推进"休闲农业+"，大力发展休闲农业、乡村旅游、特色民宿和农村康养等乡村旅游，推动休闲农业和乡村旅游发展取得积极成效。2021年全省休闲农业与乡村旅游经营主体超过1.3万个，接待游客超过1.6亿人次，营业收入近200亿元，从业人员超过25万人，带动约30万户农民受益。成功打造一批全国休闲农业与乡村旅游高质量发展"样板"，修文县六屯镇大木村、习水县桑木镇土河村、西秀区七眼桥镇本寨村、黔西市新仁苗族乡化屋村、江口县闵孝镇鱼良溪村、安龙县钱相街道打凼村、台江县施洞镇岗党略村、福泉市马场坪街道黄丝村8个村被评为2021年中国美丽休闲乡村；贵阳市息烽县田园综合体生态休闲之旅，安顺市普定县黔山秀水夏季休闲游、黔南州荔波县荔波樟江风景旅游观光带、黔西南州田园民俗休闲游等入选2021中国美丽乡村休闲旅游行精品景点线路；黔南州贵定县、六盘水市六枝特区被农业农村部评为2021年全国休闲农业重点县。

（11）乡村建设深入实施。2021年，贵州省上下深入实施农村人居环境整治五年提升行动，深入推进整脏治乱，大力改善人居环境、优化乡村面貌，打造更美的农村人居环境。出台《贵州省农村厕所革命"十四五"实施方案》，成立由省领导任组长，省农业农村厅、省乡村振兴局、省发展和改革委员会、省科技厅、省财政厅、省自然资源厅、省生态环境厅、省住房城乡建设厅、省水利厅、省文化和旅游厅、省卫生健康委、省市场监管局、省生态移民局为成员单位的贵州省农村厕所革命推进工作领导小组，扎实推进农村"厕所革命"，完成新（改）建农户厕所25.6万户。制定和施行《贵州省农村生活垃圾治理专项行动方案》，加强农村生活垃圾收运处置体系建设，建立健全村庄保洁稳定运行长效机制，积极推进垃圾减量化和资源化利用，推动治理工作取得显著成效，"村收集、镇转运、县处理"的农村生活垃圾收运处置体系实现行政村全覆盖。加强农村污水治理，制定和施行《贵州省农村生活污水治理三年行动计划（2021–2023年）》，因地制宜开展污水处理与资源化利用，积极推进厕所粪污与污水协同处理，截至2021年底，全省农村生活污水治理取得阶段性成效，累计完成3427个行政村农村环境整治及完成520套生活污水处理设施提质增效任务。农村美化绿化建设深入推进，全省村庄绿化覆盖率达到44.22%。成功打造一批农村人居环境整治、乡村治理的全国"样板"，普定县、玉屏县、三穗县荣获"全国村庄清洁行动先进县"称号；余庆县、盘州市、福泉市通过全国乡村治理体系建设试点县中期评估，赫章县入选第三届全国农村公共服务典型案例。

尽管2021年贵州省"三农"工作成绩令人瞩目，但也存在一些问题，主要表现在以下方面：

（1）巩固脱贫攻坚成果任务仍然艰巨。"十三五"期间，全省把易地扶贫搬迁作为脱贫攻坚的重要路径，大力实施易地扶贫搬迁工作，使192万人，其中建档立卡贫困人口157.8万人搬出大山挪出"穷窝"，搬迁人数全国第一。但是，搬出大山不等于就脱了贫，仍需做好后续扶持工作，帮助易地扶贫搬迁群众解决好就业、子女教育、社会保障衔接、社会融入等问题，做好易地扶贫搬迁"后半篇文章"，才能确保不出现规模性返迁、长期在迁出地老家居住情况，搬迁人数越多意味着需要开展后续扶持的对象就越多、任务就越重。贵州曾经是全国贫困人口最多、贫困面最大、贫困程度最深的省份，截至2020年底，尽管全省66个贫困县全部"摘帽"退出、923万贫困人口全部脱贫，但还有相当大的一部分建档立卡贫困户和群众收入水平仍然较低，一旦遇到重大疾病、子女就学、自然灾害、意外事故、被公司辞退等情况就极易返贫致贫。

（2）农业缺乏规模效益，农业机械化水平和农产品加工转化率较低。"八山一水一分田"，贵州是全国唯一没有平原支撑的省份，全省总面积为17.62万平方千米，其中92.5%为山地和丘陵，73%为喀斯特地貌，6度以下（含6度）相对平缓的土地仅占全省土地面积的6.1%；全省耕地面积为5208.93万亩，坡度在6度以下（含6度）耕地面积11.75万公顷（176.30万亩），仅占全省耕地面积的3.38%，山高坡陡、土地瘠薄破碎，难以开展单品规模化种植，导致农业生产难以形成规模效益。贵州省农业仍以小规模农户式经营为主，再加上土地零散破碎、平整度差，一些大型农用机械无法使用，导致农户购买农用机械的积极性不高，农机社会化服务组织发展滞后，全省农业机械化水平低。例如，2020年农机总动力3000万千瓦，仅占同期全国农机总动力的2.84%，比全省农业总产值占全国比重（3.16%）低0.32个百分点；贵州省主要农作物耕种收综合机械化率达到41.2%，比同期全国水平低29.8个百分点。地势起伏大、土地破碎造成的农业缺乏规模化、农产品缺乏标准化，导致全省农产品加工转化率较低，农业附加值不高。例如，2021年贵州省农产品加工转化率仅为51%，比同期全国水平低16.5个百分点。

（3）乡村建设仍然有不少短板。"十三五"期间，贵州率先在西部实现建制村通硬化路基础上，又率先在西部实现30户以上自然村寨通硬化路，截至2021年底，贵州省农村公路17.3万千米、通组硬化路7.87万千米，切实解决了过去农村群众出行难问题，为农村产业发展提供了条件。村村通、组组通修好后，需要继续投入资金开展道路维修和养护，即使按照省、市、县 5∶2∶3 的比例分级筹集农村公路管理养护资金，也给许多原本就财力紧张的地方财政带来了更大压力，一些地方往往因养护资金到位难导致农村公路管理养护滞后，公路"畅返不畅"。由于近年来全省公路建设主要集中在"县县通高速、村村通油路、组组通硬化路"，对连接高速和农村公路之间的县乡公路建设管护力度不足，一些地方县乡公路路面破损严重，通行能力严重下降，农村公路"两头好、中间差"的"中梗阻"问题突出，影响农村群众出行和乡村产业发展。农村仍有大量老旧住房，尤其是一些木结构住房，目前还达不到农村危房标准，但是过上几年或者遭遇一场极端天气，就可能马上成为危房，这类住房数量比较多又比较分散，常抓不懈、久久为功，才能守住农村安全住房有保障的目标。比如，在 2019 年底贵州农村危房改造就已全面完成，但自 2020 年以来全省又因灾新增危房 2959 栋（其中建档立卡户 1261 户），目前仍剩余 487 栋危房待整治。农村厕所、生活垃圾收运处置体系、生活污水处理设施建设任重道远。截至 2021 年底，全省农村卫生厕所普及率仅为 75.5%，按照《贵州省农村厕所革命"十四五"实施方案》部署，到 2025 年全省将继续新（改）建农村卫生厕所 100 万户。农村生活垃圾收运处置体系行政村覆盖率达到 100%，但正常运行的不到 90%；尚有 5 万多个 30 户以上自然村寨没有建立农村生活垃圾收运体系。农村生活污水治理率仅为 13%，农村生活污水处理设施建设及配套管网建设严重滞后。

二、环境与趋势

"十四五"期间，贵州将持续深入实施乡村振兴、大数据、大生态三大战略行动，紧紧围绕"四新"主攻"四化"，巩固拓展脱贫攻坚和全面建成小康社会成果。2022 年将推动地区生产总值突破 2 万亿元，增长 7% 左右，农业增加值增长 6% 以上，农村常住居民人均可支配收入增长 12% 左右，农产品加工转化率在 59% 以上，发展林下经济面积 2900 万亩，完成特色林业产业基地建设 142 万亩，新建农产品产地冷藏保鲜设施 400 个以上，新建高标准农田 260 万亩，主要农作物耕种收综合机械化率提升至 46% 以上，完成续建配套与节水改造 15.7 万亩以上，引进和培育省级以上农业产业化重点龙头企业 1200 家，省级农民合作社示范社 3000 家，省级示范家庭农场达到 1500 家，认定省级重点农业产业化联合体 10 个。

同时，贵州将持续优化 12 个农业特色优势产业布局，加快现代农业产业园、农业产业强镇等建设。深入实施农产品加工业提质增效行动、农产品质量品牌提升行动。实施农业生产"三品一标"提升行动，打造"贵字号"区域公用品牌。积极发展农村电商、乡村旅游、冷链物流，建设一批农产品集散中心，不断完善现代农业产业体系。深入实施高标准农田建设质量提升试点行动。大力推进山地小型农业机械化和丘陵山区农田宜机化改造，加快中型灌区续建配套与节水改造，深入实施种业振兴行动，加快省农作物种质资源库建设，强化农业防灾减灾体系建设，持续完善现代农业生产体系。推动国有平台公司涉农项目有序向自主经营、自负盈亏的市场主体转型，完善利益联结机制，优化完善现代农业经营体系。

三、路径与对策

（一）强化党建引领

加强党对"三农"工作的全面领导，落实五级书记抓乡村振兴责任，提升各级党政领导干部和"三农"干部的工作能力水平，改进作风、狠抓落实，大力整治慢作为、不作为、乱作为，大力整治文山会海、官僚主义、弄虚作假。建立省市县党委农村工作领导小组、党委农村工作领导小组、乡村振兴领导小组等各级党的农村工作机构，明确分工、统筹协调，共同推进乡村振兴。完善乡村振兴实绩考核机制，将考核结果纳入党政领导班子和领导干部综合考核评价内容，加强考核结果运用。

（二）巩固拓展脱贫攻坚成果

把巩固脱贫攻坚成果作为乡村振兴首要任务，加强对有返贫致贫风险和突发严重困难农户的动态监测和帮扶，及时落实社会救助、医疗保障等帮扶措施。常态化开展"3+1"保障监测，落实"四个不摘"，开展"回头看"。强化易地搬迁后续扶持，完善易地搬迁集中安置区配套设施和公共服务，稳定搬迁群众就业，加强和完善社区治理，防止发生规模性返贫。持续推进粤黔东西部协作、中央单位定点帮扶和社会帮扶，有计划地开展教育、医疗干部人才组团式帮扶，推进产业合作，加强劳务、消费、社会事业和乡村建设等领域协作。深化农村改革和扩大农业开放，落实保持土地承包关系稳定并长久不变政策，深化农村"三变"改革、农村集体产权制度改革、集体林权制度改革等一系列农村改革，积极推动农业进入长江经济带、粤港澳大湾区、成渝经济圈等区域，增强农业对外开放程度。坚持分类分级推进乡村振兴，结合支持国家乡村振兴重点帮扶县政策，推动各层级编制国家乡村振兴重点帮扶县巩固拓展脱贫攻坚成果同乡村振兴有效衔接实施方案，推动国家和省级乡村振兴重点帮扶县加快发展。巩固深化"五权"分置成果，加强扶贫项目资产后续管理，提高扶贫项目资产管理效益。

（三）推进农村一二三产业融合发展

以 12 个农业特色优势产业为引领，加之烤烟等传统优势产业，对发展空间大、综合效益好、带动能力强、农民受益多的主导产业，加强管理、提升效益、提高市场占有率。按照市场化方向，不断调整优化种养殖结构，适时引进优质农业产业化龙头企业，拓宽市场渠道，提高农业发展质量效益。大力发展林下产业和林下经济，因地制宜推广林药、林菌、林禽、林蜂等林下种养殖，探索发展森林度假、森林观光、森林旅游等新业态，加强特色林业产业基地建设，不断提高林下产业和经济的质量效益。大力发展粮油加工、食品制造等农产品加工业，实施农产品加工业提质增效行动、农产品质量品牌提升行动，不断提升农产品加工转化率。加快发展乡村旅游、直播带货、农村电商等多类型产业，持续推进农村一二三产业融合发展。加快推动形成"一县一业""一镇一特""一村一品"农村产业发展新格局，加快提升县级产业服务能力，强化创业链与创新链的融合发展，促进产业"进区入园"。推动农产品集配中心、冷链物流、供销合作社、农村物流快递网点进一步向农村延伸，促进全省农产品现代流通体系化建设。

（四）夯实现代农业发展基础

严守耕地红线，严格落实耕地和永久基本农田、生态保护红线、城镇开发边界三条控制线，分类明确耕地、永久基本农田、高标准农田的用途，强化耕地用途管制，严格管控耕地转为其他农用地，坚决完成国家下达的粮食播种面积 4156.4 万亩的任务，坚决守牢粮食安全底线。加快高标准农田建设，加大中低产田改造力度，提升耕地地力等级，持续推进灌区配套建设及节水改造。加强农作物优势特色种源技术开发利用，加强种源关键技术攻关、良种培育，开展以油菜、酒用高粱、中药材为主的特色作物育种攻关和实施畜禽遗传改良，强化种植养殖技能培训，推进良种繁育基地和南繁科研基地建设。加快提升山地农机装备的技术创新和应用水平，发展智能化、多样化、复合型山地农机装备，持续提升主要农作物耕种收综合机械化率。完善全产业链质量安全追溯体系，提高农产品质量安全水平。坚持家庭经营基础性地位，推动家庭农场和农民合作社两类农业经营主体发展，完善利益联结机制。加大对洪涝、旱灾、虫害、病害等农业灾害的防范力度，加大建设投入力度，加强防灾减灾应急物资储备，形成一整套防灾减灾的防控体系。推进农业农村绿色发展，全面加强农业面源污染综合治理，深入推进农药、化肥、兽用抗菌药减量化，加大对农膜的回收利用，加强畜禽粪污资源化利用、秸秆综合利用。

（五）着力推进乡村建设

统筹城镇和村庄布局，科学确定村庄分类，加强传统村落、传统民居、少数民族特色村寨和历史文化名村名镇保护。严格落实"一户一宅"农村宅基地管理制度，明确乡村建设项目产权和用途，加强村容村貌及农房服务配套建设，推进村庄整治、庭院整治，持续提升农村环境。深入实施农村人居环境整治提升五年行动，健全完善农村人居环境长效管护机制，持续推进农村厕所革命，分区分类推进农村生活污水治理和农村黑臭水体治理。加强农村生活垃圾治理，健全生活垃圾收运处置体系。持续改善农村公共环境，提升农村绿化覆盖率。加强农村基础设施建设，有序推进乡镇通三级及以上等级公路建设，巩固提升农村供水保障能力，加快推进农村电网及边远地区配电网建设，不断推动农村光伏、生物质能等清洁能源建设，继续实施农村危房改造和抗震改造。大力推进数字乡村建设，拓展农业农村大数据应用场景，加快大数据、5G、云计算、物联网、人工智能、区块链等现代信息技术与现代农业深度融合。开展智慧农业、智慧农机、智慧气象等创新应用推广示范，推进信息技术与农业集成应用示范和推广。加强农村千兆光网、5G、移动物联网等信息基础设施建设，提高农业生产加工和农村基础设施数字化、智能化水平，加快推动数字乡村标准化建设。加快提升以县城和乡镇为主要载体的基本公共服务水平，推动教育、医疗、养老、社会救助等方面的资源覆盖农村常住人口。

（六）加强改进乡村治理

优化完善村党组织体系，推进村委会规范化建设，扩大农村党组织的覆盖面。发挥驻村第一书记和工作队在党建、乡村振兴中的带动作用。完善村级重要事项、重大问题经村党组织研究讨论机制，全面落实"四议两公开"制度。深入推进自治、法治、德治相结合的乡村治理体系建设，推行网格化管理、数字化赋能、精细化服务。深入推进自治、法治、德治相结合的乡村治理体系建设。加强新时代农村精神文明建设，培育和践行社会主义核心价值观，弘扬发展优秀传统乡土文化。积极开展"推进移风易俗·树立文明乡风"专项行动，加强家庭家教家风建设，对铺张浪费、大操大办、薄养厚葬、封建迷信等陈规陋习进行深入治理，稳妥推进殡葬改革。坚持和发展新时代"枫桥经验"，常态化开展扫黑除恶斗争，严厉打击农村黄赌毒、制售假冒伪劣农资、非法集资、电信诈骗、侵害农村妇女儿童人身权益的违法犯罪行为，加强农村法治宣传教育，加大乡村依法治理力度，维护农村社会稳定。落实基层医疗卫生机构疾病预防控制责任，健全农村新冠肺炎疫情常态化防控工作体系。

（七）推动农村劳动力转移就业

严格落实把提高农民收入作为巩固脱贫攻坚成果、推进乡村振兴的核心任务。加大"内拓外输"力度，持续提升以县为单位将农村劳动力外出务工组织化程度，鼓励建筑施工企业优先使用省内农民工，提高以工代赈项目劳务报酬比例。加强农村劳动力技能素质培训，鼓励发展共享用工、多渠道灵活就业。完善东西部劳务协作机制，深入开展根治欠薪，切实保障农民工工资及时足额支付。落实创业担保贷款及贴息、自主创业补贴等政策，吸引外出务工人员返乡创业创新。

稳步提高城乡低保标准，有序扩大社保覆盖面，合理引导灵活就业农民工按规定参加职工基本医疗保险和城镇职工基本养老保险。

（八）强化要素保障

持续扩大乡村振兴投入，继续将农业农村作为一般公共预算优先保障领域，预算内投资进一步向农业农村倾斜。储备一批现代农业设施建设和乡村建设项目。充分发挥财政投入引领作用，撬动社会资本参与农村产业发展和建设。强化乡村振兴金融服务，支持各类金融机构探索创新农业农村信贷模式，加大支农支小再贷款、再贴现力度，增加农业保险种类及相关再保险业务。有序推进农村信用社改革。开展省级绿色金融创新发展试点县建设和绿色金融助推乡村振兴行动。加强农村信用体系建设，强化农业信贷担保作用，减小农信贷风险。加强乡村振兴人才队伍建设，引进和培养一批科技领军人才、青年科技人才和高水平创新团队。实施高素质农民培育计划、乡村产业振兴带头人培育"头雁"项目、"春晖行动·风筝计划"、乡村振兴巾帼行动。加强涉农高等院校和职业教育的学科建设，培养一批懂农业、爱农村、爱农民的乡村振兴人才队伍。

参考文献

［1］2020年贵州省农业农村发展概况［EB/OL］.［2021-10-22］. http：//nynct. guizhou. gov. cn/zwgk/xxgkml/ghjh/202110/t20211022＿71078989. html.

［2］回味贵州乡村2021［EB/OL］.［2022-02-12］. https：//baijiahao. baidu. com/s？id=17245649121776645179&wfr=spider&for=pc.

［3］中共贵州省委　贵州省人民政府关于全面推进乡村振兴加快农业农村现代化的实施意见［EB/OL］.［2022-05-09］. https：//www. gzhezhang. gov. cn/xzjd/zjx/zfxxgk/fdzdgknr＿5773206/ntslgc＿57747

76/202205/t20220509_73890490. html.

　　［4］贵州省农业农村厅：扎实推进2022年农业农村经济社会发展［EB/OL］.［2022－01－21］. https：//baijiahao. baidu. com/s? id＝1722525677830150714&wfr＝spider&for＝pc.

　　［5］贵州：全面推进乡村振兴和新型城镇化［EB/OL］.［2022－01－29］. https：//baijiahao. baidu. com/s? id＝1723263470749729609&wfr＝spider&for＝pc.

　　［6］国务院关于支持贵州在新时代西部大开发上闯新路的意见（国发〔2022〕2号）［EB/OL］.［2022－04－27］. http：//www. songtao. gov. cn/jgsz/xzjdbsc/jjjd_5691114/zcwj_5691120/202204/t20220427_73657704. html.

　　［7］贵州12个农业特色优势产业的机遇与前景［EB/OL］.［2020－03－05］. http：//m. xinhuanet. com/gz/2020－03/05/c_1125665500. html.

　　［8］贵州省农村生活污水治理成效显著［EB/OL］.［2022－01－14］. https：//baijiahao. baidu. com/s? id＝1721917223023230295&wfr＝spider&for＝pc.

　　［9］贵州推进农村生活垃圾收运处置体系建设［EB/OL］.［2021－10－28］. https：//baijiahao. baidu. com/s? id＝1714851929196002806&wfr＝spider&for＝pc.

　　［10］贵州连续12年推进农村危房改造 农村住房安全保障实现全覆盖［EB/OL］.［2021－10－12］. http：//www. yinjiang. gov. cn/jgsz/xzjdbsc/szpz/zfxxgk/fdzdgknr_5698460/xzjs_5876444/202110/t20211012_70858409. html.

　　［11］脱贫摘帽不是终点，贵州多举措巩固脱贫攻坚成果［EB/OL］.［2021－12－12］. https：//baijiahao. baidu. com/s? id＝1718907576766506641&wfr＝spider&for＝pc.

［12］贵州着力建设巩固拓展脱贫攻坚成果样板区［EB/OL］．
［2022－03－05］．https：//baijiahao．baidu．com/s？id＝1726410373139
873467&wfr＝spider&for＝pc．

［13］贵州：巩固拓展脱贫攻坚成果 奋力推进乡村振兴［EB/OL］．
［2022－01－14］．http：//gznw．guizhou．gov．cn/gznjw/kzx/tpgj/tpgz/844
769/index．html．

党组织领办农村合作社发展模式报告

黄　勇　谢艳锋*

摘　要： 在推进农业现代化过程中，我国大力推动农业发展多种形式的适度规模经营，合作社作为一种具有互助性质的农业适度规模经营主体受到广泛推崇。本文在对贵州省合作社发展情况做简要梳理的基础上，着重分析党组织领办的农村合作社发展模式。党组织领办合作社的主要模式为"村社合一"形式，根据发起人的不同，主要分为平坝区"塘约村"模式、思南县"青杠坝村"模式、盘州市普古乡"娘娘山"模式；根据合作社运营模式不同，主要分为服务型"村社合一"合作社、生产型"村社合一"合作社，并进一步分析了"村社合一"合作社目前存在的问题以及困难，在此基础上提出激发党员干部作用、促进合作社规范发展、强化产业发展、保障农民利益等合作社发展建议。

关键词： 党组织；合作社；"村社合一"

近年来，我国大力培育新型农业经营主体，推动农业发展多种形式的适度规模经营，党的二十大报告继续提出"发展新型农村集体经济，发展新型农业经营主体和社会化服务，发展农业适度规模经营"。农村合作社作为具有互助性质的组织，在一系列相关法律法规以及政策文件出台后逐渐规范化和成熟化。目前，合作社的发展模式呈现多

---
　　* 黄勇：贵州省社会科学院副院长、研究员、省管专家。谢艳锋：贵州省社会科学院工业经济研究所助理研究员。

样化，在贵州省农村合作经济组织发展实践中，以"村社合一"模式发展农村合作制经济，成为党组织引领农村合作制经济发展的成功模式，凸显了村民自治进程中的成功创新成果。通俗来讲，"村社合一"是指党支部、村委会与合作社合用一套班子、一套人员，由村书记带领全村一起致富的模式，这一组织模式把党组织的政治领导、政策引导、发动群众等优势同合作社的创建、发展、管理等重要环节有机结合起来，探索党组织领办合作社，提升合作社层次，拓宽发展模式，努力成为发展农村合作经济组织的领导者、推动者和实践者，从而实现建一个组织、兴一项产业、活一片经济、富一方农民的目的。

一、贵州农村合作社发展概况

一直以来，贵州着力推动农村合作社规范化发展，发挥合作社凝聚农户的作用，应对山地农业土地破碎化自然条件，积极培育创建农民合作社示范社，组织开展针对农民合作社的"调研培训""专项清理""规范提升行动"，不断推动贵州省农民合作社从数量增长向高质量发展的转变。2017 年出台了《贵州省发展农民专业合作社助推脱贫攻坚三年行动方案（2017—2019 年）》，2019 年贵州省农业农村厅、中国邮政集团公司贵州省分公司、中国邮政储蓄银行贵州省分行联合制定了《共同推进农民合作社质量提升实施方案》，2022 年 1 月贵州省农业农村厅起草《关于推动农民合作社高质量发展的意见（征求意见稿）》，通过政策推动、典型示范，贵州农村合作社取得了一定的发展成效。根据贵州省农业农村部门行业统计，截至 2020 年 4 月底，全省共有农民专业合作社 65327 户，注册资本 0.13 万亿元。其中，贵州省由村支"两委"领办合作社数量达到 15526 户，合作社建立有党组织的达 8112 户[①]（见图 1）。

---

① 资料来源：贵州省市场主体统计报告（2020 年第 4 期）和贵州省农业农村厅调查数据。

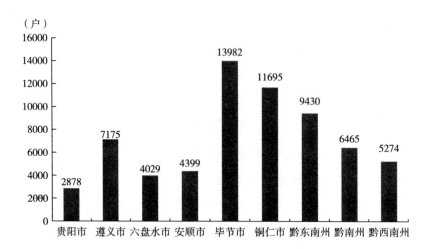

图1　截至 2020 年 4 月底贵州省各市（州）农民专业合作社数量

资料来源：贵州省市场主体统计报告（2020 年第 4 期）和贵州省农业农村厅调查数据。

（一）合作社从数量增长向规范发展转变

自 2019 年以来，落实中央农办、农业农村部等部门政策要求，贵州省开展了"空壳社"专项清理工作，经过精准甄别，有 30555 户农民专业合作社被纳入"空壳社"管理台账，通过指导规范办社 10001 户，引导自愿注销 14219 户，其余"空壳社"也正按照合作社相关要求和程序进行跟踪管理①。开展了农民合作社规范提升行动，印发了《关于开展农民合作社规范提升行动的实施意见》（黔农领办〔2020〕2 号），从提升规范化水平、增强服务带动能力等方面，进一步加大对农民合作社的指导力度，推动合作社发展逐步规范化。自 2019 年 5 月至 2020 年 4 月贵州省农民专业合作社数量趋势如图 2 所示。

---

　① 资料来源：贵州省市场主体统计报告（2020 年第 4 期）和贵州省农业农村厅调查数据。

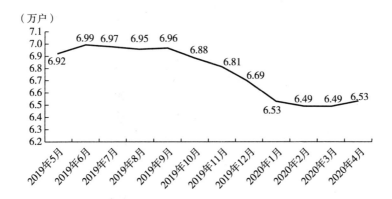

图2 2019年5月至2020年4月贵州省农民专业合作社数量趋势

资料来源：贵州省市场主体统计报告（2019年第5期至2022年第4期）。

（二）合作社覆盖范围广

随着合作社数量的增长，合作社对农户的覆盖范围越来越广，合作社生产经营覆盖产业也越来越多。从平均值来看，贵州省平均每个村有4个以上的农民合作社，实现了脱贫前每个贫困村设立1个以上农民合作社的目标。截至2020年3月，合作社成员数为627万户（含建档立卡贫困户175万户），合作社实有资产总额为710亿元，其中固定资产总额为399亿元①。合作社生产服务范围覆盖了包括贵州省粮食、茶叶、蔬菜、生态畜牧、水果、中药材等在内的所有农业主导产业和优势产业，其中经营生态畜牧业、蔬菜、水果的合作社数量位居前三（见图3）。

---

① 资料来源：贵州省农业农村厅调查资料。

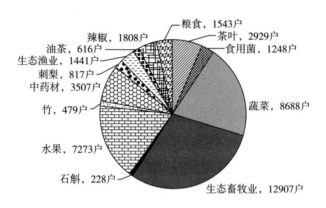

图3　2020年4月贵州省特色优势农业产业农民合作社数量

资料来源：贵州省农业农村厅调查资料。

（三）组织模式多样化

从合作社的具体创办模式来看，涌现出了不同经营模式的合作社，例如，根据不同的运营模式，分为生产型合作社、服务型合作社。根据合作社组织形式，分为"龙头企业+农民合作社+农户""农民合作社+农户""村支'两委'+农民合作社+贫困户""村支'两委'+集体股份合作制经济组织+农户""合作社+基地"等。根据不同的领办人分为专业技术大户领办型、村"两委"领办型、能人领办型。根据经营规模，分为经营某一产业的合作社、综合经营多种产业和服务的大型合作社以及跨区域联合社等。目前，党组织领办的农村合作社占比较少，以专业技术大户、能人和龙头企业领办带动的合作社较多，截至2020年3月，贵州省龙头企业领办带动的农民合作社共有14615户。

（四）示范带动逐步增强

各地持续开展示范社创建，通过示范带动促进全面发展，积极推进国家、省、市、县级示范社四级联创。目前，贵州省有国家级示范社 209 户、省级示范社 343 户、市级示范社 1563 户、县级示范社 1632 户，全省 77 户农民合作社成长为农业产业化省级以上龙头企业。贵州省盘州市普古银湖种植养殖农民专业合作社、安顺市大坝村延年果种植农民专业合作社等入选全国农民合作社典型案例，盘州市、湄潭县、西秀区、威宁自治县、三都县成为全国农民合作社质量提升整县推进试点单位。

（五）综合效能逐步显现

从发展实践来看，农民专业合作社已成为发展现代农业、推动农业产业化经营、促进农民增收的一条有效途径，提高了农民参与市场经济的竞争力，并积极主动运用市场规律谋发展，在打赢脱贫攻坚战中发挥了重要作用。各地农民合作社通过整合土地、闲置房产、资金、技术等资源要素，激活农村资源，形成集聚效应，为乡村振兴注入了活力。通过租赁、入股等形式将土地、荒山、水面等资源集中起来，统一规划，规模经营，实现从分散经营向规模经营的转变。通过土地流转，将农民从土地中解放出来，投入到二三产业中，从而带动农村劳动力转移，提高农民收入。各地通过合作社发展了一些特色产业，壮大了集体经济，推动了乡村有效治理。目前，贵州省农民合作社共计流转土地 671 万亩，支付成员劳务报酬总额 42 亿元，培训成员 140 万人次。

二、党组织领办农村合作社的主要优势

在大力发展合作社的过程中，合作社的数量大幅增长，涌现出各种合作社发展模式，相较于龙头企业、能人、专业大户等创办的合作社，党组织领办合作社具备一些独特的优势。一是有利于发挥党的组织优势。农村基层党组织是农村广大干部群众的主心骨，具备一定号

召力，也更容易赢得广大群众的信任。二是具有政策及信息优势。基层党组织对国家政策方针更为了解，对国家优惠政策等把握更准确。三是具有引导扶持的服务优势。党组织的带动更有利于汇聚能人、对接市场和企业、引进技术等促进合作社发展。四是具有更好的延续性。党组织领办合作社避免公司或能人领办随着主要经营人转换影响合作社续存，同时依托村集体、服务村集体，避免大量骗取政策扶持资金的"空壳社"出现。

三、党组织在合作社创办中发挥的作用

在实践过程中，党组织在合作社创建过程中发挥的作用主要有以下四种：

一是村党组织发挥主导作用。一般是由村集体或村"两委"班子成员牵头创办"村社合一"的合作社。领办创办合作社的村，村党组织影响力比较强，带头人能力素质高，开拓创新和发展的意识强，能带领群众增收致富。此种方式能较好地把群众组织发动起来，建立完善的利益联结机制，也能最大限度地保障群众利益。

二是村党组织发挥政治引领作用。一般是采取在已成立合作社的基础上建立党组织，通过下派党建指导员，加强对合作社负责人的引导，或者采取与合作社负责人交叉任职的方式，加强对合作社经营、发展等方面的引导，帮助合作社发展壮大，推动更好联结群众、服务群众。这种方式主要是发挥党组织的政治引领作用，此类村"两委"班子成员有较强影响力，但发展经济、闯市场的能力素质稍欠缺。此种方式能发挥党组织政治功能，确保合作社能按照正确方向发展生产，最大限度地保障群众利益。

三是村党组织参股介入。一般由村里能人、农民或企业牵头创办领办合作社，在带领群众发展产业、脱贫致富增收上有较好成效，村

集体整合集体土地、资金、设备等资源，尤其是国家投入的扶贫资金，由村集体入股到合作社，由合作社进行经营发展。此种方式由于村党组织影响力一般，缺乏发展的能力素质，只能将带领群众发展产业的任务交由合作社，虽能取得一定的收益，但对群众的组织发动方面还存在一定的问题。

四是村党组织对合作社放任不管。主要是由于村党组织影响力较弱，欠缺发展产业、带领群众增收致富的能力素质，也缺乏对合作社进行政治引领的意识，对村里有多少群众加入合作社、群众收益如何、合作社发展如何等问题，村党组织都不能较好地了解和掌握。

四、党组织领办农村合作社主要发展模式

党组织领办合作社一般是由村集体或村"两委"班子成员牵头创办的"村社合一"的合作社，基本按照依法、自愿、有偿的原则吸引群众入股合作社，根据合作社章程设置合作社内部治理结构，紧密联系群众，严格规范利益联结机制，按合作社章程要求分红，形成互助合作、共同发展的合作组织。领办创办合作社的村，村党组织战斗力比较强，带头人能力素质高，开拓创新和发展的意识强，能带领群众增收致富。此种方式能较好地把群众组织发动起来，由于建立完善相应的利益联结机制，也能最大限度地保障群众利益。从目前"村社合一"合作社的实践探索来看，贵州省"村社合一"合作社在全国的发展中具有典型代表性。

（一）根据合作社发起人分类

根据合作社最初发起人分类，省内"村社合一"合作社主要发展模式可以归为三种模式：以平坝区塘约村为代表的"塘约村"模式、以思南县青杠坝村为代表的"青杠坝村"模式、以盘州市普古乡娘娘

山村为代表的"娘娘山"模式（见表1）。

表1 贵州省"村社合一"合作社发展的主要模式

模式	平坝区"塘约村"模式	思南县"青杠坝村"模式	盘州市普古乡"娘娘山"模式
合作社发起人	村党组织发起	村"两委"成员牵头成立	能人带动发起
党组织介入模式	村"两委"成员出资作为启动资金	村"两委"成员作为合作社发起人	乡党委主动介入，在合作社成立党支部，明确合作社负责人担任联村党工委书记，合作社选取优秀党员兼任村支委委员
入股方式	农民以耕地折价入股合作社，国家财政补助和捐赠累计成集体资产，平均量化到本社成员头上	宅基地、林地、房屋等作为抵押，在信用社贷款入股	土地入股与资金混合入股
资金来源	发起人启动资金出资、国家补助资金、捐赠所得资金	集体经济抵押贷款	合作社发起人自有资金
利益联结、分配方式	按股分红	按股分红	按股分红
管理方式	聘请合作社职业经理人管理，交叉任职	村"两委"党组织管理	合作社骨干成员和专业技术人员管理
运营发展	组建多样化公司与内部运行机构	统一生产与购销	发展经济种植产业

（二）根据合作社运营方式分类

根据合作社运营方式，"村社合一"合作社可以分为服务型合作社和生产型服务社。服务型合作社指生产在户服务在社的传统型服务社，社员独立生产，合作社为社员提供统一的销售产品、购买生产资料、提供生产技术等服务，社员与合作社之间以会员价进行交易，合作社盈余根据交易额进行分红。生产型合作社指社员通过土地等生产资料入股，合作社通过土地流转进行统一管理集中生产，剩余劳动力可以选择外出务工或进合作社打工，合作社支付劳务成本，盈余根据股份进行分红。

案例1：赤水市大荣村冷水鱼养殖农民专业合作社

2011年，村干部承包废弃小水库养殖鱼获得较好收益后，由村"两委"牵头带领村民开挖了258亩鱼塘，并成立冷水鱼养殖农民专业合作社，由村党支部书记担任合作社负责人，产业能人和入社群众参与经营。合作社采取统一购买鱼苗、统一技术指导、统一收购成品、统一市场销售，分散养殖的模式，实现大荣村集体收入和群众收入"双增长"。合作社帮助群众统一购置鱼苗和饲料，带领群众收集竹叶和生长在竹林下的中药材"蛋叶竹"作为饲料，节约养殖成本，由群众进行分散养殖，目前已建成鱼塘480亩。合作社邀请省市县冷水鱼养殖的专家实地进行技术指导，通过"合股联营+订单农业"形式，与本地龙头企业共享销售渠道。注册"竹叶鱼"商标品牌，统一养殖标准和物流包装，完成全国"一村一品"认证，成为冷水鱼养殖行业知名品牌。合作社将集体收益的10%用于日常管理运营，20%用于生产再投入和设立养殖风险基金，70%用于联结全村36户贫困户。

启示：赤水市大荣村冷水鱼养殖农民专业合作社属于较典型的服务型"村社合一"合作社。合作社由村"两委"成员发起，村支书担任合作社负责人，带领群众加入合作社。合作社创建成功并取得较好的经济效益，一是发起人有扩大规模形成规模经济的需求，村民看到有利可图也会参与到产业发展中来，形成一种双赢的合作，通过建立"村社合一"合作社形成利益共同体。二是由合作社统一购买鱼苗、统一技术指导、统一收购产品，并与龙头企业建立合作，注册商标打造品牌，形成了规模经济。服务型合作社减少了对劳动力的雇佣，减少了劳务支出，同时又能形成规模经济。

案例2：关岭县花江镇高寨村村级合作社

高寨村于2017年9月设立"村社合一"合作社——关岭高寨村众民种养殖农民专业合作社。以村党支部引领村合作社发展，充分发挥村支"两委"中党员的作用，以村主任（党员）为合作社法人，具体负责合作社日常管理和产业项目。资金主要来源于申报各级各类政府财政扶贫项目资金来推动合作社和村产业发展。入股方式主要为土地流转入股，高寨村合作社陆续流转了村民近700亩土地用于种植饲草、花椒等经济价值较高的作物，占全村土地40%以上。各类产业项目总计投入资金380余万元，运营项目有300头关岭牛养殖场建设项目、300亩粮改饲草（皇竹草）种植项目、构树种植项目、花椒种植项目、牧草种植项目、金丝皇菊种植项目。各产业项目组织实施由花江镇人民政府作为项目实施单位向扶贫部门申报成功后委托村合作社具体实施，项目实施采取"合作社+贫困户"的运作模式，覆盖全村建档立卡贫困户，所获得收益按照1:2:7的比例分红，即村集体经济占总收益的10%，村合作社占总收益的20%，贫困户占总收益的70%。目前项目实施成效：一是经济效益，关岭牛养殖场总投入成本35万元，收益5.4万元。其余种植项目，共投入122万元，收益9.6万元。二是社会效益，项目带动农户增收81.73万元，其中支付农户土地流转费44.08万元，每年提供2300个务工岗位，支付农户务工费用35.79万元，给贫困户分红1.86万元。三是生态效益，通过发展皇竹草、构树、花椒等多年生经济作物，有效避免种植玉米造成水土流失，对当地石漠化治理起到一定作用。

启示：关岭高寨村众民种养殖农民专业合作社属于较为典型的生产型"村社合一"合作社。通过整合村集体申报的各类资金以及流转土地等，将村民分散的生产资料集中整合到一起，有规划地发展项目。村党支部充分发挥了调动资源和号召力的作用，通过"村社合一"合作社实现经济效益、社会效益、生态效益。生产型合作社有效地转移剩余劳动力。

五、党组织领办农村合作社存在的问题与困难

虽然，合作社的发展越来越规范，部分合作社发展很成功，也涌现出一批典型示范社，但合作社的发展依然存在很多问题，面临很多挑战，尤其是贵州省农业发展本身自然环境条件较为恶劣，农民合作社的成功组建更为不易。

（一）合作社的创办条件较弱

首先，贵州省农业土地破碎化，人均土地本身不足，即便整村土地流转整合统一生产，也依然难以实现规模化生产，无法比拟平原地区的大规模生产，规模经济效益难以实现。其次，从合作社的发展演变来看，较成功的合作社通常为具有一定原始资本积累的农民，为应对大市场以扩大规模形成的联盟形式，合作社创办人和社员整体能力、认知、素质水平较高。贵州省大部分农村人口收入水平较低，除了有限的土地资源，所拥有的其他生产资料也极为有限，既缺乏资本积累又缺乏生产技能积累，生产者素质不高，即便组织起来也难以形成用于大规模市场化生产的成本，而且市场化过程中存在经营风险，在面临不确定性的回报收益时，持续性的资金投入来源难以保障。再次，农村依然缺乏具有生产领导力的能人，虽然"村社合一"的合作社具备一定组织号召能力，能增强农民对合作社的信任，但村党支部成员不一定具备生产领导能力、市场洞察力。最后，合作社对政策信息掌握不足。部分合作社不了解国家优惠政策，加上地方执行力度不够，这些优惠政策真正能落实到基层合作社的比较少。此外，在补贴政策中只有发展较好的合作社能够享受这些政策，而处于起步阶段的合作社在经营困难时期无法申请到这些补贴。

（二）合作社组建自发性不足

自发性是合作组织生存和发展的基本前提，以及组织与农民紧密联系的重要保障。在贵州省的农村合作社组建中，发挥主导作用的是政府和企业，作为参与或合作主体的基层党组织和农民的自发性没有被充分激发，这在很大程度上导致了"上热下冷"和合作社运行的低效。

（1）基层组织自发性不足。村集体资产和集体经济积累薄弱，面对先天不足的自然条件，一些基层干部感到束手无策，在领办合作社发展农业生产时主观上就打了退堂鼓。能力素质不够。合作社的运行需要较强的综合素养和能力，而大多数村干部的文化程度、学识见识、综合素质等参差不齐，对合作社管理、运作的能力大小不一，面对领办合作社的任务往往"有心无力""无从下手"。另外，激励制度不全。无论是"塘约经验"还是其他地方的成功做法，党组织领办合作社的关键是有一套完善的激励考核制度，明确集体、干部、成员的利益分配，从一开始就解决"干有奔头"的问题。否则，即使合作社建了起来也往往是流于形式，无论是发展生产还是提供服务都无从谈起。

（2）农民自发性不足。农民主动参与加入合作社的积极性还不高，对合作收益的预期较低。要将农民成功地组织起来，需要让农民真正地认为能产生收益，赚取利润。①合作的产权不明。建立合作组织的关键是产权制度的公平性，要有社员在经济上的参与，尽管参与的金额相对较小，但可以更好地保障组织和农民联合的紧密程度和农民的积极性。由于大多数合作社中农民在经济上没有参与，他们在无形中放弃了在合作社中的决策权、使用权以及政府扶持中相应福利的索取权等，并不把组织当作"自己的"，由此造成了合作社组织结构松散、社员与非社员差异不大的现状。②对合作的认识不足。一方面，农民受文化教育水平影响，对农业新技术、新成果、新模式反应不敏锐，基层组织对农民合作意识的宣传教育力度不够，农民处于追随阶段，主动合作的意识不强。另一方面，农民意识到了合作的好处，但合作需要成本，这些成本包括组织的组建成本、组织的运行成本、劳动力成本、风险成本等，特别是放弃外出务工造成短期内收入减少的成本。在生产规模有限相应合作效益也有限的条件下，这种合作的成本相对较高，理性的农民并不愿意支付这些成本。

（三）合作社管理不规范

虽然合作社建起来了，但先天不足、运行管理跟不上的情况却普遍存在。①创建程序不规范。由于国家政策倾斜，合作社成立门槛低，在办社条件、组建程序等方面均没有严格按照《合作社法》等的相关标准执行，一些农户甚至在不知情的情况下就已经入了社，由此催生了大量"有名无实"的合作社。②运行管理不规范。贵州省合作社管理规范化水平普遍较低，运行机制不完善、规章制度不健全、利益分配机制不明晰等问题较突出。虽然多数合作社都制定了章程，但大多流于形式，在实际运转中基本不按章程操作。在日常管理活动中合作社事务缺乏公开性、透明性，成员参与不多，运作和管理随意性较大。由于合作社缺乏规范化、制度化管理，难以发挥组织化经营的管理优势，其作用大打折扣。③利益联结不规范。除国家量化到贫困户的扶贫资金外，很多合作社未有效组织贫困群众以土地、劳动力等入股发展规模生产，成员之间利益联结不紧密、组织化程度低，由于合作社发展参差不齐，贫困户得到的分红少，合作社带领群众脱贫致富的功能未有效发挥出来。有些合作社从章程到利益分配，还不是十分明确；大部分合作社缺乏社员议事、培训、活动场所和办公设施，议事活动开展不正常、不规范。

（四）产权界定不清晰

产权模糊的问题在各类合作社中依然存在，导致成员投资合作组织的意愿降低，影响到合作社的稳定可持续发展。①私有产权与集体产权模糊。从合作社的发展来看，其包含私有产权之间的联合、私有产权与集体产权之间的联合等方式。不同的产权归属形成不同的利益主体，他们的利益必须得到保障，但目前许多合作社在成立之初没有对此进行合理划分。例如，一些村党组织将村集体资产提供给合作社使用，却从中得不到任何收益；一些地方投入大量项目资金支持合作社发展，却造成"垒大户"等情况。②农民对产权分配不了解。农民加入合作组织时，并没有明确要求投入多少资产，以及在农村合作社中占有多少股份，或农民可以凭借这些产权获得多少利益。大多数农村合作社并没有针对这些问题向农民进行解释，即使有这方面的组织规定也很少落实。因此，大多数农民对合作社产权和分配制度是不了解的，导致对合作社的归属感不高、参与积极性低，影响了合作社的活力和生命力。③产权结构不灵活。新型农村合作社建立的最初目的就是使市场竞争中的弱势群体平等地联合起来，它可以是劳动的联合、劳动与资本的联合、劳动与资本和技术的联合。从了解到的情况来看，一些合作社只注重以资金、固定资产等的投入划分股权，却不主动吸纳以技术入股的专业人才，或没有适当提高农民的土地、劳动力、技术等要素作价入股的分量，合作社的管理水平和效率难以提高。

（五）风险管控不够

现阶段的农民合作社和其成员面临着外在的和内生的风险，如生产风险、市场风险、自然灾害、金融风险等，但目前仍缺乏较为有效的风险管理和应对机制。①市场环境的风险。农民合作社的主营业务是农产品项目，市场风险包括消费者需求变化、市场预测能力、销售渠道执行力、产品保质期短等。例如，突如其来的禽流感、非洲猪瘟。在销售中，由于渠道执行力差、运输成本高、产品保质期短，导致到餐桌的"最后一公里"价格飙升。此外,自然气候对农业生产带来巨大不确定性,干旱、洪水、冰雹、天气突变等都影响着农产品的产量和质量,仅仅依靠合作社是无法抵御这些自然风险的,因此需要创新风险管理工具,使政府、保险公司、社会资本等各种力量参与农业生产风险的抵御,分散成本实现共赢。②融资的风险。农民合作社融资风险包括股金不稳定、固定资产少、原始投资难以筹集、银行认可度低等。目前,合作社融资问题依然没有得到实质性解决,缺资金的问题是大部分合作社面临的最主要的问题。外部融资问题主要是因为银行、信用社等信贷机构还不太认可农民合作社这类市场主体,这与农民合作社较为宽松的成立条件、运行机制、资产持有量和担保情况有关,使农民合作社贷款的风险提高。对于内部融资,影响农民投资的因素是多方面的,如农民对合作社收益的预期、产权利益分配、经营管理等信心不足。

六、党组织领办农村合作社发展建议

(一) 激发党员干部作用

在党组织领办的合作社中,农村党员干部的组织生产能力、号召力、沟通协调能力、正直的品质以及带领村民致富的意愿等都将对合作社能否组建成功、健康长久地发展产生重要影响。因此,在"村社合一"合作社发展中要充分调动农村党员干部的积极性,激发党员干部组建和发展合作社的意愿。首先,通过组织培训提升农村党员干部意识,加强对政策的了解和认识,组织农村党员干部生产技能培训,提升生产业务能力,重点发掘和培养一批"懂技术、善经营、会管理"的专业人才和业务能手。其次,组织村党干部参观学习典型示范社,进行交流学习,在合作社之间建立对接支持帮扶关系。最后,建立相应激励机制，模仿公司制股权激励机制，对成功创办合作社，且合作社实现盈余情况下，设置分红激励机制等。

（二）促进规范发展

从规范合作社自身经营管理机制出发，严格按照相关法律法规和规范性要求，有关部门积极督促指导其完善合作社章程及各项规章制度，明晰产权结构、组织架构和资产归属，明确成员权利义务和决策管理、业务运营、监管监督、利益分配等程序机制，规范执行社员大会、理事会和监事会等机构运作机制与管理职能，按期向社员公布经营情况及各项报表、材料，切实保障社员的知情权、表决权、监督权等各项权利。切实规范利益联结机制，打破传统的"坐地分红"模式，突出合作社多劳多得的利益导向，激发社员参与产业经营的主动性和积极性。

（三）强化产业发展

合作社能否成功建立起来的关键在于找到能产生收益、创造利润的产业，尤其要找准市场前景好、风险小、收益高的生产经营项目，确保盈利不亏损。要聚焦产业革命，遵循产业发展规律，综合考虑发展基础、市场需求、要素禀赋、区位条件等，因地制宜选择合作经济组织经营重点，精准选择适宜特定农村区域发展的产业。在具有传统种养殖业发展优势的农村，以提升品质、突出特色、强化品牌、提高效益为重点，发展壮大种养殖业，尤其是具有有机认证、地理产品标识的区域，要进一步做强做响品牌，发挥绿色农业优势。在具有大宗农产品优势区域，要着力延伸产业链，整合区域原产品优势，积极发展农产品加工业，重点发展特色食品、旅游食品、农副产品等。在旅游资源丰富的农村，要顺应消费升级趋势，充分发挥资源优势，大力发展乡村旅游业，变乡村农民为旅游从业人员，变闲置民居为山乡客栈，变绿水青山为金山银山。在具有传统特色技艺优势、具有相当规模工艺人员的农村，要大力发展特色手工艺产业，着力对接市场、畅通产销渠道，重点发展竹编、藤编、木制家具、石雕、木雕等产业，把技艺技能变成增收主要途径。在具有劳动力优势，交通便捷、区位较好的农村，大力发展劳务经济，统筹脱贫攻坚、人社、团委等相关资源，积极组织劳动力进行相关技能培训，发展家政服务、建筑施工、日间照理等产业。在具有商业文化基础，人口较多、居住集中的农村，鼓励发展农村电商产业，推动生鲜农产品、特色乡村食品线下体验、网上直销相结合的农产品新零售模式，大力发展农村商贸业、物流业，推动农商对接，在大宗农产品批发市场开展生鲜农产品直销区。同时，鼓励以创新思维，积极培育发展现代化共享农场、乡村总部等新型业态。

（四）保障农民利益

合作社本身作为具有互助性质的经济组织，其目的在于带领广大农民增收致富，在合作社的发展过程中要充分保障农民利益。只有保障了村民利益，让村民看到参与合作社的实际好处，才能调动大家参与合作社的积极性，否则合作社的组建就无从谈起。①积极完善农户加入合作经济发展的参与机制。支持农户以土地、资金、闲置房屋、农机具等为纽带，开展多种形式的合作与联合，依法组建农民专业合作社，依法享有合作社的股份和收益，强化农民作为市场主体的平等地位。支持农户以技能参股或以劳动务工等参与合作社发展。引导农村集体经济组织挖掘集体土地、房屋、设施等资源和资产潜力，依法通过股份制、合作制、股份合作制、租赁等形式，积极参与产业融合发展，实现集体资产保值增值，确保集体组织成员的利益。②完善农户分享发展收益的利益联结机制。"村社合一"合作社要结合自身实际制定盈余分配方案，在保证全体社员特别是贫困户股权收益的基础上，鼓励贫困户依靠自身劳动获取收入，实现"按劳取酬"与"按股分红"相结合的利益分配机制。村党组织要按一定比例将集体收益投向全村环境、卫生、文化、教育、养老等基本公共服务建设，使全体村民成为合作经济发展的受益者。

合作社助推乡村产业兴旺发展报告

陈绍宥*

摘　要：产业兴旺是乡村振兴的基石，合作社对乡村产业兴旺发展具有重要作用，当前农村合作社的发展部分存在发展思路不够明晰、缺乏懂产业善经营的带头人、发展规模偏小等问题，要通过选准和培养能干实干敢干合作社带头人，着力选准适宜特色产业，进一步完善农户参与和利益联结机制，进一步完善推进农村合作制经济发展的服务体系，推进合作社再组织化等途径，推动合作社高质量发展，从而助推乡村产业兴旺实现乡村振兴。

关键词：合作社；产业兴旺；乡村振兴

随着城镇化的快速发展，农村的发展日渐滞后，农业农村成为经济社会发展的短板，鉴于农业农村的基础性战略性作用，党的十九大报告提出实施乡村振兴战略，明确了"产业兴旺、生态宜居、乡风文明、治理有效、生活富裕"的总要求，其中产业兴旺是重中之重。2020年3月6日，习近平总书记在决战决胜脱贫攻坚座谈会上的讲话指出，产业是发展的根基，产业兴旺，乡亲们的收入才能稳定增长。要坚持因地制宜、因村施策，宜种则种、宜养则养、宜林则林，把产业发展落到促进农民增收上来。为了增加农民收入，补齐传统农业发展规模小、生产率低下的短板，国家提出要发展农村合作经济，提升

---

　*　陈绍宥：贵州省社会科学院区域经济研究所副研究员。研究方向：区域经济、产业经济。

农业发展效益，并于 2007 年 7 月公布了《农民专业合作社法》，此后中央一号文件多次提出发展农村合作经济，新型农村合作经济应运而生。习近平总书记在吉林考察粮食生产时强调，在奔向农业现代化的过程中，合作社是市场条件下农民自愿的组织形式，也是高效率、高效益的组织形式。要积极扶持家庭农场、农民合作社等新型农业经营主体，鼓励各地因地制宜探索不同的专业合作社模式。合作社对扩大规模经营、增加社员收入发挥了积极的作用，相关研究成果得出参加合作社的农户年收入比未参加合作社的农户一般高出 30% 左右（戴相龙，2021）。此外，合作社在弥补农业市场运行机制和政府调控机制的缺陷方面具有重要作用，尤其是依托合作社高质量发展，可以解决小农户融入现代农业发展的诸多问题，更好地推动小农户与现代农业发展有机衔接，同时指出，针对当前合作社的发展情况，最紧要的是对大量低水平发展的合作社进行规范性改造和优化，通过发挥系统化制度创新的基础性作用，通过进一步完善高效的合作社治理机制，推动合作社社员深入认同合作社经营理念，采取统一协作的生产经营行动，从而实现共同的发展目标（郭晓鸣，2021）。按照国务院及农业农村工作部门部署，各地切实推进农民专业合作社发展。截至 2019 年 7 月，据农业农村部数据，全国依法登记的农民合作社有 220 多万家，是 2010 年的 4.8 倍，十年来年均增长 19.3%（戴相龙，2021）。贵州作为全国贫困面最广、贫困深度最深的省份，在党中央、国务院的关怀下、在各兄弟省份以及各民主党派的支持下，于 2020 年全面消除了绝对贫困，当前正处于推进脱贫攻坚成果巩固拓展同乡村振兴有效衔接的关键时期，为了切实巩固拓展脱贫攻坚成果，筑牢收入增长这一事关农民对幸福美好生活追求的根基，贵州高度重视合作社的发展工作，各地合作社的发展取得了明显成效，但合作社发展与国家的要求、农户的期待仍有差距，发展的质量和效益亟须提高，为此，课题组深入黔西市就合作社发展相关问题进行调研，以期摸准贵州农村合作社发展的基本现状、存在的主要问题，并提出相应的对策和建议。

一、基本情况

本次调研选取了黔西市作为样本，调研兼顾了各个层面，既有市级层面的座谈，又深入乡镇、村具体了解合作社的发展情况。

（一）黔西市合作社发展基本情况

黔西市共建立党支部领办农民专业合作社 365 个，建立党支部领办村集体股份经济合作社 361 个，领办率均为 100%。入社村民 5.3 万户 20.2 万人，村民入社率达 19.79%，其中贫困户 3.2 万户 13 万人全部加入合作社。引导农民以实物、土地承包经营权、林权、闲置房舍等各种资源要素作价出资入社，吸纳入股资金 2.37 亿元，其中现金入股 0.84 亿元、实物折价 1.53 亿元。村集体、村民持股比例分别为 39.09%、60.91%。入社村民 5.9 万户 22.5 万人，村民入社率为 22.9%，3.2 万户建档立卡贫困户全部加入合作社。产业实体覆盖了农、林、牧、副、渔等农业生产的各个领域。其中，黔西市党支部领办村集体合作社实行村企联营、融合发展模式 175 个，占 48%；整合资源、独立经营模式 157 个，占 43%；提供服务、统购统销模式 18 个，占 4.9%；对外投资、承包经营其他模式 15 个，占 4.1%。截至目前，黔西市村集体合作社实现经营性收入 5120.03 万元，实现经营性收益 738.12 万元，村集体增收 2616 万元（含扶持资金），村集体经济积累达 1.16 亿元；实现盈利的合作社有 183 个，盈利 1265 万元（部分合作社发展长效产业，暂未盈利）。

（二）样本乡镇合作社发展基本情况

大关镇深入贯彻落实省委和毕节市委关于发展壮大村级集体经济

的决策部署，按照《毕节市党支部领办村集体合作社运行管理办法（试行）》的要求，结合实际，以"三强三促"为抓手充分发挥基层党组织战斗堡垒作用，深化农村产权制度改革，盘活资源资产，制定产业规划，走出一条党组织领办集体合作社壮大村集体经济的发展道路。大关镇9个行政村、5个社区，通过法定程序推动全镇13个村（社区）党组织书记担任党组织领办集体合作社理事长、健全14个村（社区）党组织领办集体合作社章程，建立完善议事机构，确保合作社规范运营。自2020年以来，全镇党组织领办集体合作社28个，领办集体股份经济合作社和农民专业合作社各14个，入社4500余人，2020年实现经营性收入359.35万元，村级积累达575.65万元，带动500余户农户就业，带动户均增收3000元以上。

（三）样本村合作社基本情况

近年来，大关镇七里村积极探索"党建引领、三股融合、四业联动、五强增收"工作机制，党组织领办集体合作社1个，吸纳220户农户加入合作社，72户建档立卡贫困户全部入社。扎实推进党组织领办集体合作社高效运行，不断壮大村集体经济，带领群众增收致富。为了改变上访出名村、矛盾纠纷突出、产业零星散乱、基础设施薄弱、人居可支配收入低、党员老龄化问题突出、党支部缺乏凝聚力、战斗堡垒作用不强、"两委"带头致富能力不足等问题，村委狠抓支部建设，2016年村"两委"换届，村致富带头名人成功当选村党支部书记，2名年轻大学生成功当选村委副主任，2017年培养2名年轻预备党员、7名入党积极分子，文化程度均在高中以上。新组建的村"两委"有了新气象，不断追求新作为，着力解决农户分散生产"投入劳力大、成本高、经济效益低"等问题，村"两委"牢牢抓住产业发展这个关键，村党支部成立了村社一体合作社，积极挖掘"资源变股权、资金变股金、农民变股民"的"三变"改革潜力，将入社村民土地集中经营，进行产业化发展和市场化运作，实施牧草种植、加工，肉牛育肥销售等产业，带动群众抱团发展。

为了推进产业发展，村里采取了以种植业、加工业、养殖业和服务业为主的"四业"联动兴实体的模式。种植业发展是充分发挥七里村土地资源，以种草养畜为长期发展方向，种植高产牧草 600 亩；利用巩固退耕还林、漠化治理林等项目，大力发展林下经济，种植脆红李 578 亩、刺梨 300 亩，实现了持续发展、生态发展、绿色发展，探索"保护绿水青山、构建金山银山"的有效途径。加工业发展是合作社贷款 250 万元，建设年产 2 万吨牧草饲料加工厂，提高牧草附加值，同时将未利用完的厂房出租给家具厂，长期解决近 40 名群众就业。养殖业发展是通过与贵州黄牛集团合作，积极申报小区养殖项目，集中养殖肉牛 140 头，动员农户依靠政府贴息、分散养殖肉牛 35 头，由合作社统一采购崽牛，提供技术、精料、保险，育肥后统一销售，6 个月养殖周期，利润能达到 7000 元左右。申请扶贫资金 6 万元发展养蜂 100 群，委派专人管理，利益联结贫困户 25 户。服务业发展是为保证合作社产品销售渠道，产品产值不受损害，合作社成立专班，专为合作社物资采购，产品加工、成品销售服务，形成产销一体化的产业体系，加快走上农业信息化道路。

为规范村集体合作社管理，经理事会提议，召开社员代表大会研究，制定了"三股"融合的合作社入股方式。集体股主要是由"两委"组织群众召开代表会议，对村集体资金进行评估，将 6000 平方米的牧草加工厂和 4000 平方米的养殖场折价 260 万元入股村合作社，整合塘约经验奖补资金 50 万元作为村集体股份，提高村集体占股比例。农户股是在积极宣传向群众郑重承诺的基础上，只要群众愿意将自己无法耕种的土地入股合作社，合作社承诺不管土地条件如何，都将无条件接收；只要是群众想务工，合作社承诺安排就业岗位；只要是群众想发展，合作社承诺提供技术、销售及其他扶持。全村共有 220 户村民以 423.16 亩土地承包经营权折价 169.264 万元入股村合作社统一经营。管理股是由"两委"成员带头，以资金入股，同时将"两委"成员选举交差任职到合作社理事会，社员代表大会一致同意，理事会成员占管理股的比例不超过 10%，目的是提高管理人员的积极性和责任感，形成管理人员、村集体、群众利益共同体。

为了推进多途径增收，探索了"五强"促增收的模式。首先，强化保底分红增加收入，农户以股东的身份将承包地入股到合作社，由合作社进行集约化、专业化、规模化生产经营，年底每亩土地 300 元保底分红增加农户收入，农户土地入股越多，收益越多。其次，强化引导务工就业增收入，通过 4 年来的努力，现在七里村能容纳大量劳动力进入合作社务工，解决他们就近就业问题，合作社已有 137 人长期务工，平均工资 80~100 元一天。再次，强化按比分红增效益，合作社将所得盈余按照 1∶2∶7 的比例分配，支部提留 10% 作为管理人员奖励资金，合作社提 20% 为发展、风险防范资金，70% 盈利按股份分给合作社成员，让村民参与二次分红，增加农民经济效益。另外，强化扶持个体增效益，在合作社的带动下，部分村民积极性很高，分散自主发展种养殖，以合作社扶持帮助为主，通过"十户联营"等经营模式，培育了一批个体经营户，种植牧草 20 余亩、养牛 178 头、养猪 2600 头、养鸡 15000 羽。最后，强化合力发展增加集体经济，在合作社领导下，群众基本实现按资分配和按劳分配，村委通过召开群众代表会议同意，盘活现有资产资源，将原建闲置养猪场出租，年租金 3 万元；未利用的牧草加工厂出租为家具厂，年租金 10 万元；盘活闲置资产，在集体林地、荒山中种植刺梨、李子等水果，发展集体林下经济。截至目前，村集体经济由不足 5000 多元发展到 210 万元。近年来，在党支部的引领下，通过合作社多渠道发展，七里村发生了翻天覆地的大变化：村活动阵地亮起来了，群众就业强起来了，钱包鼓起来了，精神文化生活丰富起来了，社会治理水平越来越好，人民群众安全感满意度越来越高。

二、存在的问题

通过调研发现，农村合作社的发展部分存在缺乏有实力的理事长、合作社规模较小、合作社的发展思路不够明晰等问题。

一是缺乏真正的带头人、"领头雁"。由于农村整体的知识水平相对较低、有技术和懂经营管理的人较少，且有知识、有文化的青年人大量外出，使村"两委"班子人员的选择面较狭窄，只能从现有留村人员中进行选择，有些村"两委"班子等合作社管理人员"造血"功能不强，带头作用发挥不好，带富能力有限，通过党支部领办合作实体增收的办法、渠道不多，导致村级缺乏能带领大家脱贫致富的发展型人才。

二是合作社发展规模较小。部分合作社受地理位置、交通条件、发展基础等限制，合作社的规模较小、产品的附加值不高，合作社整体的发展水平不高。比如，在种植方面，合作社主要是种植辣椒、高粱、南瓜等经济作物，这些经济作物虽有较好的种植习惯，农户易于接受，但这些经济作物市场价格较低，种植效益不高。在养殖方面，主要是饲养生猪、牛、鸡等，养殖成本较高，且受规模较小的限制，都是直接卖给屠宰场，合作社没有开展冷藏分割等深加工，经济效益不高，甚至还出现亏损，在实现合作社通过发展实体增收的目标上还有差距。

三是合作社自身发展能力不强。合作社规范管理有差距，部分村（社区）合作社管理人员工作任务重、头绪多、不能专业地经营合作社，对合作社组织框架、入股方式、收益分配等理解不深、了解不透。合作社组织号召力还有差距，因青壮年劳动力外出数量大，在村群众年龄相对偏大，主动入社积极性不高，抱团发展意识不强，加之对实施新产业信心不足，以至于工作推进较吃力。甚至大部分村（社区）由于基础薄弱、资源贫乏、资源盘活整合不好等原因，导致合作社离做大做强产业实体有一定差距。有的村（社区）党支部领办村集体合作社资金充足，但未有效利用，有的村（社区）资金筹措困难，合作社缺少发展启动资金。

四是发展思路不够明晰。受年龄、学历、能力等因素制约，部分存在以村"两委"班子为主的合作社管理人员发展思路不够明晰，对上级党委的相关政策举措难以真正弄清、吃透，项目谋划不精准，没有很好立足资源实际谋划项目，还处于跟着跑的阶段，制定的合作社产业发展规划不尽符合村情实际，要么好高骛远无法实施，要么只顾眼前利益缺乏长远规划，思路不清，方向不对。

三、对策和建议

（一）选准和培养能干实干敢干合作社带头人

乡村能人指的是在某一方面有突出才能的人，乡村能人要成为乡村领袖具有一定的前置条件，其需要集中经济资本、文化资本、社会资本和象征资本等多种乡土资源（渠桂萍，2010）。通过调研发现，经营好的合作社都离不开能干实干敢干理事长的带动，而这种类型的理事长在前期都是村里的乡村能人或致富能手，因此要充分发挥政府和民间组织的作用，着力争取具有经商致富、创办企业的村民回村参与合作社创办和管理，或积极培养敢于闯市场，有实干精神的本村大学生、退役军人等潜力股作为合作社管理人员甚至带头人，为合作社的健康发展选准带头人、"领头羊"。同时，要推动合作社的管理层具有共同组织理念，并培养这个关键群体的企业家精神。当关键群体的价值取向与合作组织的发展宗旨相符时，就能形成合力推动合作社持续健康发展。

（二）着力选准适宜特色产业

产业发展是农村经济发展的支撑。产业选择是产业发展的关键。要遵循产业发展规律，综合考虑要素禀赋、市场需求、区位条件等，精准选择适宜特定农村区域发展的产业。在具有传统种养殖业发展优势的农村，以提升品质、突出特色、强化品牌、提高效益为重点，发展壮大种养殖业，尤其是具有有机认证、地理产品标识的区域，要进一步做强做响品牌，发挥绿色农业优势。在具有大宗农产品优势区域，要着力延伸产业链，整合区域原产品优势，积极发展农产品加工业，重点发展特色食品、旅游食品、农副产品等。在旅游资源丰富的农村，要顺应消费升级趋势，充分发挥资源优势，大力发展乡村旅游业，变乡村农民为旅游从业人员，变闲置民居为山乡客栈，变绿水青山为金山银山。在具有传统特色技艺优势、具有相当规模工艺人员的农村，大力发展特色手工业，着力对接市场、畅通产销渠道，重点发展竹编、藤编、木制家具、石雕、木雕等产业，把技艺技能变成增收主要途径。在具有劳动力优势，交通便捷、区位较好的农村，大力发展劳务经济，统筹脱贫攻坚、人社、团委等相关资源，积极组织劳动力进行相关技能培训，发展家政服务、建筑施工、日间照理等产业。在具有商业文化基础，人口较多、居住集中的农村，鼓励发展农村电商产业，推动生鲜农产品、特色乡村食品线下体验、网上直销相结合的农产品新零售模式，大力发展农村商贸业、物流业，推动农商对接，在大宗农产品批发市场开展生鲜农产品直销区。同时，鼓励以创新的思维，积极培育发展现代化共享农场、乡村总部等新型业态。

（三）进一步完善农户参与和利益联结机制

进一步完善推动农户参与合作社的支持机制。支持农户以土地、资金、闲置房屋、农机具等为纽带，开展多种形式的合作与联合，依法组建农民专业合作社，依法享有合作社的股份和收益，强化农民作为市场主体的平等地位。支持农户以技能参股，或以劳动务工等参与合作社的发展。引导农村集体经济组织挖掘集体土地、房屋、设施等资源和资产潜力，依法通过股份制、合作制、股份合作制、租赁等形式，积极参与产业融合发展，实现集体资产保值增值，确保集体组织成员的利益。进一步完善农户分享合作社发展收益的利益联结机制。加快推广"订单收购+分红""土地流转+优先雇用+社会保障""农民入股+保底收益+按股分红"等多种利益联结方式，让农户分享加工、销售环节收益。支持农户与新型经营主体开展股份制、股份合作制，建立"产值分成""寄托生产""资金入股"等企业、合作社多方参与的利益联结新模式。引导龙头企业在平等互利的基础上，与农户签订农产品购销合同，建立稳定的购销关系和契约关系，确保农户收益的稳定。鼓励行业协会或龙头企业与合作社、家庭农场、普通农户等组织共同营销，开展农产品销售推介和品牌运作，让农户更多分享产业链增值收益。

（四）完善推进农村合作制经济发展的服务体系

完善采购服务体系，要从起始环节开始，完善农业采购服务体系，着力降低投入成本和确保采购质量。由乡镇农技站所、行业协会对主要的农业投入品价格、种类等进行信息公示，并可通过层层传递，利用短信、微信等方式将相关信息传递给农户。对有大宗采购需求的投入品，在价格透明公开、质量保证的前提下，可以推动多个合作社集中采购，获取大宗采购带来的规模效益，降低采购成本，减少农业投入。对小宗需求的投入品，由合作社根据实际需要和市场行情自行采购。完善技术服务体系，结合全省农村产业革命部署，围绕农村重点产业发展，健全多元的农业社会化服务体系。健全基层农业技术推广体系，创新公益性农技推广服务方式，支持各类社会力量参与农技推广，全面实施农技推广服务特聘计划，加强农业重大技术协同推广。大力培育市场化、专业化技术新型服务主体，加快发展"一站式"农业生产性服务业，重点服务合作社、家庭农场等规模新型经营主体，积极服务个体农户。整合县、乡农技部门资源，按照标准化、绿色化、品质化、集约化的要求，推进先进、适用、科学的生产技术在种养殖业中的应用。在农产品加工、特色手工艺品加工方面，完善产品销售体系，继续做好传统的市场销售，在大宗优势产品地建立直销点。市场体系不完善，缺乏稳定的营销体系，一直是制约农村产业发展的一个关键环节。要进一步完善多元的产品销售体系，整合资源，组建省、市、县三级产销协会，与企业销售形成合力，着力推动大宗农产品"走出去"，提升产销对接水平。培育农村经纪人、家庭农场、农民合作社及龙头企业等流通主体，增强农产品流通的规模组织、信息获取、田头贮藏和产品直销等能力。加快推进现代信息技术与农业产业、市场流通的深度融合，让农产品供求信息更精准、产销渠道更稳定、产品上行更顺畅。加强农产品产销对接数据支持和服务，建立产地市场信息收集、分析和发布制度，为进入市场交易的农户和采购商提供及时、全面、准确的产销信息。充分发挥电商平台促进产销衔接、缩短流通链条、健全市场机制的作用，实现线上购买与线下流通的无缝衔接。

（五）推进合作社再组织化

合作社再组织化是合作社通过与其他合作社的"社社联合""社企联合""社村联合"等多种形式，进行资源重组和组织重构，解决合作社发展过程中的"小、散、弱、乱"等困境，通过构建现代农业经营体系、生产体系、产业体系推进合作社再组织化（罗千峰、罗增海，2022）。引导合作社根据生产发展需要，加强与其他新型经营主体有效对接，推进多层次、多形式的合作社再组织化，推进合作社之间实现更大范围的联合采购和联合销售，拓宽销售渠道，降低市场经营风险。解决规模小的发展瓶颈。推进合作社相关业务整合以及生产主体间的有机联合、有效管理，增强集货能力，推进合作社突破同类农产品生产经营与同类农业生产经营服务的业缘关系限制，在专业合作的基础上拓展经营业务或合作组建联社，探索发展生产、供销、信用等"多位一体"的综合合作社（赵晓峰，2018）。鼓励合作社生产方式向现代化生产方式转变，推动合作社实行标准化生产，提高合作社的种养效率和发展动力。推进合作社再组织化增强合作社纵向一体化的能力，提升合作社对原料供应、生产、销售等整个流程的控制能力，促进合作社建立稳定的营销渠道，减少相关交易费用。推进合作社内部业务整合和外部业务扩展，引导和支持合作社由发展单一产业转向一二三产业融合发展，开发休闲农业、智慧农业、生物农业等新业态，拓展单个合作社发展空间，带动经营向多样化与多元化发展。

参考文献

［1］戴相龙．大力发展新型农村合作经济［N］．农民日报，2021-09-22．

［2］郭晓鸣．提升合作社发展质量 促进小农户融入现代农业［N］．农民日报，2021-05-17．

［3］渠桂萍．财富、文化、社会关系与声望的聚合体——20世纪前期华北的村庄领袖阶层［J］．福建论坛（人文社会科学版），2010（3）．

［4］赵晓峰．信任建构、制度变迁与农民合作组织发展——一个农民合作社规范化发展的策略与实践［J］．中国农村观察，2018（1）．

［5］罗千峰，罗增海．合作社再组织化的实现路径和增收机制——基于青海省三家生态畜牧业合作社的案例分析［J］．中国农村观察，2022（1）．

贵州乡村振兴中以产业发展推动农民增收致富发展报告

吴 杰*

摘 要： 乡村振兴，产业兴旺是关键。本文通过对贵州乡村振兴产业发展取得的成效、面临的主要问题进行分析，提出了推动贵州乡村振兴产业兴旺的思路和建议。

关键词： 乡村振兴；产业兴旺；农业现代化

一、贵州乡村振兴中产业发展取得的成效

巩固拓展脱贫攻坚成果最有效的手段就是衔接推进乡村振兴，而乡村振兴的关键是产业要振兴。产业扶贫是打赢脱贫攻坚战的重要支撑，产业振兴将成为推进乡村振兴的一大法宝。2021 年，贵州全力围绕"四新"主攻"四化"，在乡村振兴中以特色优势产业为主抓手，优化产业结构和区域布局，推动农村一二三产业融合发展，加快推进农业现代化，使脱贫攻坚成果与乡村振兴的基础进一步夯实。

（1）农业经济保持快速增长。2021 年，贵州省农业发展延续了"十三五"时期快速增长态势，形成"十四五"良好开局。全年贵州省第一产业增加值为 2730.92 亿元，同比增长 7.7%；农林牧渔业总产

---

* 吴杰，贵州省社会科学院区域经济研究所副研究员。研究方向：农村区域发展。

值为 4691.97 亿元，同比增长 9.2%。其中，种植业总产值为 3123.71 亿元，同比增长 8.8%；林业总产值为 319.82 亿元，同比增长 7.9%；畜牧业总产值为 958.96 亿元，同比增长 10.3%；渔业总产值为 69.83 亿元，同比增长 14.6%；农林牧渔专业及辅助性活动为 219.65 亿元，同比增长 7.9%。①

（2）产业结构持续优化，特色优势产业快速发展。一是粮食生产保持稳定。全年全省粮食播种面积为 4181.57 万亩，比 2020 年增长 1.2%；粮食产量为 1094.86 万吨，比 2020 年增长 3.5%。② 二是 12 个农业特色优势产业保持快速发展。茶产业量质提升，2021 年，贵州省茶园总面积稳定在 700 万亩，产业产量为 46.99 万吨、产值为 570.95 亿元，产量、产值同比分别增长 7.74%、13.32%；茶叶加工企业及合作社已达 5813 家，居全国第二位，规模以上企业总数达到 173 家；省外贵州茶营销网点达到 14525 个，全年共检验检疫出口茶叶 3 亿美元，同比增长 34.9%；"贵州绿茶"等省级重点品牌授权使用企业 1170 家，基本实现了贵州省国家级、省级、市县级龙头企业全覆盖。③ 蔬菜商品化程度提升，2021 年贵州省累计种植面积为 1898.3 万亩，产量为 3205.5 万吨，商品率达到 74.8%；66 个脱贫县种植面积为 1433.7 万亩、产量为 2463.3 万吨、产值为 735.3 亿元，同比分别增长 2.0%、12.3%、13.2%。④ 食用菌产业迈入全国生产第一梯队省份，产量达到 74.59 万吨。2021 年猪出栏 1849.70 万头，比 2020 年增长 11.3%；牛出栏 180.06 万头，同比增长 2.2%；羊出栏 279.97 万只，下降 5.9%。⑤ 特色林业快速发展，贵州省 2021 年完成特色林业产业基地建设 292.57 万亩，其中新造 133.49 万亩、改培 159.09 万亩，产量

①②⑤ 参见《贵州省 2021 年国民经济和社会发展统计公报》。

③ 2021 年贵州茶叶总产值超 570 亿元 [EB/OL]．[2022 - 03 - 14]．https：//www. qg-cy114. com/article/38113. html.

④ 贵州省"晒出"2021 年蔬菜产业成绩单 [EB/OL]．[2022 - 01 - 26]．https：//www. guizhou. gov. cn/home/gzyw/202201/t20220126_72413614. html.

为 151 万吨，产值为 201 亿元，同比增长 25.6%，实现了"十四五"良好开局。① 水果发展快速，年末果园面积为 1203.21 万亩，比 2020年末增长 2.9%；2021 年园林水果产量为 583.40 万吨，比 2020 年增长21.9%，② 其中，李子面积为 263.5 万亩，刺梨面积为 200 万亩，蓝莓面积为 19.3 万亩，规模均居全国第一。猕猴桃种植规模进入全国前三，火龙果种植规模进入全国第一梯队。中药材效益提升，2021 年贵州省中草药材收获面积为 254.26 万亩，同比增长 0.5%，产量达到117.40 万吨，同比增长 28.7%，产值为 304.64 亿元，同比增长10.8%。从单品规模上看，种植面积上 10 万亩的有天麻、杜仲、太子参、石斛、金银花、钩藤和砂仁七个单品，占年末贵州省中草药材实有面积的 49.0%，将近贵州省中草药材"半壁江山"。从单品发展速度来看，年净增量超过 1 万吨的有党参、天麻、白及、钩藤、太子参和砂仁六个单品，产量同比增速分别为 145.4%、116.5%、47.1%、38.0%、34.6% 和 27.4%，合计净增量占贵州省中草药材净增量的43.2%。③ 生态渔业、家禽稳步发展，水产品产量为 26.20 万吨，同比增长 5.2%，其中养殖水产品产量为 25.72 万吨，增长 6.5%；家禽出栏 17672.57 万羽，增长 0.4%；禽蛋产量为 27.70 万吨，增长 5.9%。④辣椒种植面积为 571 万亩、产量为 787 万吨、产值为 271 亿元，同比分别增长 4.77%、8.7% 和 11.98%，辣椒产加销均位列全国第一。⑤

（3）龙头企业发展加快产业化进度。《贵州省农业产业化龙头企业 2021 年度报告》显示，2021 年，贵州省省级以上农业产业化重点龙头企业从 2020 年底的 903 家增加到 1176 家，同比增加 273 家，增

———

① 2021 年贵州特色林业产业发展实现"十四五"良好开局［EB/OL］．［2022-02-03］．https：//view. inews. qq. com/a/20220203A01UKF00.

②④ 参见《贵州省 2021 年国民经济和社会发展统计公报》。

③ 贵州道地药材品丰质优［EB/OL］．［2022-03-21］．http：//stjj. guizhou. gov. cn/tjsj_35719/tjxx_35728/202203/t20220321_73063706. html.

⑤ 贵州辣椒产业规模稳步提升 强化龙头带动促进加工提质增效［EB/OL］．［2022-02-28］．http：//job. yktworld. com/job/20220228085340164317O5. html.

长 23.2%。其中，贵阳市 105 家，遵义市 202 家，六盘水市 98 家，安顺市 94 家，毕节市 131 家，铜仁市 161 家，黔西南州 113 家，黔东南州 113 家，黔南州 159 家。在省级以上农业龙头企业中，涉及发展贵州省十二大特色优势产业和林下经济产业的达到 930 家，其中粮油 124 家、茶叶 275 家、生猪 108 家、水果 40 家、中药材 52 家、家禽 50 家、蔬菜 63 家、牛羊 61 家、辣椒 63 家、食用菌 46 家、刺梨 26 家、特色林业 14 家、渔业 8 家。2020~2021 年销售收入超过 1 亿元的有 107 家，超过 10 亿元的有 11 家，超过 50 亿元的有 1 家，综合规模和营业收入在 1500 万~1 亿元的有 1049 家。龙头企业有力地带动了农产品加工，全省农产品加工转化率达到 52%，地标产品达到 131 个。2021 年，由农民日报社主办发布的"中国农业企业 500 强"评选中，贵阳南明老干妈风味食品有限公司、贵州百灵企业集团制药发展有限公司、贵阳市农业农垦投资发展集团有限公司、贵州富之源科技（集团）有限公司、毕节市农业投资发展有限公司分别入选中国农业企业 500 强。①

（4）休闲农业和乡村旅游业带动作用明显。2021 年，贵州省休闲农业与乡村旅游经营主体超过 1.3 万个，接待游客超过 1.6 亿人次，营业收入近 200 亿元。全省农家乐、民俗村、田园农庄、农业科技园、乡村度假村相继发展，已拥有 39 个中国美丽休闲乡村，11 条休闲农业和乡村旅游精品线路，11 个全国休闲农业和乡村旅游示范县。发展休闲农业和乡村旅游带动了餐饮住宿、农产品加工、交通运输、建筑和文化等关联产业，农民可以就地就近就业，2021 年贵州省从事休闲农业和乡村旅游业人数超过 25 万人，带动约 30 万户农民受益。②

（5）农民收入保持快速增长。通过农业特色优势产业、乡村旅游

---

① 《贵州省农业产业化龙头企业 2021 年度报告》正式发布 [EB/OL]．[2022-03-26]．https：//cj．sina．com．cn/articles/view/6824573189/196c6b90502001cbfl.

② 2021 年贵州省休闲农业与乡村旅游营业收入接近 200 亿元 [EB/OL].[2022-02-25].http://gznw.guizhou.gov.cn/gznjw/kzx/xwrd/snxw/847662/index.html.

等产业发展，促进了农民就业增收。2021 年，农村居民人均可支配收入 12856 元，增长 10.4%。农村居民人均消费支出 12557 元，同比增长 16.1%。年末每百户农村居民家庭拥有家用汽车 23.55 辆，比 2020 年末增长 2.7%；拥有摩托车 58.72 辆，同比增长 11.1%；拥有热水器 77.58 台，同比增长 16.2%。农村常住居民人均现住房面积 49.83 平方米，增加了 0.63 平方米。[①]

二、面临的主要问题

尽管贵州省乡村振兴中产业发展取得了一定成就，但仍然面临三大主要问题：

（1）很多村仍然是以传统种植养殖为主，缺乏特色主导产业。从贵州省村一级乃至乡镇一级来看，很多村仍然以种植传统的水稻、玉米、小麦、油菜等为主，以养殖传统的猪、牛、羊、鸡等为主，农业机械化市场化程度低，包括乡村旅游在内的农村服务业。很多村缺乏特色主导产业，农户收入主要还是以务工为主。例如，以本人驻村所在的乡镇来看，全镇 12 个村，除少数几个村在茶、商贸业等方面形成了主导产业外，其他很多村特别是原来欠发达的村，均缺乏具有现代化方向的主导产业。

（2）推动农村产业兴旺的市场主体少，特别是新型农业经营主体匮乏。从产业发展需求来看，农村中的现代农业、服务业等产业的发展都需要各类新型经营主体引领。截至 2021 年末，贵州省达到规模标准、生产经营稳定、能够联网直报的规模以上新型农业经营主体共 3147 个。从主体类型来看，以合作社、农业企业、专业大户为主，分别有 1341 个、1180 个、346 个。但从纳入统计的规模以上新型农业经营主体实现销售收入来看，2021 年共实现销售收入 250.03 亿元，其

---

① 参见《贵州省 2021 年国民经济和社会发展统计公报》。

中畜牧业为 189.32 亿元、种植业为 57.46 亿元、渔业为 2.31 亿元、林业为 0.95 亿元，分别占总销售收入的 75.7%、23.0%、0.9%、0.4%。① 由此可见，除畜牧业新型农业经营主体占比较高外，其他产业规模占比仍然较小。全省仍然有很多村的集体农民专业合作社空壳化严重，专业大户、家庭农场等规模以上（专业大户、家庭农场或合作社，流转土地租期或承包期三年以上且满足下列条件之一：①农作物单季耕种面积 100 亩及以上；②经营林地面积 500 亩及以上；③农业生产经营年收入 100 万元及以上）数量为零、规模以下数量也非常少。

（3）很多村产业发展缺资金、缺技术、缺人才，特别是懂技术、会管理、能经营的人才十分匮乏。一个产业的发展，特别是农业产业的发展，是一个较为长期的过程，在这个过程中，需要"天时地利人和"，即使 99% 的地方都成功了，往往因为一个很小的环节失败，就会把几个月甚至一年的成果化为乌有。就目前而言，贵州很多村发展的产业缺资金，一般并不是缺种植或养殖本身的资金，而是在设施、设备上的投入不足，如农田水利设施、大棚等生产设施不足而导致易受灾害影响；缺技术主要体现在从生产到销售全过程现代化技术不足或无法掌握，往往出现某个环节的技术不足直接影响产出；缺人才则是当前表现出来的一个最严重的问题，很多村，全村的劳动力基本上都外出务工了，留在村里的多是老人、儿童，连劳动力都缺乏。

三、推动贵州乡村振兴产业兴旺的思路和建议

2022 年，是贵州乡村振兴中产业发展向兴旺寻求突破的关键之

---

① 2021 年贵州省规模以上新型农业经营主体发展情况 [EB/OL]. [2022-04-29]. https://mp.weixin.qq.com/s?_biz=MzI5NjIyMzU0MA==&mid=2651264788&idx=3&sn=8ef3d310baa4bd25a0976354652ed95d&chksm=f7b4214fc0c3a859a6c7e6792b9b18359ad4f51a7f68be5e3fce1f5369a521b1e03ba3e29870&scene=27.

年。从省、市（州）、县（市、区）宏观层面，贵州省要深入学习贯彻习近平总书记关于"三农"工作的重要论述，深入贯彻落实贵州省第十三次党代会会议精神，坚持以高质量发展统揽全局，围绕"四新"主攻"四化"，以12个农业特色优势产业为重点，深入推动农业现代化，推动一二三产业相互融合相互促进。从县乡村向微观落实的层面，既要"一县一业"发展主导产业，在市场化、标准化、规模化、品牌化上下功夫，延长产业链、提升价值链；也要鼓励支持乡镇、村一级按照发展实际，以市场需求引领，坚持质量效益优先，着力突出山地特色和绿色生态发展，宜工则工、宜农则农、宜游则游、宜商则商，人无我有、人有我优、人优我特，推动产业兴旺发展。

（1）找准符合本村实际情况的特色产业。产业发展本身是一个较为长期的过程，而这个发展过程涉及储备资金、技术、管理等要素，因此一个村的特色产业发展，关键是看发展基础和优势在哪里，如果选择缺乏基础和发展优势的产业，那么将面临更多的风险，如果能有一个较好发展基础并符合市场需求的产业，那么在发展过程中不断根据发展需求完善，坚定不移地推动产业化和现代化发展。

（2）加快构建现代产业经营体系。传统种植、养殖等之所以难以形成产业，根本上是受其分散、规模小、自给自足生产模式限制。因此，找准农村特色产业后，要推动农村产业的现代化，需要不断促进农业产加销紧密衔接，推进农业产业链整合和价值链提升，构建家庭经营、集体经营、合作经营、企业经营等共同发展的新型农业经营体系，努力提高农业经营集约化、专业化、组织化、社会化水平，有效带动众多的农户共同发展。构建现代产业经营体系的关键，在于大力引进和培育包括龙头企业、专业合作社和家庭农场在内的新型农业经营主体。具体到某一特色产业发展，龙头企业引进和培育龙头企业是核心，在资金、技术、管理、市场、品牌建设等方面具有强大能力和优势；专业化的合作社是纽带，在组织农户规模化、标准化生产等方面作用显著；家庭农场（或专业户）是重要支撑，在技术、标准、规模等方面具有示范带动作用。

（3）不断完善产业的发展基础。产业的现代化发展，还体现在农田基础设施、技术培训和新成果转化应用、农机装备、厂房、冷库设施等方面。种植类产业要在发展过程中不断开展高标准农田建设、水利设施建设、机耕道建设、设施大棚建设、喷滴灌系统等，打造标准化发展基地；养殖类产业也需要不断完善现代化圈舍、污水粪便处理设施等设施。同时，还需要强化对农户的技术培训，加强良种等科技成果转化应用，提升产业发展的效益。

贵州乡村振兴中农村首位产业选择发展报告

蒋正龙　李世军*

摘　要： 本文从首位产业的概念界定出发，梳理了"十三五"期间贵州省各市州农业首位产业发展情况和"十四五"期间贵州省各市州农业首位产业选择情况，分析了农业首位产业选择特点和存在的问题，从政府支持、组织主导、农民参与三个层面对首位产业选择作用发挥提出政策建议。

关键词： 乡村振兴；首位产业；产业选择

党的十九大报告提出了乡村振兴战略，2021年中央一号文件提出全面推进乡村振兴，乡村振兴成为破解"三农"问题的根本途径，而产业振兴是乡村振兴的基石和关键。乡村产业振兴强调以农业供给侧结构性改革、培育农村发展新动能为主线，因地制宜、扬长避短、发挥优势，选择一个适合区域禀赋的高效、特色、生态、可持续的优势产业进行发展，推动农业农村发展提质增效，更好地实现农业增产、农村增值、农民增收，实现城乡融合均衡发展。2018年初，贵州率先在全国提出"来一场振兴农村经济的深刻的产业革命"，大力发展十二大农业特色优势产业，推动贵州农业发展实现"六个转变"。2021

* 蒋正龙：贵州省社会科学院城市经济所助理研究员。李世军：贵州省兴义市敬南镇农业服务中心农艺师。

年发布的《贵州省国民经济和社会发展第十四个五年规划和二〇三五年远景目标纲要》提出持续优化农业产业结构和区域布局，加快做大做强十二个农业特色优势产业等。十二个农业特色优势产业的确立，为全省农业产业的发展指明了方向，为区域首位产业的选择提供了参考，但是由于贵州差异明显的地理气候环境，具体到特定的农村区域，首位产业理应不同，根据发展基础、资源禀赋和区位环境的不同，应遵循比较优势来确定农村区域的产业发展方向。目前，虽然贵州农村一二三产业融合发展成效显著，但是在广大农村地区的支柱和主导产业还是第一产业，所以本文的农村首位产业选择研究，仍然以第一产业为基础。

一、首位产业的定义、内涵和特征

首位产业的概念随首位城市而生。一般来说，首位产业是区域产业体系中最具主导性、竞争力及在区域经济中具有很大贡献度的产业，其兼具主导产业与支柱产业的特征，是区域产业结构演替中特定阶段的产物，在区域经济发展中起着核心作用。为简化起见，在本文中的首位产业具体是指在该区域的所有产业中，当地政府和人民具有强烈意愿发展的、排在首位的产业，即为该区域的首位产业。根据定义，首位产业具有以下特征：

（一）兼具主导产业与支柱产业的特征

首位产业兼顾了未来区域产业的发展导向以及现阶段对区域经济发展的贡献，符合产业发展方向、市场消费升级需求导向，同时又具有较强的关联和带动性，在区域产业体系中占据较大的规模，能从推动前向、后向关联相关产业，也能发挥旁侧相应，推动区域经济社会快速发展。

（二）首位产业具有明显的阶段特征

首位产业是区域经济发展到一定阶段的产物，是主导产业和支柱产业交替演化的结果。不同的发展阶段，区域的首位产业是不一样的，特别是三次产业的升级，表现得特别明显。随着技术进步和市场需求、资源状况等因素的变化，每一个产业都会经历"形成—成熟—衰退"的生命周期，首位产业也会发生变化，昨天的配套产业可能变成今天的首位产业，今天的首位产业可能成为明天的配套产业。

（三）首位产业还具有明显的区域特征

首位产业是区域经济发展的结果，也是区域经济发展的动力，受资源禀赋、历史基础，甚至是偶然事件的影响，各地的首位产业一般不同。从理论上看，无论是起源于李嘉图，经过赫克赛尔、俄林、萨缪尔森等发展的比较优势，还是克鲁格曼新贸易理论倡导的规模报酬差异，最终都会导致首位产业具有明显的地域性。

（四）首位产业具有明显的政府引导和市场调节特征

我国从中央到地方，从1953年制定第一个五年计划起，各级政府都会制定国民经济发展五年规划及产业规划，从选择性产业政策和功能性产业政策方面，对产业发展进行规划、扶持和引导，特别是落后的农村地区，其首位产业的发展在很大程度上离不开政府的扶持与引导。同时，首位产业也是顺应市场，人民具有强烈意愿发展的产业。

二、首位产业选择的原则

（一）市场需求导向原则

首位产业的选择需要考虑首位产业的市场需求，如果首位产业的产品与服务缺乏足够的市场需求，那么该产业是无法长期"生存"的，这需要首位产业在选择上要坚持市场需求导向原则。基于市场需求导向原则的首位产业选择应当考虑到两个部分：一是区域及周边市场需求的客观性，二是因品牌化发展而拥有广阔外部市场需求的可能性。

（二）生产力进步原则

生产力进步原则指的是选择的首位产业能够带动当地生产力的升级换代，从而提高当地产业的生产率，它要有提高当地生产力的潜力，实际上这个原则考虑的是首位产业发展的未来性，如果所选择的首位产业对当地生产力的升级换代没有帮助，抑或是在未来不久就被淘汰，那这样的首位产业选择就有可能陷入了短期发展的局限性中。生产力进步原则实则包含两个方面：一是第一生产力标准；二是全要素生产力标准。

（三）符合农民意愿原则

农村首位产业的选择要符合农民的意愿，只有符合农民意愿，首位产业才能发展起来。政府在发展首位产业的过程中起的作用是外部引导与政策支持，各种产业部门起到的作用是为农民提供技术支持、资本支持、就业支持、合作支持、市场支持等，从本质上来看，发展农村首位产业的主体是当地农民，农民是发展首位产业的主力军，政府与各类产业部门只是在引导与支持农民去发展现代化的农村产业。

（四）产业优势关联原则

该产业在区域产业中已经具有一定规模或者具备形成规模的可能性，它拥有丰富的物质资源，能够在未来形成规模化生产，如当地的支柱产业就有这种物质资源上的优势，已经初步具备规模化生产的要件。同时，该产业的前向后向和旁侧效应较强，能够较好地带动周边其他产业一并发展。

三、贵州农村产业发展的基础及资源特征

（一）贵州省概况

贵州北接四川和重庆、东毗湖南、南邻广西、西连云南，东西长约595千米，南北相距约509千米，总面积为176167平方千米，境内地势西高东低，自中部向北、东、南三面倾斜，素有"八山一水一分田"之说，地貌可概括分为高原、山地、丘陵和盆地四种基本类型，其中92.5%的面积为山地和丘陵，贵州省坡度6度以下的500亩以上坝区1725个，面积488.6万亩，是全国唯一没有平原的省份。属亚热带季风气候，由于地形条件复杂，气候资源非常丰富，涵盖南亚热带、中亚热带、北亚热带、暖温带等多种气候类型，形成了丰富的农业气候资源。水源地跨长江和珠江两大水系，境内河流众多，水资源丰富，多年平均降水量1200毫升左右；多年平均径流量1062亿立方米，占全国的3.74%，居全国第九位；人均占有水资源2800立方米，居全国第十位；长度在10千米以上的河流有984条。全省共有6个地级市、3个自治州，共88个县级政区，2020年地区生产总值16769.34亿元，其中第一产业增加值2280.56亿元。

（二）贵州省农村产业发展现状

（1）农业生产能力显著增强。自"十三五"以来，贵州大力发展山地特色高效农业，农业生产能力显著增强，特色优势产业不断发展壮大，粮食总产量保持在1000万吨以上，蔬菜、水果、茶叶、中药材产量比2015年增长60%以上。农林牧渔业增加值从2016年的1959.93

亿元增加到 2020 年的 2675.59 亿元（见图 1），年均增速达 8.09%，全国排名提升到第 14 位，比 2015 年提升 3 位。耕地亩均种植业产值达到 4098 元，一产从业人员人均农业总产值 4.05 万元，分别比 2015 年增长了 58.2%、69.5%。在第一产业中，农业比重较大，每年都占农林牧渔业增加值的 60% 以上，增速也较快，快于农林牧渔业增加值增速，呈现占比逐年增加趋势。渔业比重最小，所有年份都不到农林牧渔业增加值的 2%，且有逐年下降趋势。林业占比比较稳定，基本稳定在 7% 左右。畜牧业占比较高，占比在 20% 以上，但也是呈现逐年下降趋势。

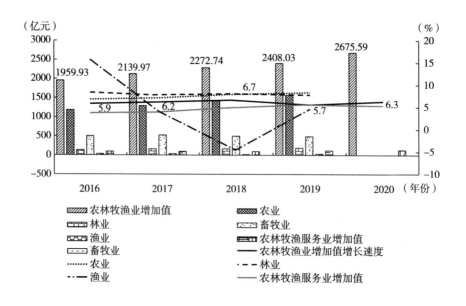

图 1　2016~2020 年贵州省第一产业发展情况

资料来源：贵州省统计年鉴（2017~2021 年）。

　　（2）特色优势产业不断发展壮大。具体到各个种养殖产业，全省粮食种植面积 4131.2 万亩，产量 1057.63 万吨，蔬菜及食用菌种植面积 2266.99 万亩，产量 2990.87 万吨，全年园林水果产量 478.58 万吨，茶叶、蓝莓、李子、刺梨种植面积全国第一；食用菌裂变式发展，迈入全国生产第一梯队省份；猕猴桃、火龙果等产业名列全国前茅；百香果快速发展，产业规模挤进全国前三。截至 2020 年，贵州省茶园总面积 700 万亩，连续 8 年排名全国第一。2020 年茶叶总产量 43.6 万吨、总产值 503.8 亿元，同比分别增长 8.7%、11.7%；太子参种植面积 32.54 万亩、产量 10.36 万吨、产值 23.33 亿元，种植面积位居全国第一，面积和产量占全国太子参种植面积的一半以上；辣椒种植面积 545 万亩、产量 724 万吨、产值 242 亿元，种植面积约占全国的 1/6、全球的 1/10，成为全国唯一达到 500 万亩以上的省份，辣椒产加销规模全国第一；李子面积 263.5 万亩、刺梨面积 200 万亩、蓝莓面积 19.3 万亩，种植规模均居全国第一；织金县成为全国最大的皂角精加工集散地。

（3）农业产业结构不断优化。自"十三五"以来，全省在确保粮食安全的前提下，围绕农业供给侧结构性改革，以 12 个农业特色优势产业为引领，按照市场化方向，大力调整农业产业结构，聚力发展现代山地特色高效农业，实现了主要农产品提质增量，现代农业高产高效。2020 年，在稳定粮油生产的同时，大力发展短平快的蔬菜、食用菌、百香果等特色优势种植品种，全年种植业总产值实现 2781.80 亿元，同比增长 7.7%。其中，蔬菜、食用菌、中药材、园林水果、茶叶农业特色优势种植业发展成效尤为显著，产值同比增速分别为 5.5%、36.8%、24.4%、26.9% 和 21.7%，农业产业结构进一步优化。

（4）农业发展基础设施逐步完善。贵州省累计完成高标准农田建设 1677 万亩，主要农作物耕种收综合机械化率达到 41.2%。获批创建的国家现代产业园 5 个，其中已获农业农村部、财政部认定 3 个；已获批创建省级现代农业产业园 16 个。贵州省坝区主要农作物保险覆盖率达到 61.5%，平均复种指数 200% 以上，坝区平均亩产值达 8550 元。实施农产品仓储保鲜冷链设施建设工程，且全省中已建成 564 个冷链项目。依托省产业技术体系建立"产业技术研发中心+功能实验室+综合试验站+若干试验示范基地"模式，累计建设试验示范基地840个，开展新品种、新技术、新方法试验示范1074项，技术集成349项。贵州省农业基础设施水利化、机械化、信息化和农业产业市场化、规模化、标准化、品牌化水平不断提高，现代农业产业体系、生产体系、经营体系进一步健全。

（三）农业产业发展自然资源

（1）农业土地资源。2020年，《贵州省第三次全国国土调查主要数据公报》显示，贵州省耕地面积为347.26万公顷（5208.93万亩）。其中，水田88.39万公顷（1325.82万亩），占25.45%；水浇地0.45万公顷（6.85万亩），占0.13%；旱地258.42万公顷（3876.26万亩），占74.42%。位于2度以下（含2度）坡度的耕地面积为14.54万公顷（218.15万亩），占贵州省耕地面积的4.19%；位于2~6度（含6度）坡度的耕地面积为37.35万公顷（560.17万亩），占贵州省耕地总面积的10.75%；位于6~15度（含15度）坡度的耕地面积为141.37万公顷（2120.62万亩），占贵州省耕地总面积的40.71%；位于15~25度（含25度）坡度的耕地面积为95.53万公顷（1432.95万亩），占贵州省耕地总面积的27.51%；位于25度以上坡度的耕地面积为58.47万公顷（877.04万亩），占贵州省耕地总面积的16.84%。①

（2）农业水资源。贵州在地势上位于青藏高原的高原山地向东部的丘陵平原过渡地带，为高耸于四川盆地和广西丘陵之间的一个受到河流强烈切割的岩溶化高原山地，贵州省的大地貌以高原、山原、丘陵和山地为主，高原、山原和山地占全省面积的87%，丘陵占10%，盆地、河流阶地占3%。这种多山地貌不利于降雨贮存，且贵州省的山地多属喀斯特地形，多为碳酸盐岩层，其岩层透水性强，地表水贮

---

① 参见《贵州省第三次全国国土调查主要数据公报》。

存条件差，水土流失严重，水分涵养能力低，抵御干旱能力弱。同时，从降雨量上来看，贵州省平均年降水量为1179毫米，属于中等偏上水平，但降雨分布极不均衡，降雨量地区差异化大，变化范围为800~1700毫米，且季节降雨量变化明显，夏秋季（5~10月）雨水非常集中，约占全年降水总量的75%以上，春冬季降雨量则明显减少，这种降水特点导致了贵州旱灾、水灾交替发生，甚至同一地区有时旱涝接踵而至。[①]

（3）农业气候资源。贵州省热量较丰富，由于海拔高度高差较大，气温垂直变化明显；常年雨量充沛，但时空分布不均，雨水主要集中在夏季；光能资源的年总量并不丰富，但各地光能资源的年内分布不均，光能资源主要集中在4~9月，占年总日照实数的71%~77%，能充分满足作物生育期的光照需要。同时，自然灾害种类多，发生频繁，造成农业生产年际间的不稳定性，尤其是加大了农业产业化经营的风险性。农业气候资源分布的不连续性和错综复杂性，不利于建立较大规模产业化的生产基地，在某种程度上限制了农产品的规模效益。

（4）农业生物资源。贵州省地处云贵高原东部，海拔高度147.8~2900.6米，垂直高差2700米，境内山高谷深，河流纵横，随之形成了多种小气候和土壤类型，因而产生了多样的生态条件。在多样的生态条件下，经长期自然和人工选择，形成了丰富而稳定的适应性农业生物种质资源。经调查，迄今贵州栽培的农业生物资源共207类，其中粮食作物栽培的27类，经济作物栽培的26类，蔬菜作物栽培的58类，果树栽培的40类，药用植物栽培的50多类，食用菌栽培的13类。[②]

---

① 周志敏.贵州省节水灌溉与农业可持续发展［J］.黑龙江水利科技，2013（12）.
② 郑殿升，方沩，阮仁超，等.贵州农业生物资源的多样性［J］.植物遗传资源学报，2017（18）.

四、贵州农村首位产业选择分析

（一）"十三五"期间农村首位产业发展现状

"十三五"期间，贵州省掀起了一场深刻的农村产业革命，在农业产业结构调整、发展壮大、探索摸索等方面取得了显著成效，玉米等低效农作物调减种植面积 54 万多公顷，调减了近一半的种植面积；确立了十二大特色农业产业，为推进十二大产业成立了产业专班。各市（州）也在不断发展摸索中，确立了各自的农业首位产业。通过梳理各市（州）的农业产业发展情况，发现各市（州）紧紧围绕贵州省委、省政府确立的十二大特色农业产业，因地制宜选择符合自身发展实际的产业，不断发展壮大（见表 1）。

表 1 各市（州）"十三五"首位产业

市（州）	首位产业	种植面积（万亩）	种植面积占农作物总播种面积比（%）	产量（万吨/万担）	产业产值（亿元）	产业产值占农业总产值比（%）
贵阳市	蔬菜及食用菌	188.48	50.32	281.97	130.91	42.88
遵义市	茶产业	127.7	9.1	8.28	—	—
安顺市	蔬菜	271.11	—	446.18		
毕节市	烟叶	56.66	—	120		
六盘水市	水果	146.4		20.99		
铜仁市	生态茶	141.53	18.76	4.25		
黔南州	生态畜牧业	—		21.20		
黔东南州	蔬菜	243.06	24.77	317.55	110	25.74
黔西南州	薏仁米	62.8	—	—		

资料来源：根据各市（州）《国民经济和社会发展第十三个五年规划纲要》整理所得，统计年鉴数据口径为蔬菜园艺作物。

"十三五"期间，各市州已经完全清楚各州农业首位产业要发展什么、怎么发展、发展到什么程度，且在"十三五"末取得了亮眼的成绩，在全省范围内一市（州）一品的特色很鲜明，如毕节的烟叶产量已占到贵州省的1/3、黔南州的生猪养殖规模化率居全省第一、黔西南州薏仁米产量占全国的70%多等。

（二）"十四五"农业首位产业选择情况

通过梳理九个市（州）《国民经济和社会发展第十四个五年规划和二〇三五年远景目标纲要》发现，各个市（州）的农业首位产业基本体现了因地制宜、适应需求，发挥比较优势的特点。在首位产业的选择上，贵阳、遵义、安顺、毕节、铜仁、黔南、黔西南等市（州）选择蔬菜、茶叶作为本地首位产业（见表2），这是因为：第一，国家省市都要求实行"菜篮子"市长负责制，蔬菜产业需求量大，可以直接供应本地；第二，贵州的耕地坡度比较大，6度以上坡度的耕地占耕地面积的85%以上，而且山地的海拔落差较大，种茶叶能比较好地契合地形特点，且有比较久远的种植传统。

表2　各市（州）"十四五"期间的主导产业、首位产业[①]

市（州）	主导产业	首位产业
贵阳市	菜、果、茶、药、奶主导产业	蔬菜产业
遵义市	茶叶、辣椒、生态畜牧、生态渔业、中药材（含石斛）、竹、蔬菜（含食用菌、水果）、酒用高粱、特色林业（花椒、刺梨、油茶）、烤烟	茶叶
安顺市	蔬菜、茶、食用菌、辣椒、金刺梨、中药材、水果、生态畜牧、生态渔业	蔬菜
毕节市	蔬菜、食用菌、中药材、茶叶、特色林业、生态畜牧等12大特色优势产业	蔬菜

---

① 根据各市（州）《国民经济和社会发展第十四个五年规划和2035年远景目标纲要》整理所得。

续表

市（州）	主导产业	首位产业
六盘水市	猕猴桃、刺梨、茶叶、食用菌、生态畜牧、蔬菜、中药材、生态渔业	猕猴桃
铜仁市	生态茶、食用菌、中药材、生态畜牧、蔬果、油茶、蜂蜜、薯类	茶叶
黔南州	茶叶、蔬菜、水果、刺梨、生态畜牧、中药材	茶叶
黔东南州	油茶、茶、食用菌、中药材、精品水果、蔬菜、烤烟、牛羊、猪、生态家禽、生态渔业	油茶
黔西南州	茶叶、食用菌、蔬菜、精品果业、中药材（含石斛）、生态畜牧、生态畜禽、生态渔业、薏仁米、油茶、烤烟	茶叶

（三）农业首位产业选择特点

（1）一脉相承持续发展。贵州省九个市（州）"十三五""十四五"期间的首位产业，在这十年内保持较好的相对稳定，"十三五"期间产业发展取得成效，为"十四五"期间产业发展打下了良好的基础。同时与贵州省的十二大特色农业产业也是遥相呼应的，说明首位产业选择的科学性和可操作性，符合地域特色和发展实际，能实实在在地带动地方经济发展。

（2）因地制宜突出特色。各市（州）的首位产业选择，都能根据区域自然资源、经济社会发展阶段、现有产业发展基础等立足独特资源环境和气候，选择符合自身发展实际和市场需求的首位产业，比较好地利用了立体气候和有效地破解了贵州农业空间格局不经济制约。

（3）满足需求顺应市场。"十三五"期间，九个市（州）中有贵阳、安顺、黔东南选择蔬菜产业作为首位产业，遵义、铜仁选择茶产业为首位产业，此外还有烟叶、水果、薏仁米等，"十四五"期间首位产业选择具有很大的相似性。在首位产业的选择上，满足消费需求、顺应消费升级特征明显。

（四）贵州农业首位产业发展存在的问题

（1）产业规模普遍偏小，布局相对分散，各产业链条较短。由于受产业发展基础、农业自然资源，特别是受气候资源的影响，加之各市（州）产业选择偏好差异，农业首位产业很难形成产业带，即使一些市（州）的首位产业相似，但由于交通和行政区划的分割，也难形成产业绵延带，严重地影响了农业品就地加工转化增值。

（2）首位产业单品较多，综合效益低，市场竞争力还比较薄弱。贵州十二大特色农业产业中，茶园面积为 700 万亩、辣椒面积为 545 万亩、李子面积为 263.5 万亩、刺梨面积为 200 万亩、蓝莓面积为 19.3 万亩，规模均居全国第一；猕猴桃、薏仁米、太子参等产业规模进入全国前三；蔬菜、食用菌、火龙果等产业规模进入全国第一梯队。但是在农产品加工、产业市场化水平、产业标准化水平、农产品品牌打造等方面与兄弟省份还存在不小的差距。

（3）农业产业开发成本高，投入相对较少，高标准生产基地缺乏。贵州是全国唯一没有平原的省份，贵州省农业种植土地坡度 6 度以上的耕地面积为 295.37 万公顷（4430.61 万亩），占贵州省耕地面积的 85.06%；大于 25 度坡度的耕地 58.47 万公顷（877.04 万亩），占贵州省耕地面积的 16.84%，由于耕地坡度较大，农业种植开发成本极高。

五、贵州农村首位产业选择对策和建议

（一）首位产业选择思路

（1）以市场为导向，以发展商品经济为依托。发展首位产业的实质是发展商品经济，促进农民参与市场竞争，通过提高农产品的市场竞争能力推动农村经济的发展。以市场为导向，就是要求首位产业的选择应当遵从市场规律的客观要求，选择何种产业，开发何种产品，确定发展规模，都要根据市场的变化来进行。

（2）以地方优势资源为基础，发展优质特色农产品。全省各地区经济发展的水平不平衡问题还较突出，因此农业首位产业化选择不应是千篇一律的，而应该以地区资源为基础，根据土壤条件、种植习惯等，选择最适合本地的品种。同时不能"一刀切"，不能强求一个地方只发展一项产业，要合理搭配。

（3）注重首位产业的规模效应和关联效应，带动地方相关产业的协调发展。从一定意义上说，农业产业化发展也就是要发挥它的规模效应。因为有了一定的种植规模，才能满足精深加工的需求，才能更好地提升农产品的附加值。同时，又要以能带动地方相关产业发展为条件，因为地方经济是一个有机的整体，各产业之间应当全面而协调地发展。

（4）坚持高标准和高起点，以发展高质量的产品为根本。首位产业选择的高标准和高起点，是指各市（州）在确定各自首位产业时一方面要立足本地实际，另一方面又要与当前农业现代化大背景相联系。同时，还要注重产品的高质量。

（二）对策和建议

（1）政策支持与积极引导。从省级层面统筹各市（州）首位产业深加工，各市（州）因地制宜，发展不同的农业首位产业，因布局分散、规模较小，深加工的成本较高的难题，建议利用现有特色产业专班，在省级层面建立跨区域协调机制，依据资产专用性的经济学原理，在相同相近的产业区域（突破行政区域）布置深加工企业，打造共同的区域品牌等。

（2）配套发展与长期合作。农村首位产业的发展需要各类配套产业组织的支持，要发展与之相配套的各类产业组织。从农业现代化发展现状与困境来看，农村首位产业的发展需要外部企业的介入或者直接培育农村的企业，还需要发挥龙头企业的示范带动作用。应农民对产业化发展的需求，农村需要基层村委组织、技术组织、金融组织、合作社组织等，为农村主导产业发展提供有力的支持。

（3）主动投入与能力提升。农民需要主动投入到首位产业发展中并不断提高自身的职业技能水平；农民需要提高资本投入的主动性以及农民之间合作的主动性，来弥补政策、资本、技术等支持的不足；农民还需要主动加强对农业科学技术知识以及农村产业经营管理知识的培训学习，不断提高自身职业技能水平，把自己逐步转变为现代化的职业农民。

贵州林下经济助推乡村振兴发展报告

蔡 伟[*]

摘 要： 自党的十八大以来，贵州省上下深入贯彻落实习近平生态文明思想和习近平总书记重要讲话和指示精神，按照党中央、国务院的决策部署，大力发展林下经济，推动贵州良好的生态优势转化为经济优势。2021年，贵州省林下经济利用林地面积达到2800万亩、产值达到560亿元，带动302.8万农村人口增收，但是仍存在林地资源开发利用不足、林地利用效率较低、林下产品市场竞争力较弱等问题，下一步应充分发挥贵州生态林业资源优势，抢抓公益林发展林下经济政策松绑、实施新一轮退耕还林、林地基础设施投入持续加大、鼓励支持发展林下经济等政策机遇，着力夯实林下经济发展基础，调优林下经济产业结构和布局，建立完善林下经济经营体系，加强林下经济质量品牌建设，深入推进农林改革等多措并举，推动林下经济加快发展，促进农户增收，助力巩固拓展脱贫攻坚成果同乡村振兴有效衔接。

关键词： 林下经济；乡村振兴；贵州

林下经济是依托森林资源和林地空间，发展林下种植、林下养殖、林下产品采集加工和森林生态旅游康养等业态，在保护生态环境的基础上，促进地方经济发展，增加当地居民经济来源和收入，

---

* 蔡伟：贵州省社会科学院工业经济研究所副研究员。

是实现经济效益、生态效益、社会效益同步提升"产业兴、生态美、百姓富"的发展模式，是推动在生态文明建设上出新绩的重要途径，对巩固拓展脱贫攻坚成果同乡村振兴有效衔接具有积极推动作用。

一、发展成效

近年来尤其是党的十八大以来，贵州省上下深入贯彻落实习近平生态文明思想和习近平总书记重要讲话和指示精神，按照党中央、国务院的决策部署，充分发挥林业资源优势，大力发展林下经济，推动"绿水青山"转化为"金山银山"，助力全省打赢脱贫攻坚、全面推进乡村振兴。

（1）林下经济规模总量不断壮大。近年来，全省上下大力发展林菌、林药、林菜、林禽、林蜂等林下种养殖，积极发展林产品精深加工、森林康养、森林旅游、林业循环经济等林下产业，打造大方天麻、织金竹荪、天柱油茶、桐梓方竹笋、安顺金刺梨等一批优势林产品品牌，林下经济规模利用林地面积和产值不断壮大。截至2021年底，贵州省林下经济利用林地面积达到2800万亩、国家级林下经济示范基地达30家、千亩以上林下种养基地达321个、林下经济实施主体达1.75万个，林下经济产值从2018年的161亿元增长到2021年的560亿元，增长了2倍多，贵州省林下经济平均亩产值从2018年的888元增长到2021年的2000元。贵州省林下经济不断发展，对贵州省打赢脱贫攻坚战、实施乡村振兴战略发挥了积极推动作用（见表1）。据统计，自"十三五"以来，贵州省林业生态扶贫，直接带动54万建档立卡贫困人口脱贫，带动脱贫人口数量全国第一。2021年贵州省林下经济带动302.8万农村人口增收，人均月增收1294元①。

_____

① 参见《2021年贵州持续发展林下经济带动300万农户增收》。

表1　2018~2021年贵州省林下经济规模

项目	2018年	2019年	2020年	2021年
利用林地面积（万亩）	1813.13	2048.84	2203	2800
产值（亿元）	161	220	400	560
平均亩产值（元）	888	1074	1816	2000

资料来源：根据《贵州部署推进林下经济高质量发展》《贵州省林下经济发展调查研究报告》《贵州年鉴（2020）》等整理。

（2）林下经济结构优化取得重大突破。在《推进森林康养产业发展的意见》（黔林发〔2019〕208号）等文件的持续推动下，有效缓解发展林下经济用地紧缺局面，拓宽了森林康养投融资渠道，积极引导农户依托各地森林景观，打造特色生态庄园、森林人家等旅游产品，积极发展森林康养、观光避暑、采摘体验等森林康养产业，森林生态旅游康养产业规模不断壮大，推动林下经济产业结构实现从以林下种养殖为主向以森林生态旅游康养为主的重大突破。2021年，贵州省林下种养殖实现产值199.3亿元，较2020年增长了21.0%，林下种养殖实现产值占同期林下经济总产值比重从2020年的41.2%下降至2021年的35.6%；森林生态旅游康养实现产值269.7亿元，较2020年增长79.8%，森林生态旅游康养实现产值占同期林下经济总产值比重从2020年的37.5%上升至2021年的48.2%（见图1）。

（3）品牌建设和营销取得成效。贵州省上下深入推进农林产品产销对接，积极拓展林产品销售渠道，推动农林产品销售取得佳绩。2021年，贵州省通过开展农林产品进机关、进学校、进军营、进企业、进社区、进超市、进农贸市场"七进"活动，销售农林产品近4万吨。贵州林特产品体验中心、旗舰店和信息发布平台建成营运，入驻商家达201家近600种林特产品，促进农林产品线上线下销售，全年全省林下经济产品电子商务销售额达到37亿元。积极参加第十届中国（上海）花卉博览会等招商系列活动，全力营造亲商爱商的浓厚氛

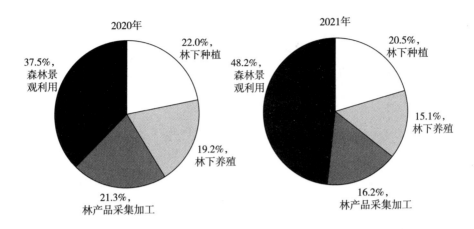

图1 2020 年、2021 年贵州省各类林下经济占比情况

围，狠抓项目谋划储备，精准开展招商对接，推动林业招商引资取得显著成效，2021 年上半年全省林业系统招商到位资金 53.7 亿元。

（4）政策制度体系日臻完善。按照《国务院办公厅关于加快林下经济发展的意见》（国办发〔2012〕42 号）、《关于科学利用林地资源促进木本粮油和林下经济高质量发展的意见》（发改农经〔2020〕1753 号）、《国家林业局关于加强林业品牌建设的指导意见》（林科发〔2017〕157 号）、《全国林下经济发展指南（2021-2030 年）》等文件精神，结合贵州发展实际，先后出台了《关于加快林下经济发展的实施意见》《贵州省林业产业三年倍增计划（2015~2017 年）》《关于推进全省林业产业发展的实施方案》《贵州省十大林业产业基地建设规划（2018-2020 年）》《贵州省特色林业产业发展三年行动方案（2020-2022 年）》等指导全省林下经济发展的文件，2021 年 7 月，贵州省委、省政府出台了《关于加快推进林下经济高质量发展的意见》，同时为进一步强化林下经济统计监测，科学利用林地发展林下经济，编制出台《贵州省林下经济发展统计监测制度》和《贵州省高质量发展林下经济林地利用指南（试行）》，构筑了引导和推动全省林下经济高质量发展的"四梁八柱"，为各地林下经济高质量发展提供了遵循。

此外，2021 年贵州黔东南州高位推进林下经济、兴仁市"八个一机制"发展林下菌药、锦屏县"五林经济"模式发展林下经济等入选全国林下经济发展典型案例，成为发展林下经济的全国样板。黎平县青江天麻林下经济示范基地——黎平青江农业开发有限公司、镇远县黔康源天麻林下经济示范基地——镇远县黔康源生态农业发展有限公司、荔波县启明中药材种植林下经济示范基地——贵州启明农业科技发展有限责任公司、贞丰县丰源黑皮鸡枞林下经济示范基地——丰源现代农业有限公司、丹寨县昌昊金煌天冬林下经济示范基地——昌昊金煌（贵州）中药有限公司、册亨县布依灵芝林下经济示范基地——册亨县布依酒业有限公司、岑巩县平庄镇走马坪茶树菇林下经济示范基地——苗岭黔菇菌业有限公司、安顺市金鸡农庄家禽养殖林下经济示范基地——安顺市金鸡农庄生态农业发展有限公司 8 个基地入选国家林下经济示范基地。

二、存在的问题

尽管全省林下经济发展成效显著，但是也存在一些问题，主要表现在以下几个方面：

（1）林地资源开发利用不足。一是贵州省林业用地多为山林，地势缓和的坡地目前已基本实现能用尽用，但一些偏远地区，由于交通不便制约，大量林地资源尚未得到开发利用。二是由于开展林下经济前期土地整理和配套基础设施建设费用较大，而财政资金支持有限、林业投融资渠道较少，加之部分地区林地确权、流转工作较滞后，以及林下产业周期长、不确定因素多等影响，市场主体发展林下经济的意愿不强，造成部分林地资源闲置。据统计，2020 年贵州省实际利用林地面积 2203 万亩，仅占贵州省适宜发展林下经济林地面积的 64.5%

左右。

（2）林地利用效率较低。林下套种、循环种养、土地养用结合等复合模式推广不足，森林资源未得到高效利用，据统计，贵州省林下经济粗放式利用林地面积占总利用林地面积的50%以上。2021年，贵州省林下种植、林下养殖、林下产品采集加工和森林生态旅游康养等各类林下经济利用林地面积和产值较上年同期均有大幅增长，但是产出效益不高。除森林生态旅游康养产业外，林下种植、林下养殖、林下产品采集加工利用林地面积增速明显高于产值增速，亩均产值2021年较2020年分别下降了4.2%、19.5%和18.6%。与林地条件相近省区相比，2020年贵州省林下经济亩均产值仅为同期浙江（5654元）的32.1%、江西（5170元）的35.1%、福建（2223元）的81.7%，林下经济亩均产值相对较低，丰富的林业资源禀赋未能发挥出应有的经济效益（见表2）。

表2　2020年、2021年贵州省各类林下经济发展情况

类型	利用林地面积（万亩）		总产值（亿元）		亩均产值（元）	
	2020年	2021年	2020年	2021年	2020年	2021年
合计	2203	2800	400	560	1816	2000
其中：林下种植	318.0	433.8	87.9	114.9	2764	2649
林下养殖	335.8	458.6	76.8	84.4	2287	1840
林产品采集加工	696.7	911.2	85.2	90.8	1223	996
森林景观利用	852.5	996.7	150.0	269.7	1760	2706

资料来源：《贵州省林下经济发展调查研究报告》《贵州林下经济高质量发展助力乡村振兴》。

（3）林下产品市场竞争力较弱。一是由于便捷机械设备以及自动化、智能化设施难以林下作业，因此林下种养多采用传统方式，导致生产成本较高，加之贵州物流费用较高，削弱了林下产品市场竞争力。

二是产品大多雷同，加上品牌影响力有限，导致产品外销乏力、内部竞争加剧，林下企业之间常常竞相压价销售产品，降低了行业利润空间。三是集生产、研发、销售于一体的龙头企业较少，带动产业发展能力较弱，难以推进产业集约化发展。四是林下经济产品开发利用科技水平较低，基层林业技术力量不足，林下种养配套技术、良种选择、疾病防控等科技服务推广不够，林下机械装备缺失，导致林下种养产出效益差，产品产量和质量难以保证。

三、发展与展望

值此贵州彻底撕下千百年来绝对贫困的标签，与全国同步全面建成了小康社会，乘势而上开启全面建设社会主义现代化新征程、向第二个百年奋斗目标进军之际，进一步发展壮大林下经济，符合省情、林情、民情，在全面推进乡村振兴加快农业农村现代化过程中大有可为。

（1）林业资源丰富，为推动林下经济高质量发展奠定坚实基础。贵州地处云贵高原东部，地形以高原、山地为主，山地和丘陵面积占全省国土总面积的92.5%，加之岩溶分布范围广泛，因此发展"绿富双赢"林下经济是人均耕地紧缺、林地发展空间巨大、生态环境较为脆弱的必然选择。同时，贵州森林资源丰富，截至2020年，贵州省森林覆盖率达到61.5%，森林面积在1.5亿亩以上，是耕地面积的2倍多，尚有1200多万亩适宜发展林下经济林地未开发利用。未来随着二级国家公益林和地方公益林适当发展林下经济政策松绑、新一轮退耕还林政策实施、林地基础设施投入持续加大等因素多重叠加，适宜发展林下经济的林地面积将会逐步增加，为推动林下经济高质量发展提供了巨大空间。

（2）发展前景光明，为巩固拓展脱贫攻坚成果同乡村振兴有效衔接赋能助力。产业兴旺是乡村振兴的关键所在，大力发展林下经济，有助于广大农户通过林下种养殖、发展森林旅游康养等经济活动直接增加收入，有助于农户通过林地流转、入股等方式参与发展获得更多的财产性收入，有助于吸纳农村劳动力就地就近参与务工增加收入，有效拓宽农户持续增收的渠道，助力夯实巩固拓展脱贫攻坚成果同乡村振兴有效衔接产业基础。同时，发展林下经济，推动"绿水青山"转化成"金山银山"，让农户认识到手中的林地资源是一个可自我发展产业的资本或可出让获取收入的资产，才能有效激发农户合理地保护利用森林资源，提升森林生态系统的生态功能，打造生态宜居的美丽乡村。此外，发展林下经济，还有助于深入推进集体林权制度改革，提高生态系统碳汇能力，拓宽林业投融资渠道，发展壮大村级集体经济。据《中共贵州省委贵州省人民政府关于加快推进林下经济高质量发展的意见》，到2025年，贵州省林下经济利用面积新增1000万亩，达3200万亩以上，全产业链年总产值较2020年翻一番，达1000亿元以上，随着林下经济的发展壮大，有力地助推了贵州省巩固拓展脱贫攻坚成果同乡村振兴有效衔接。

四、对策和建议

抢抓国家支持贵州发展的重大历史机遇，践行"绿水青山就是金山银山"理念，贯彻落实国家加快发展林下经济的各项部署，充分发挥贵州丰富的林业资源禀赋优势，围绕"扩规模、增效益、强支撑、提质量、强品牌、拓市场"，推进林下经济高质量发展，促进林业增效、农民增收、农村发展，助力巩固拓展脱贫攻坚成果同乡村振兴有效衔接。

（1）有序扩大林下经济产业发展规模。抢抓国家发展林下经济用地政策松绑、扩大林下经济发展规模的机遇，根据各地自然资源禀赋和比较优势，以林下中药材、林下食用菌、林禽林蜂养殖、林下产品采集、森林生态旅游为重点领域，制定林下经济发展负面清单，合理确定林下经济发展的产业类别、规模以及利用强度，在保护森林生态系统质量和稳定性的基础上，大力发展壮大林下经济规模。林下中药材种植产品应以贵州道地药材为主，根据中药材生长习性相应选择发展区域。林下食用菌应在交通方便、水源丰富，便于食用菌生产、贮运的地方发展。应以地方特色优质品种为主，根据生态承载力，适度发展鸡、鸭、鹅等林禽养殖。根据蜜源植物资源状况，合理确定养殖密度，有序发展林蜂养殖。积极发展用于食用、药用、工业和观赏的各种林下产品采集。鼓励引导市场主体利用森林景观，开发生态康养、观光度假、休闲避暑、山地运动等旅游产品，打造国家森林步道、特色森林生态旅游线路、新兴森林生态旅游地品牌，推动森林生态旅游业规模效益同步提升。着力引进一批精深加工企业、培育支持一批农民专业合作社，围绕林下经济发展的主要产品和投入需要，积极发展食品加工、林药产业、精细化工、动物饲料等精深加工和副产品开发，延伸产业链、提升价值链，提高林下经济综合效益。优化调整林业产业结构和布局，鼓励引导市场主体发展共产高效林下产品，因地制宜推广应用林下套种、循环种养、土地养用结合等复合模式，实现长、中、短期效益有机结合，提高林下经济亩均产值。

（2）着力夯实林下经济发展基础。抢抓国家实施新一轮退耕还林的机遇，加大林业生态建设力度，推深做实林长制，切实加强森林资源保护，为拓展林下经济发展空间奠定坚实基础。加强林下产业道路、灌溉、电力、通信等基础设施建设，改善林下经济生产条件。落实农机购置补贴等惠农政策，加强采摘采集、精深加工等重点环节装备和全程机械化装备研发推广，提高林下种植的机械化水平。加强林下经济良种良法、近野生栽培、病虫害绿色综合防治、林机装备、循环利用、储藏加工、质量检测等关键技术的集成示范、成果推广与服务。围绕核桃、刺梨、油茶、木质菌材林、铁皮石斛等林下产业，组织开展一批关键技术研究与产业示范等重大专项课题研究，着力解决一批"卡脖子"技术问题。推进高等院校、科研院所与林下经济产业基地共建产业技术创新战略联盟、农林科教基地和协同创新中心，提升科技创新与服务能力。壮大产业人才队伍，鼓励科研院所、事业单位、国有企业专业技术人员脱产领创林下经济实体。支持省内高校建设林下经济专业，采取"订单培养""校企共建""绿色通道"等多种方式，为林下经济实施主体培养专业技术人才。定期开展林业系统全员培训，增强广大干部职工的业务能力。支持龙头企业发挥资金、技术和管理优势，打造一批高标准林下经济示范基地，展示推广先进实用技术和发展模式，以点带面辐射带动全省林下经济发展。

（3）加快构建林下经济经营体系。持续开展农林产品进机关、进学校、进军营、进企业、进社区、进超市、进农贸市场"七进"活动，积极拓宽林下产品展销渠道。鼓励涉林企业入驻贵州特色林产品体验中心及林产品信息发布平台，通过线上线下联动模式，推动贵州林特产品更快、更好地走向大众市场和省外市场。培育壮大市场主体，大力开展招商引资，重点引进一批科技含量高、引领性强、市场渠道好的行业龙头企业，着力培育本土龙头企业，鼓励各类企业、专业合作社、家庭农场等发展林下经济。推广"公司+合作社+农户""公司+基地+农户"等模式，发挥企业资金、技术、管理和市场等优势和农村集体经济组织、种养殖大户引领及辐射带动作用，带动农户通过入股分红、效益分红、林地流转、劳务就业等方式增收。鼓励支持企业、合作社等经营主体，与小农户建立契约型、股权型利益联结机制，带动小农户专业化、标准化、集约化生产。

（4）加强林下经济质量品牌建设。加快林下经济标准体系建设，制定完善贵州林下经济种植、养殖、仓储、加工、运输等标准。建立完善林产品质量安全监管体系，加强林下产品安全日常检测，建立全省统一的主要林下经济产品质量安全追溯机制，实现全过程电子化信息查询追溯。推进产品质量诚信体系建设，严格实行产品安全责任追究制，严厉惩处产品质量安全违法违规行为。加快推进"贵"系列林下产品公共品牌创建，通过公共品牌带领各类林下产品小品牌"走出去"。加大对林下区域品牌、企业品牌、产品品牌培育力度，鼓励支持林下企业开展森林生态标志产品认证以及绿色食品、有机食品、地理标志农产品认证，打造一批具有贵州特色的林下"生态品牌""原产地品牌"。加大林下产品品牌宣传推广力度，积极举办参加展销会、推介会、博览会、丰收节等活动，鼓励支持龙头林下企业在发达地区城市和在机场、火车站、高速路服务区等人流量高的场所开设林下产品直供体验店，提升贵州林下产品的知名度、影响力。

（5）深入推进农林改革。持续深化国有林场改革，发挥国有林地资源和经营管理人才优势，整合项目资金，推动国有林场规模化、高质量发展林下经济。放活林地土地流转政策，推进集体林地所有权、承包权、经营权"三权"分置，进一步放活集体林地经营权，鼓励社会资本流转林地经营权发展林下经济。加大财政引导资金对林下经济的扶持和奖励力度，加快推进各种林业涉农资金整合，支持和引导全省林下经济高质量发展。鼓励银行业金融机构，积极推进林权抵押贷款业务，加大金融支持力度。完善政策性保险保费补贴政策，将森林保险范围扩大至林下经济产业，引导保险提标扩面，切实分担林农发展林下经济的经营风险。

参考文献

［1］贵州省林下经济发展调查研究报告［EB/OL］．［2021-09-23］．http：//stjj．guizhou．gov．cn/tjsj_35719/tjfx_35729/202109/t20210923_70520736．html．

［2］贵州部署推进林下经济高质量发展［EB/OL］．［2022-01-06］．http：//www．forestry．gov．cn/main/102/20220104/162516808674387．html．

［3］贵州年鉴（2020）［EB/OL］.［2020-11-16］.http：//
hgk. guizhou. gov. cn/publish/tj/2020/zk/indexch. htm.

［4］中共贵州省委　贵州省人民政府关于加快推进林下经济高质
量发展的意见［EB/OL］.［2021-07-15］.https：//www. forestry.
gov. cn/main/586/20210715/083040364134262. html.

［5］贵州省"十四五"林业草原保护发展规划［EB/OL］.
［2021-11-22］.http：//lyi. guizhou. gov. cn/zfxxgk/fdzdgknr/ghjh_
5620837/202111/T20211122_71760476. html.

［6］《"三提升"！2021 贵州林下经济成绩亮眼》［EB/OL］.
［2022-01-03］.http：//baijiahao. baidu. com/s？id=17233835486848
34760&wfr=spider&for=pc.

贵州省乡村旅游推进乡村振兴发展报告

陈品玉　刘民坤　蒋芹琴　陈浩楠　廖文豪*

摘　要：乡村旅游作为推动贵州实现脱贫攻坚的重要途径之一，在带动乡村"生活富裕"方面具有独特的优势。随着贵州乡村旅游的不断发展和乡村振兴战略的深入实施，乡村旅游将成为推动贵州乡村振兴的一大新引擎，对于促进实现乡村振兴目标具有重要意义。但是，当前贵州乡村旅游产业与充分发挥引擎作用、高效推进乡村振兴还存在一定差距，主要表现在乡村旅游产业化程度不高、乡村旅游文化保护和创新意识不足、乡村旅游运行和管理机制不完善、乡村旅游消费带动能力不足等方面。要提升乡村旅游推进乡村振兴的作用效率，必须从旅游产业供给侧入手，推进乡村旅游产业融合、促进乡村旅游绿色发展、推动乡村旅游文化创新、加强乡村旅游多元治理和提升乡村旅游消费水平，从而助力实现乡村"产业兴旺、生态宜居、乡风文明、治理有效、生活富裕"的目标要求。

关键词：乡村旅游；乡村振兴；贵州

---

*　陈品玉，博士，贵州财经大学省级产业导师（研究生导师类）、贵州金融控股集团（贵州贵民投资集团）战略发展规划部高级副经理。刘民坤，博士，广西大学工商管理学院教授、博导。蒋芹琴，贵州财经大学工商管理学院硕士研究生。陈浩楠，泰国正大管理学院硕士研究生。廖文豪，泰国正大管理学院硕士研究生。

一、引言

近年来，贵州作为全国脱贫攻坚主战场，将乡村振兴紧密结合脱贫攻坚开展，在促进乡村经济、社会、文化、环境和治理等方面取得了较为明显的成效。在贵州省委、省政府的坚强领导下，全省认真贯彻落实中共中央关于实施乡村振兴战略的决策部署，按照"产业兴旺、生态宜居、乡风文明、治理有效和生活富裕"的总要求，守好发展和生态两条底线，推进供给侧结构性改革，以开展大扶贫、大生态和大数据战略为抓手，推进了全省乡村振兴战略的实施。

2019 年，全国休闲农庄、观光农园等各类休闲农业经营主体达到 30 多万家，营业收入达 8500 亿元；2020 年，乡村休闲旅游吸纳就业人数 1100 万，带动受益农户 800 多万户，产业带农增收作用明显[1]。2021 年 1～5 月，中国乡村游客规模为 86654 万人次，同比增长55.5%[2]。可见，乡村旅游正在乡村振兴中集聚发力，成为我国旅游发展的新趋势，为推进乡村振兴实现"生活富裕"作出了重大贡献。2021 年，《贵州省"十四五"文化和旅游发展规划》指出，要围绕乡村振兴战略的实施，推动乡村旅游规模化、产业化、品牌化发展，打造乡村旅游目的地，把文化和旅游发展纳入乡村建设行动计划，建设产业兴旺、生态宜居、乡风文明、治理有效、生活富裕的新时代魅力乡村[3]。因此，以乡村旅游推进乡村振兴，对于优化乡村产业结构，改善乡村文化社会环境，促进乡村居民就业增收具有重要意义。

---

[1]　中国经济网．农业农村部：打造乡村旅游精品工程　建设乡村产业集聚区［EB/OL］．
［2021-03-01］．https：//baijiahao.baidu.com/s？id=1693017582495020695&wfr=spider&for=pc.
[2]　智研产业信息网．2021 年中国乡村旅游游客数量、旅游花费及发展趋势分析［EB/OL］．
［2021-11-24］．https：//www.sohu.com/a/503179835_120956897.
[3]　贵州省文化和旅游厅．《贵州"十四五"文化和旅游发展规划》［EB/OL］．［2021-10-12］．
http：//whhly.guizhou.gov.cn/zwgk/xxgkml/jcxxgk/zcwj/dwwj/202110/t20211012_70855219.html.

二、贵州省乡村旅游产业发展和乡村振兴战略实施的现状分析

（一）贵州乡村旅游产业发展现状

一是产业基础不断壮大。近年来，贵州高度重视旅游业发展，旅游投资不断扩大。在旅游项目建设上，2020 年贵州累计发布文旅招商引资项目 2991 个，签约项目 913 个，开工项目 1026 个，投产项目 836 个，超额完成年度目标任务；266 个文旅项目被纳入省重大工程项目，144 个旅游创新发展项目被纳入省服务业创新发展工程[①]。2020 年末，贵州省 AAAAA 级旅游景区 8 个，比 2019 年末增加 2 个；AAAA 级旅游景区 126 个，比 2019 年增加 5 个；贵州省级以上乡村旅游重点村 189 个，乡村旅游扶贫重点村 2422 个[②]。2021 年，贵州 11 个地入选全国乡村旅游重点村、镇（乡）名单[③]。

二是旅游市场主体不断完善。全省旅游出行类、旅游住宿类、旅游餐饮类市场主体发展迅猛，市场主体数量不断增长。"十三五"时期，随着贵州旅游业的"井喷式"发展，贵州旅游市场主体不断增多，涉旅小微企业不断兴起，旅游市场主体结构逐渐完善，其中旅游出行类、旅游住宿类、旅游餐饮类市场主体增长明显，相应的从业人员也实现了对应增长，旅游市场逐渐向专业化发展，为贵州旅游产业化发展奠定了良好的基础。

三是乡村旅游助力脱贫成效显著。"十三五"时期，除 2020 年受

---

① 中国政府网．贵州旅游产业化高质量发展基础坚实［EB/OL］．［2021-11-12］．http：//www.gov.cn/xinwen/2021-11/12/content_5650446.htm.

② 多彩贵州网．2020 年贵州省经济社会发展统计公报［EB/OL］．［2021-04-02］．https：//baijiahao.baidu.com/s？id=1695926265893271138&wfr=spider&for=pc.

③ 贵州省文化和旅游厅．官宣！贵州 11 地入选全国乡村旅游重点村、镇（乡）名单［EB/OL］．［2021-09-03］．https：//whhly.guizhou.gov.cn/xwzx/tt/202109/t20210903_69854584.html.

新冠肺炎疫情的影响外，2016～2019 年贵州省接待入黔游客人次、旅游总收入均保持 30% 以上的增长速度，2019 年贵州省旅游总收入跃居全国第 3 位，旅游及相关产业增加值占贵州省 GDP 的比重达到 5.59%，高于全国 1.03 个百分点，旅游业成为重要支柱产业，为全省按时打赢脱贫攻坚战、实现经济社会发展的赶超跨越作出了重要贡献[1]。2020 年，贵州省 3000 多个村寨依托民族文化发展乡村旅游业，带动 90 余万贫困人口受益增收[2]。

（二）贵州乡村振兴战略实施现状

一是乡村基础设施和公共服务不断完善。在乡村振兴战略推动实施下，贵州乡村基础设施建设和公共服务得到了全面改善，公共卫生和人居环境得到治理。村落的水、电、路、网等基础设施得到极大改善，住房安全问题得到解决，乡村信息化管理水平逐渐提高，乡镇卫生院、中医馆和行政村卫生室标准化建设实现全覆盖，乡村教育水平、教育环境和教育质量进一步提高，县乡公路路面改善提升工程已基本完成，为乡村旅游的发展奠定了良好的基础。

二是产业融合不断推进，乡村经济不断发展。近年来，贵州以脱贫攻坚和提高农民收入为目标，不断发展乡村产业，促进乡村产业融合，通过大力推动"三变"改革和实施惠民利民的产业发展优惠政策，促进了农村一二三产业的不断发展，进一步延伸农业产业价值链，培育农村新产业、新业态和新模式，不断拓展农业农村发展空间和农民增收渠道，形成了一定的产业基础。

三是生产生活绿色发展，人居环境得到改善。贵州在乡村振兴战略的指导下，通过深入推进农村"厕所革命"，完善农村生活垃圾处

---

① 央广网. 贵州旅游总收入连续四年年均增长 30% 以上 2019 年跃居全国第 3 位［EB/OL］.［2020-12-10］. https：//baijiahao. baidu. com/s? id=1685677890728335590&wfr=spider&for=pc.

② 腾讯新闻. 砥砺五载，穿越贫困！看贵州民族地区"减贫成绩单"［EB/OL］.［2020-09-03］. https：//xw. qq. com/cmsid/20201203A0A3TJ00.

理设施，梯次推进农村生活污水处理、全面开展村庄清洁行动等措施，有效改善了乡村人居环境，进一步促进了贵州"美丽家园"建设。同时，贵州省气象局积极发挥卫星影像优势，制定了《生态宜居评估指标体系》，以发挥评估工作对生态宜居建设的引导推动作用。

三、乡村旅游推动乡村振兴的作用机制

乡村旅游作为一种富民产业，在推动乡村振兴方面具有不可替代的优势，具体表现在以下几个方面：

一是以旅游产业联动优势推动乡村"产业兴旺"。旅游产业具有较强的关联带动作用，具有"一业兴，百业旺"的特征。乡村旅游的发展不仅能够带动当地旅行社、旅游景区等直接旅游产业的发展，还能带动当地餐饮、住宿、交通、娱乐、购物等各行各业的发展，为其他产业扩大市场，促进消费。因此，乡村旅游的发展有利于推动乡村"产业兴旺"。

二是以旅游发展形象建设引领乡村"生态宜居"。乡村旅游产业的发展必须依赖干净、整洁和美丽的环境，一个"脏、乱、差"的旅游环境吸引不来游客，也留不住游客，更无法让游客消费和买单，因此旅游业的发展在一定程度上可以激发当地居民的环境保护意识，促进当地优美人居环境的治理和建设，实现乡村"生态宜居"。

三是以旅游文化灵魂融入促进乡村"乡风文明"。没有文化的旅游目的地不过是一具"空壳"，从某种程度而言，旅游者旅游的目的就是为了体验区别于其日常居住地的某种独特文化，包括旅游目的地的建筑风格、历史文化、服饰饮食文化以及社会风俗等，这就要求当地居民传承好、发展好当地文化。因此，乡村旅游的发展能够为当地文化的传承和发展提供动力，促进乡村"乡风文明"。

四是以旅游主体多元参与助力乡村"治理有效"。旅游业的发展涉及多种主体，包括当地政府、涉旅企业、当地居民、外来游客以及其他社会组织，而这些主体在旅游发展中发挥着重要作用，同时也对旅游社区的治理发挥着重要作用，各主体之间的协同合作不仅能够推动旅游经济的发展，还能推动旅游目的地的社会治理，有效提升治理效率。

五是以旅游产业推动就业，促进居民"生活富裕"。旅游业是一种劳动密集型产业，其发展需要吸纳大量劳动力，且对劳动力的文化水平和专业技术要求较低，因此在促进乡村剩余劳动力就业方面具有较大的优势，不仅能够为乡村居民提供本地就业的机会，改善"空心村"现象，还能为当地居民拓展收入来源，增加经济收入，从而促进乡村居民"生活富裕"。

四、贵州省乡村旅游推进乡村振兴存在的问题

虽然乡村旅游在推动乡村振兴方面具有不可替代的重要作用，但当前贵州乡村旅游仍处于转型升级调整期，结构性矛盾凸显，旅游经济效益不高，发展不充分、不平衡问题仍十分突出，旅游产业市场化水平较低，与之相适应的管理服务、市场拓展相对较弱，与产业迈向中高端和社会需求还不相适应，与高质量发展还存在一定距离，具体表现在以下几个方面：

（一）乡村旅游产业化程度不高

一是乡村旅游开发后运营能力不强。部分地方在推进乡村旅游发展过程中，存在重投资轻运营的思想，具体表现为缺乏科学的旅游产业市场化顶层设计和系统规划，对旅游资源价值、区位条件、市场前景认识不准确，缺乏产业链思维，不重视培育和发展市场主体，不重视旅游产品质量和旅游服务水平的提升，造成乡村旅游产业化水平不

高，质量和效益低下。

二是乡村旅游资源与市场开发能力弱。由于资金和技术的限制，贵州省乡村旅游资源开发、景区建设较滞后，究其原因，可能在于乡村旅游缺乏龙头企业引领。贵州旅游业龙头企业、优强企业不多，全省规模以上或限额以上企业占比较少，没有形成产业化的组织经营方式，因此导致乡村旅游产业发展较为滞后。

三是乡村旅游业态较为单一。贵州乡村旅游业态种类比较单一、层次不高，旅游发展缺乏特色吸引力。贵州乡村旅游在旅游景区方面业态模式相对成熟，旅游景区内的观光、游览等项目建设独具特色，对游客吸引性较强，但在旅游商品、旅游饮食、旅游娱乐以及住宿交通等方面，便利性和特色还不够突出，业态发展模式还较低且存在着分布不均衡的状况。

（二）乡村旅游文化保护和创新意识不足

一是在传统文化保护方面，部分传统文化传承面临失传的危险。许多传统民间手工技艺，由于制作工艺复杂以及效率低下等原因，其传统且正宗的制作方法目前已经很少有人知道。随着年长的手工艺人离世，传统的民间手工技艺将走向后继无人的境地。例如，一些乡村旅游景区中的古法造纸表演及体验项目大多是改进甚至歪曲原始的制作工艺，而且这类文化展现形式也大多流于形式，缺乏文化内涵，对游客的吸引力不是很大。

二是在旅游文化创新方面，乡村旅游景区同质化发展现象严重。由于乡村普遍存在产业较为单一的情况，各地乡村旅游在产业融合方面都较为滞后，旅游开发能力不足，旅游文化挖掘深度不够，导致多数乡村旅游文化开发还停留在看田园风光、吃农家饭菜上，未能因地制宜地突出当地文化特色，对传统文化进行与时俱进的创新发展，因此同质化情况较为严重，开发形式千篇一律，乡村旅游产品类型单一，产品层次性较差。

三是文化开发存在过度商业化倾向。虽然现在部分少数民族文化被重新重视，但为了适应商业化，其正在改变自己的文化。很多沿街的居民住房都改变了房屋的结构和用途，传统的两扇大门被卸，破墙开门，换成了更宽的木板条门，传统的居民住宅被改成铺面。从而使静谧的乡村看起来更像是一条商业街，破坏了古村落的文化气氛和乡村氛围。

（三）乡村旅游运行和管理机制不完善

一是贵州乡村旅游普遍存在"重建轻管"问题。发展乡村旅游在生产、销售、策划等方面都需要专业的人才，而目前乡村旅游开发者和经营者主要为当地村民，缺乏对区域大旅游格局的了解和合理规划，经营管理不到位，导致服务档次较低。此外，部分乡村旅游项目不合规，个别项目涉及用地规划、生态红线、林地保护等，未被及时纳入自然保护地优化调整，未依法依规开展项目前期工作。

二是相关政策和法规不完善，缺乏整体的规划。当前贵州一些乡村旅游目的地在发展旅游过程中没有统一的行业规范参考，对于一些旅游不合理开发、旅游环境破坏等行为没有严格的约束，旅游开发缺乏科学评估和统筹规划，导致出现前期浪费现象严重、后期旅游发展乏力等问题。

三是利益相关者之间矛盾冲突。由于旅游利益相关者各主体目的出发点不同，很容易在旅游发展中产生矛盾。在贵州乡村旅游发展中，其利益者之间的矛盾主要表现为当地居民负外部性得不到满足，政府职能部门多维目标利益冲突、涉旅企业与当地居民利益共享冲突、旅游产品开发与旅游体验错位匹配等方面，任何一种矛盾的存在都会阻碍乡村旅游的健康发展。

（四）乡村旅游消费带动能力不强

一是旅游高质量产品供给不足。贵州乡村高质量旅游景区数量不多，乡村旅游发展质量不高，主要体现在旅游产品质量和旅游服务质量方面，且景区大多以观光为主，可玩性的其他业态不足。究其原因，一方面在于发展资金条件有限，另一方面则在于贵州乡村旅游发展中的市场主体多为当地农户，个体经营者提供的服务水平有限，导致旅游产品和旅游服务质量较低，旅游消费带动能力不足。

二是资源开发利用不足。全省旅游资源普查结果显示，旅游普查资源单体82679处，已开发31057处，尚未开发的旅游资源单体占旅游资源单体总量的62.44%[①]。在旅游投资项目中，部分项目因规划脱离实际，建设可行性低或建设期间资金困难，后续开发乏力，导致项目停业、停工现象较严重，造成了大量的资源浪费和闲置低效项目。

三是旅游消费动能不足。当前贵州乡村旅游客源市场主要以附近城郊居民为主，一日游客多，过夜游客少，游客"看的多，买的少"是大多数乡村旅游的真实写照，游客消费水平较低。虽然乡村旅游在脱贫攻坚期间一定程度上拉动了地区经济增长，但消费持续性动能不足，后期发展乏力。

五、贵州省乡村旅游推进乡村振兴的路径

（一）推进乡村旅游产业融合，助力乡村"产业兴旺"

产业是农村经济的命脉，是推动农村经济发展的基础，是乡村振兴的经济支柱。乡村旅游对于促进乡村产业融合，提高乡村经济辐射

---

① 贵阳网．贵州省旅游资源大普查结束，新发现旅游资源51626处［EB/OL］．［2017-09-23］．https：//baijiahao．baidu．com/s？id=15793446430261192l4&wfr=spider&for=pc．

带动能力，实现农民增产增收、农业多元经营、农村美丽繁荣具有不可替代的作用。

一是延伸农业体验功能，增加农业旅游价值。大力开发农业多种功能，如生态农业、高科技农业的种植、观光、采摘等功能，通过生态农业、高科技农业的种植创造景观，同时开发农业的采摘功能，让游客参与到农产品的采摘中来，提升游客的旅游体验。从而延长农业至"农业+旅游"业，延伸农产品的食用价值到观光价值再到体验价值。

二是实施农户产品深加工，打造特色旅游商品。依托乡村旅游，对贵州省农户的农产品、土特产以及具有民族特色的传统食品、手工业品、纺织工业品等进行深度的开发与加工，打造出差异化的乡村旅游特色商品。对农产品进行开发、分级、包装等，实现农产品向商品的转化，使农产品就地加工转化增值。

三是搭建产销服务平台，疏通产品销售渠道。依托旅游业的发展，搭建农户、农村合作社等与餐饮企业、游客之间的桥梁，健全农产品产销稳定衔接机制。建立农户、农村合作社等与餐饮企业、游客之间产销开放平台，有效缩短产销供应链的长度，实现中间供应商利益在农户和企业之间的再分配。同时，大力发展农村电子商务，深入实施电子商务进农村综合示范，加快推进农村产品流通现代化。

（二）促进乡村旅游绿色发展，助力乡村"生态宜居"

生态环境是发展乡村旅游的载体，也是实现乡村振兴的关键。促进乡村旅游绿色发展，有利于节约资源、保护环境，实现乡村"生态宜居"，从而推动乡村振兴发展。

一是依托贵州独特的生态优势，打造乡村康养度假区。依托贵州良好的生态环境、丰富的森林资源、多彩的森林景观、健康安全的森林食品等为发展乡村康养产业，引入乡村康养理念，通过政策引领、制定标准、试点建设、宣传发动等措施，初步构建贵州乡村康养旅游发展模式。

二是科学适度开发旅游资源。强化政府引导，依托各种科学技术，选取对资源破坏程度最小的方式，注重村寨的原生态保护，优化村寨生产生活生态空间布局，为自然"种绿"、为村寨"留白"，最大限度地避免过度开发和过度商业化行为。积极推进村寨旅游由粗放式开发向精细化开发转变，尤其是推进单一的观光旅游开发向参与式、体验式、休闲度假、生态探险等复合型旅游开发转变，提高村寨旅游的综合效益。

三是加强村寨生态建设和环境保护。大力植树造林、绿化荒山、治理石漠化，进一步巩固和提升村寨已有的生态优势。大力支持大健康养生、山地高效农业等新兴产业发展，依托民族村寨做产业，打好绿色生态牌，发展一批绿色种养业基地，建设一批绿色食品加工基地，打造一批温泉、中医药养生基地等，把贵州独特的自然资源和人文生态优势转化为经济优势。

（三）推动乡村旅游文化创新，助力乡村"乡风文明"

文化不仅是乡村旅游的灵魂，更是乡村振兴的灵魂。依托贵州乡村资源禀赋、人文历史，实施乡村旅游业态多元化战略，提升贵州乡村旅游整体吸引力，对促进贵州乡村振兴具有重要意义。

一是以文化 IP 为核心，打造独特场景、服务和消费。游客是容易裂变的一个群体，文旅市场应专注于为游客创造互动、艺术创作、手工制作等基于游戏的学习体验，以 IP 为核心，打造场景、打造服务、打造消费，精准吸引客群并产生情感沟通，形成良好口碑，实现可持续的盈利模式。目前，随着客群越来越重视游玩体验和对产品品质要求的不断提升，文旅目的地应在不断完善已有设施和服务的基础上不断创新，打造真正满足消费者需求的优质文旅产品。

二是促进乡村传统文化与科技旅游、教育旅游等融合发展。在文旅融合时代，旅游逐渐与文化、科技、教育等多元业态融合发展，因此乡村文旅发展在优化自身产品的同时，也要结合市场，与时俱进，挖掘自身文化内涵，丰富落地产品。同时利用新媒体平台，针对客源地市场精准推广宣传，通过精细化运营，实现渠道的精准转化，引爆特色文旅市场。

三是深入挖掘乡村旅游文化底蕴，形成独特品牌价值。乡村旅游在卖房间、卖饭菜和卖农产品的同时，要学会卖时间、卖故事、卖情怀，让乡村充满艺术的生活，让乡村里长出生活的艺术，让在快节奏中生活的城镇游客感受到乡村旅游的文化灵魂，而高品质的独特体验会在时间的加持下形成品牌，从而持续创造价值振兴乡村发展。

（四）加强乡村旅游多元治理，助力乡村"治理有效"

乡村实现有效治理不仅是乡村旅游可持续发展的重要条件，更是推动实现乡村振兴战略的重要保障。以乡村旅游的多元治理，助力乡村"治理有效"，能够为推动乡村振兴提供动力和保障。

一是创新乡村旅游体制机制。根据乡村旅游发展的实际情况，加强政府顶层设计和做好旅游发展规划，构建完善的旅游开发评估机制、旅游利益分配机制和旅游管理运行机制，对乡村旅游经济待发展景区推行公共资源的经营权、管理权与所有权融合发展，打造一批既具有政府行政职能、又赋有景区经营管理角色的"双角色管理团队"，力求化解当前部分景区"停滞等待"的状态。

二是建立多类型企业形成的联合经营形态。一方面，引进战略投资者和投资经营主体，支持发展多元经营主体的联合经营形态，如酒店和交通的联合营销等。另一方面，政府要加大投入并动员全社会力量予以支持，以旅游企业建设高标准要求乡村旅游服务设施建设，盘活提升一批闲置低效项目、打造一批乡村旅游消费集聚区，并转化给相关旅游企业进行示范推广。

三是完善旅游产业化工作推进机制和顶层设计。树立全省"一盘棋"的思想，发挥全省旅游产业化专项领导小组的领导作用。明确旅游产业化相关部门的工作职责，完善工作推进时间表、路线图、责任人，确保按时达到既定目标。坚持规划引领，围绕"三省五带"和"两个目的地"建设，提出具体可行目标和可操作的措施，加快推进乡村旅游项目实施的前期工作，确保规划项目落地实施。

（五）提升乡村旅游消费水平，助力乡村"生活富裕"

生活富裕是乡村旅游发展的目标，也是乡村振兴的根本。当前，乡村旅游已经在推动贵州脱贫攻坚中做出了巨大贡献，未来，乡村旅游将把发展目标从脱贫转移到巩固旅游脱贫成果上，推动乡村居民收入进一步提高，进而实现生活富裕。

一是打造乡村旅游精品线路。依托贵州便利的"县县通高速"的优势交通资源，差异化打造多条集观光、体验、休闲功能于一体的具备民族特色、乡村特色、在全国有影响力和竞争力的乡村旅游精品线路。发展一批精品山地特色、康养、红色旅游项目，鼓励各地充分挖掘当地民俗文化，开展具有浓郁地方特色、参与性强的旅游节庆活动，加快建设多彩贵州旅游强省。

二是推进乡村旅游产品个性化、多元化发展。旅游产品的个性化和多元化生产是吸引游客消费的关键，因此旅游目的地在生产旅游产品之前，要进行充分的旅游市场调研，深入了解游客的需求和喜好，生产适销对路的旅游产品，从而满足游客日益增长的旅游需求。同时，要关注游客的特殊需求，促进旅游产品的多元化发展，为消费者创造独特的体验经历，提高乡村旅游游客满意度。

三是加快优化乡村旅游服务品质。根据《贵州省乡村旅游村寨建设与服务标准》，对乡村旅游景区、民宿、农家乐等进行标准化建设，全面实施常态化"优胜劣汰"机制，强化明察暗访、年度复核，不断巩固提升乡村旅游景区服务品质。同时，要加强对服务人员的业务培训和经营理念引导，改变当地居民的落后观念，提升乡村旅游服务品质。

贵州省现代农业产业园发展报告

王　前*

摘　要： "十三五"期间，贵州省大力发展现代高效农业，农业生产能力不断增强，特色优势产业不断壮大，农村产业进一步融合，产业增加值 2020 年达 2540 亿元，位居全国第 14。省级现代高效农业示范园区作为农业发展的主要平台，为贵州农业发展做出了较大贡献，进入"十四五"以后，省级现代高效农业示范园区积极贯彻落实贵州省围绕"四新"主攻"四化"，继续立足优势特色产业，全产业推进、全要素提升、多业态经营，二三产业融合、提质量效益、促提档升级，争创一批国家现代农业产业园，推动园区向多元化、绿色化、融合化方向快速健康发展。

关键词： 农业示范园区；高效；贵州

一、现代高效农业示范园区发展现状及特点

（一）园区发展提质、提量

从 2019 年起，贵州省决定开展省级现代农业产业园提质增效及创建工作，至 2021 年底，省级园区数量从 2018 年的 464 个增加到 480 个，其中，2019 年增加了盘州市刺梨现代农业产业园、息烽县省级现

---

*　王前，贵州省社会科学院区域经济研究所副研究员。研究方向：区域经济、产业经济。

代农业产业园、凤冈县现代农业产业园、松桃自治县现代农业产业园、威宁自治县迤那现代农业产业园、余庆县江北现代农业产业园 6 个省级产业园。2020 年增加了习水县省级现代农业产业园、平坝区省级现代农业产业园、榕江县省级现代农业产业园、晴隆县省级现代农业产业园、纳雍县省级现代农业产业园 5 个省级产业园。2021 年增加了都匀市省级现代农业产业园、碧江区省级现代农业产业园、六枝特区省级现代农业产业园、丹寨县省级现代农业产业园、红花岗区省级现代农业产业园。2021 年，习水县省级现代农业产业园升格为国家现代农业产业园，贵州省创建国家现代农业产业园达 5 个，占全国总数量的 1/20，贵州农业园区建设在全国已经占有一定重要地位。

（二）招商引资成效显著

近几年，贵州省在省级园区招商引资上，主要以中国贵阳农交会、贵洽会、茶博会为平台，组织召开全省现代山地特色高效农业招商引资会，贵州山地特色现代农业研讨会，开展招商引资项目的推介和发布，邀请省外行业协会、商会、企业家、客商到贵州省实地考察交流，组织各地赴杭州等地举办专场招商推介，招商引资成效显著。由于近几年省级园区招商引资未统计，以下分析采用 2014~2017 年数据。2014~2017 年引资项目累计 3815 个，其中 2014 年 750 个，2015 年 1002 个，2016 年 975 个，2017 年 1088 个，平均每年新增近 35 个。2014~2017 年签约资金累计 5280.27 亿元，其中 2014 年 987.38 亿元，2015 年 1274.40 亿元，2016 年 1548.91 亿元，2017 年 1469.58 亿元。2014~2017 年到位资金累计 1318.3 亿元，其中 2014 年 272.25 亿元，2015 年 451.03 亿元，2016 年 261.36 亿元，2017 年 333.66 亿元（见表 1）。2018 年建立农业招商项目库 493 个，涉及投资金额 836.4 亿元，其中重点包装项目 90 个，涉及投资金额 236.2 亿元。签约项目共391 个，主要涉及产品储运、道路设施、经营推广、品种推广、设施农业、生产加工。签约总金额 365 亿元，到位资金总额 79.4 亿元。

表 1　招商引资情况

指标名称	2014 年	2015 年	2016 年	2017 年	2018 年
引资项目（个）	750	1002	975	1088	493
签约资金（亿元）	987.38	1274.40	1548.91	1469.58	365
到位资金（亿元）	272.25	451.03	261.36	333.66	79.4

资料来源：贵州省农业农村厅调查资料。

（三）园区投入及基础设施建设力度加大

由于近几年省级园区投入及基础设施建设未统计，以下分析采用 2014~2018 年数据。2014 年，园区完成投资 862.94 亿元、2015年完成投资 1227.59 亿元、2016 年完成投资 1444.71 亿元、2017 年完成投资 1564.71 亿元，2014~2017 年累计完成投资 5099.95 亿元（见表 2），至 2018 年 10 月，园区完成投资 1300 亿元，同比增长10%。近几年，全省农业园区机耕道路、灌溉管网、温室大棚、标准化圈舍、贮藏保鲜库房等设施建设稳步推进，2018 年新增种植业生产基地 48 万亩，园区标准生产基地达 1600 万亩。

表 2　园区建设投资情况

指标名称	2014 年	2015 年	2016 年	2017 年
年度计划投资（亿元）	500	800	950	1000
本年完成投资（亿元）	862.94	1227.59	1444.71	1564.71

（四）经济效益与社会效益协调发展

"十三五"期间，贵州省委、省政府认真贯彻习近平总书记重要指示精神，2016 年出台《关于加快推进现代山地特色高效农业发展的意见》，编制实施《贵州省"十三五"现代山地特色高效农业发展规划》，以特色优势产业为主要抓手，积极开发山地资源，深入推进农业供给侧结构性改革，大力发展现代山地特色高效农业。2016~2017 年，先后组织实施产业裂变工程、绿色农产品"泉涌工程"，出台了《关于深入推进农业供给侧结构性改革加快培育农业农村发展新动能的实施意见》，明确重点发展十大类特色优势农产品。2018 年，为按时高质量打赢脱贫攻坚战，推动现代山地特色高效农业加快发展，贵州省提出"来一场深刻的振兴农村经济的产业革命"，决定开展农村产业革命工作。通过思想观念、发展方式和工作作风三场革命，掀起了农业改革发展高潮，唤醒了贵州沉睡千年的土地。在全省选择茶叶、蔬菜、辣椒、食用菌、水果、中药材、生猪、牛羊、生态家禽、生态渔业、刺梨、特色林业十二大农业特色优势产业，推动农产品由低端跃上中高端，推动农业生产从单一种养殖转变为一二三产业融合发展，推动农业经济增长从要素驱动转变为创新驱动，推动农业农村发展由过度依靠资源消耗转变为追求绿色生态可持续发展，实现了贵州省农业发展方式的根本性转变，开启了农业农村现代化新征程，不断推进贵州省向现代山地特色高效农业强省迈进。

1. 贵州省现代高效农业发展情况

（1）农业生产能力显著增强。"十三五"期间，粮食总产量保持在 1000 万吨以上，蔬菜、水果、茶叶、中药材产量比 2015 年增长 60%以上。一产增加值年均增长 6.2%，到 2020 年达 2540 亿元，全国排名提升到第 14 位，比 2015 年提升了 3 位。耕地亩均种植业产值达到 4098 元，一产从业人员人均农业总产值达 4.05 万元，分别比 2015 年增长了 58.2%、69.5%。

（2）特色优势产业发展壮大。"十三五"以来，农业产业结构、品种结构和区域布局不断优化，十二大特色农业产业持续壮大。其中，茶园面积 700 万亩、辣椒面积 545 万亩、李子面积 263.5 万亩、刺梨面积 200 万亩、蓝莓面积 19.3 万亩，规模均居全国第一；猕猴桃、薏仁、太子参等产业规模进入全国前三；蔬菜、食用菌、火龙果等产业规模进入全国第一梯队。贵州省统计局发布的 2021 年前三季度主要统计数据显示，种植业生产形势较好。食用菌产量比 2020 年同期增长 47.3%，中草药材产量增长 35.8%，园林水果产量增长 26.9%，茶叶产量增长 20.2%，蔬菜产量增长 11.6%，辣椒产量增长 7.4%。前三季度，全省种植业总产值 2314.4 亿元，比上年同期增长 8.7%。畜牧业生产持续恢复。全省生猪存栏 1497.62 万头，同比增长 19.5%；生猪出栏 1240 万头，比上年同期增长 11.1%。牛存栏 472.7 万头，下降 6.1%；牛出栏 103.8 万头，下降 0.3%。羊存栏 322.2 万只，增长 0.8%；羊出栏 189.7 万只，下降 0.5%。禽类存栏 1.17 亿羽，下降 0.2%；禽类出栏 1.20 亿羽，增长 1.1%。林业、渔业增长较快。前三季度，贵州省林业、渔业总产值分别为 215.33 亿元和 51.58 亿元，比 2020 年同期分别增长 7.6% 和 13.6%。

（3）助农增收成效明显。在产业发展等因素助推下，2020 年，农民人均可支配收入达到 11642 元，相当于全国平均水平的 68%，比 2015 年提高 3.3 个百分点，城乡居民收入比达 3.1，比 2015 年缩小 0.22。通过产业扶贫带动，80% 以上的贫困人口实现脱贫。仅 2020 年，特色优势产业就带动剩余建档立卡贫困人口 28.33 万人增收，占 2019 年底剩余建档立卡贫困人口总数的 92%。

2. 省级现代高效农业园区情况

（1）种植业发展情况。2014 年为 796 万亩，2015 年为 1123 万亩，2016 年为 1335 万亩，2017 年为 1552 万亩，2014~2017 年，平均每年新增 252 万亩，种植业基地面积不断增大。种植业产品产量，2015 年为 1465 万吨，2016 年为 1562 万吨，2017 年为 1296 万吨，种植业产品产量基本平稳发展（见表 3）。

表3 经济效益与社会效益主要指标情况

指标名称	2014 年	2015 年	2016 年	2017 年
种植业基地面积（万亩）	796	1123	1335	1552
种植业产品产量（万吨）	—	1465	1562	1296
猪、牛、羊存栏（万头）	465	643	734	562
猪、牛、羊出栏（万头）	685	891	1238	914
禽类存栏（万羽）	2332	3467	5935	4404
禽类出栏（万羽）	5337	11495	16464	14971
渔业存尾（万尾）	123294	48929	49885	21899
渔业出尾（万尾）	193705	56080	61488	27541
总产值（亿元）	993.17	1770.13	1976.20	2298.2
销售收入（亿元）	771.22	1317.17	1709.03	2030.17
期末从业人员数（万人）	332	413	503	567

资料来源：因近几年省级园区未统计该项数据，采用2014～2017年数据进行分析。

（2）养殖业发展情况。猪、牛、羊存栏与出栏，禽类存栏与出栏在2014～2016年保持增长，2017年下滑幅度较大。渔业存尾与出尾，2014～2017年逐渐呈现萎缩趋势。总产值与销售收入2014～2017年保持快速增长趋势。2014～2016年带动就业从业人员数不断增长（见表3）。预计2018年底入园企业达5000家、培育农民合作社5400家，园区从业农民500万人，产业新增带动贫困户60万人，脱贫30万人。依据监测数据，园区农民人均可支配收入普遍高出县域农民可支配收入平均值30%以上。

（五）产业融合发展成效显著

近几年，园区通过发展会展经济、总部农业、电子商务等新兴业态，不断拓展农业功能，茶叶、蓝莓、猕猴桃、食用菌、中药材、马铃薯、肉羊等产业逐步向精深加工过渡。农业园区在大力发展产业的基础上成为休闲观光与乡村旅游主要目的地，如贵阳市农业园区通过

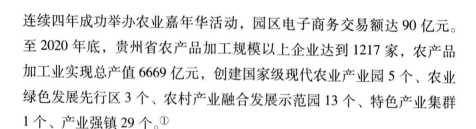

连续四年成功举办农业嘉年华活动，园区电子商务交易额达90亿元。至2020年底，贵州省农产品加工规模以上企业达到1217家，农产品加工业实现总产值6669亿元，创建国家级现代农业产业园5个、农业绿色发展先行区3个、农村产业融合发展示范园13个、特色产业集群1个、产业强镇29个。①

二、存在的问题

（一）创新发展能力不足

由于现代高效农业示范园区大多地处边远贫困山区及经济落后的少数民族地区，经济与农业科技较为落后，加上缺乏有效的人才吸引激励机制，服务于园区高端的农业科技、生产、管理、营销、创意人才极端匮乏，使园区专业化、高端化、精品化、精细化发展的程度较低，产品深度加工开发能力较弱。

（二）园区招商引资仍需深入推进

从2014~2017年签约资金和到位资金来看，签约资金和到位资金差距较大，2014年，到位资金与签约资金占比为27.5%，2015年为35%，2016年仅为16.8%，2017年为22.7%，② 这充分说明园区招商引资工作还不到位，一方面没有引入好商，另一方面园区投资环境没有优化，有些签约商还处在观望的状态。

（三）园区投资环境亟待优化

现代高效农业扶贫示范园区大多地处边远贫困山区及经济落后的

---

① 资料来源：贵州这几样东西，种植规模全国第一［EB/OL］．［2021-10-29］．https：//baijiahao.baidu.com/s? id=1714881718136590035&wfr=spider&for=pc。
② 资料来源：贵州省农业农村厅调查资料。

少数民族地区，经济、科技、文化、交通较为落后，在建设与发展现代高效农业示范园区上，诸多发展要素不足，导致园区建设与发展缓慢。主要表现在交通、农田水利基础设施落后，融资贷款和招商引资不力，发展现代高效农业示范园区所需的技能人才与劳动力欠缺，加上许多示范园区管理体制与机制不完善，地方政府认识与重视不足，对农业示范园区认识还不到位，发展思路还不清晰，造成了有的园区还处在规划阶段，有的园区规模较小，产品单一，市场主体实力弱小；有的园区，主要靠政府推动和财政资金投入，企业投资能力不足；还有的园区产业链条不完整，商品化、市场化、产业化程度不高。

三、园区发展环境与趋势分析

（一）园区发展环境分析

2020 年紧随贵州省各级政府、部门实现各类"十三五"规划各项指标、打好脱贫攻坚战、启动乡村振兴战略的步伐加快。进入 2021 年后，随着"十四五"的开局以及贵州省委、省政府提出围绕"四新"主攻"四化"，贵州省农业、农村发展环境将得到空前改善，很多重大投资、重大工程、重大项目、重大政策措施将偏向农业、农村，长期制约园区发展的基础设施与农业科技落后、投融资与产业配套难、人才匮乏、产业链条短、产业融合度低等问题将进一步改善。这将有利于各类园区依据自己的不同特点，走向产业规模化、品牌化、专业化、高端化、精品化、精细化。

（二）发展趋势分析

一是创新发展能力将进一步提升，国家涉农部门及省、市（州）、县（市、区）按照党中央、国务院全面实施乡村振兴战略的要求与部署，将出台一系列有利于农业、农村发展的优惠政策，吸引服务于园区高端的农业科技、生产、管理、营销等激励机制将进一步完善，农业科技、研发投入力度将会增大，园区创新发展能力逐渐增强。二是园区迎来了国家全面实施乡村振兴战略，贵州省委、省政府提出打造"美丽乡村·四在农家"升级版重大机遇，重大投资、重大工程、重大项目将偏向农业、农村，园区规划、在建重大工程、重大项目建设步伐将会进一步加快。三是经济与社会效益将稳步增长，园区创新发展能力的提升与重大工程、重大项目建设加快，园区产业规模化、品牌化、专业化、高端化、精品化、精细化、产业融合发展的发展道路将拓宽，助推园区经济与社会效益增长，预计 2022 年现代高效农业示范园区将在 490 个以上，园区种植业基地规模达 2000 万亩左右，带动就业 800 万人左右。

四、对策和建议

（一）加大政策扶持力度

借助国家全面实施乡村振兴战略与省委、省政府提出围绕"四新"主攻"四化"以及打造"美丽乡村·四在农家"升级版重大机遇，各级政府及涉农相关部门进一步研究出台惠农政策，给予农业园区、科技开发、标准化产业化经营、农产品质量安全、创品牌、农会组织、休闲观光农业、土地流转、灾害防御体系、农业风险保险等方面的政策支持。尽快制定服务于园区高端的农业科技、生产、管理、营销等激励方案。政府在支持园区建设中，应充分发挥政府主导作用，加大保护扶持力度，一是做到"政企分开"，政府对农业支持不包办，主要体现在政策保护与扶持上，体现在对农业区域生产设施的规划布局上，体现在执法和综合服务上，而生产、流通、加工等环节依靠农业经济合作组织承担，即充分发挥市场主体作用和农业经济组织的桥梁作用。二是制定偏向扶持农业、农村的积极财政政策，保障财政对农业的投入增长幅度高于财政经常性收入增长幅度。三是持续深化农村改革创新，以"龙头企业+合作社+农户"模式为基础，结合十二大特色农业产业实际，因地制宜推行"合作社+家庭农场""合作社+小农户""家庭农场+小农户"等利益联结发展模式。深入推进农村"三变"改革，深入总结推广"抓两头带中间""六共机制"等模式，充分发挥农民主体作用，优化利益联结机制，保障农民收入持续增加。

（二）强化要素保障

一是整合财政、国土、水利、林业、扶贫、金融和社会等各种资源要素向园区集聚，突出基础设施建设对农业园区发展的支撑作用，加快建设路、水、电等公共基础设施，开展土地整治、高标准农田建设，因地制宜发展设施农业，提高农业装备水平，为农业综合生产能力提高和农业功能的拓展提供有利条件。二是积极争取各类项目资金倾斜。各级以园区为平台、产业为纽带，积极争取农业综合开发、脱贫攻坚基金和金融保险等各类项目资金投入农业园区。

（三）加大招商力度，提升主体水平

充分发挥中直单位和 8 个城市对口帮扶贵州省等优势，大力帮助产业园区开展招商引资，吸引更多省外大型和专业企业入驻，加大培育扶持力度，进一步增强园区经营主体实力。利用各种农展会、媒体宣传、现场会等手段，大力推行产业招商、园区招商、以商招商，有条件的地方还可以积极探索园区与农村金融组织建设共同推进的路子，提高招商引资的命中率、签约项目的履约率、开工率和资金到位率。

（四）高质量壮大现代高效农业

一是着力推动农业产业结构调整。持续优化产业结构和区域布局，聚焦特色优势产业重点县，推动特色产业做大做强。推进农业优势产业适度规模经营，推动优势企业向优势区域聚集，建设农业高质量发展平台，持续抓好现代农业产业强镇、产业园区、农业现代化示范区和特色优势产业集群等平台建设，打造一批现代农业高质量发展示范基地。突出品种特色，实施种业提升工程，加快选育一批新品种。开展农业种质资源普查，重点发掘一批种质资源、提纯复壮一批地方品种、选育一批高产品种、建设一批基地。着力推广优良品种、集成推广高效技术模式、净化农业生产环境，促进品质提升，推动产业内部结构调整。二是着力做强农产品加工业。以做强农产品加工业为重点，推动特色产业全产业链发展，坚持延链补链强链相结合，科学规划农产品加工业布局，引导加工产能向主产区、优势区和物流节点聚集，促进产地与销区、科技与产业协同发展。以加工需求为牵引，建设加工专用原料基地，把田间地头打造成"原料车间"，形成"一镇一品""一县一业"的发展格局。推进农产品初加工、精深加工和综合利用。围绕优质粮油、十二大特色农业产业和林下经济，以16家农产品（食品）深加工高成长培育企业为重点，合理布局原料基地和农产品加工企业，加快发展农产品精深加工，建设农产品储藏、加工、包装产业链体系。计划到2025年，力争全省农产品加工转化率达到70%左右，农产品加工产值超过8000亿元，带动140万户群众就业。三是着力提升产业市场化水平。发挥市场在资源配置中的决定性作用，通过市场化方式、依靠市场力量，加快农业提质增效步伐。瞄准中国农业500强龙头企业、农产品加工百强等优强企业，引进和培育一批引领型企业，新增认定一批龙头企业，扶持一批符合条件的企业上市。计划到2025年，省级以上农业产业化经营重点龙头企业达1200家，国家级龙头企业达50家以上，省级示范家庭农场达3000家以上。力争推动3~5家有条件的龙头企业在主板上市，10家以上龙头企业在新三板上市。四是着力提升产业标准化水平。建立健全农产品的生产标准、加工标准、流通标准和质量安全标准，构建现代农业全产业链标准体系。推动农业绿色发展标准化，加快产地环境、投入品管控、农药残留等环节标准的制修订，把绿色导向贯穿农业生产全过程。发挥重点企业支撑引领作用，打造一批基础好、水平高、带动强的全产业链标准化基地。加强农业投入品和农产品质量监管，健全农产品质量安全监管体系、追溯体系和执法体系。五是着力强化农产品品牌打造。加强农产品质量安全监管，推动经营主体贯标生产，打造一批基础好、技术水平高、产业带动力强的全产业链标准化基地。加强对农业投入品和农产品质量监管，维护好贵州绿色优质农产品的良好形象。努力提升品牌知名度，加快遴选一批有潜力的"贵字号"区域公用品牌重点培育，加大品牌宣传推广力度，围绕"贵州绿色农产品""贵字号"系列开展品牌评价与推介，在农民丰收节等重大活动上集中发布、专题推介。计划到 2025 年，力争形成 3~5 个有全国影响力、价值超百亿元的"贵字号"农业品牌。

（五）强化园区科技创新

一是积极加强与省外知名农业大学、林业大学、科研机构与农科院、贵州大学等科研院所开展重点园区、重点产业科技支撑体系研究，推进基于"农科教、产学研"现代山地农业科技平台和体系建设。二是在农业园区开展大数据、物联网系统应用，建成一批农业园区物联网建设示范基地，建立一批农业科技合作创新平台。三是积极参与实施贵州绿色优质农产品"泉涌"工程，组织园区和龙头企业参加杭州等农产品推介会、农交会等展销和经贸活动，组织产品进淘宝"贵州馆""淘黔宝"，扩大园区农产品品牌影响力和市场营销渠道。

（六）突出绿色可持续发展

以全省创建"国家生态文明试验区"为契机，坚持园区的生态保护与生态建设并举，建设了一批绿色、生态农业示范园区。在部分园区试点推广"绿园"工程，做大做强茶叶、蔬菜、生态家禽、食用菌、中药材等一批山地生态绿色农产品，着力提升园区绿化水平，不断美化园区绿色环境。绿色已经成为农业园区发展的底色。

（七）深入推进园区产业融合发展

以建设国家级、省级农村产业融合试点为契机，重点建设湄潭茶叶、水城猕猴桃、修文猕猴桃、兴仁薏仁米、麻江蓝莓、威宁马铃薯、习水黔北麻羊等一批农产品生产加工集聚中心，大力发展乡村旅游和休闲农业，建设好产业融合型园区。

（八）进一步加大市场开拓力度

鼓励和支持园区龙头企业等经营主体开展农校、农超、农社的对接直销，开展预定配送、连锁经营等多种形式经营，促进产销衔接。加强优质农产品的认证、宣传和推介，抓好品牌培育和市场开发，确保园区产品既卖得出又卖得好。

（九）加大投入力度，提升融资水平

在财政园区专项资金和扶贫项目资金支持下，配套政策措施，整合部门资金投入，大力引导企业等社会资金投入。加强与国开行省分行、省农村信用社衔接，重点指导各园区县建立"四台一会"机制，争取更多金融贷款投入园区建设。

（十）扩大园区物联网建设应用

强化贵州省农业园区信息网、园区监测统计系统和农业园区微信公众平台建设，完善园区数据信息监测、分析、发布、服务、考核制度。在30个园区实施农业物联网应用示范工程，在120个引领型园区积极推动农业信息服务平台建设，推动园区信息化建设。

参考文献

［1］贵州省农业农村厅园区办：《2014 年–2018 年工作总结》。

［2］《贵州省"十三五"农业发展规划》［Z］。

［3］《"十四五"贵州省国民经济与社会发展纲要》。

［4］《贵州省乡村振兴发展规划》［Z］。

［5］《贵州省统计年鉴（2018 年–2020 年）》。

以生态宜居建设推动贵州乡村振兴高质量发展报告

钟奇宏*

摘　要：实施乡村振兴战略，是党的十九大作出的重大决策部署，是一个综合战略，是一项系统工程，要坚持高质量发展，以产业发展为龙头，把握好优秀人才是关键，认真守护好乡村田园风光，切实改善农村生态环境和农村人居环境，让农村成为百姓安居乐业的美丽家园。要实现乡村振兴，生态振兴是特别重要的。自2019年以来，贵州省按照实施乡村振兴战略的总要求，大力推进乡村生态振兴。优良生态环境是乡村的最大优势与宝贵财富，一方面要树牢和贯彻绿水青山就是金山银山的核心理念，贯彻落实节约优先、保护优先、自然恢复为主的方针；另一方面要统筹山水林田湖草系统整治，严守生态保护红线，在保留乡村真山、真水、原生态的基础上，优化乡村生态格局，实施生态修复，提升人居环境，永续利用好乡村的资源宝库和生态价值，打造出人与自然和谐共生的发展新格局。

关键词：贵州省；乡村振兴；生态振兴

乡村兴则国家兴，乡村衰则国家衰。乡村记载着中华五千年历史，传承着中华五千年文化，承载着人民的精神生活。实现全面建成小康社会的伟大目标最艰巨的任务在乡村，中华文化最深厚的根基在乡村，

---

* 钟奇宏：贵州省社会科学院图书信息中心助理研究员。

中国经济社会发展新的掘金点也在乡村。绿水青山就是金山银山，从北宋的苏东坡治理西湖、疏通两岸运河，到如今我国大力推进的生态文明建设，生态理念亘古不变，我们要像保护眼睛一样保护生态环境。"竭泽而渔，岂不获得，而明年无鱼；焚薮而田，岂不获得，而明年无兽。"牺牲生态换取经济发展，牺牲资源换取发展速度，这种蚕食生态家园的发展方式已给我们留下了深刻的教训，实现乡村振兴是实现现代化强国的关键所在。"采菊东篱下，悠然见南山""忽逢桃花林，夹岸数百步，中无杂树，芳草鲜美，落英缤纷"的生态乡村是记忆中诗意的乡村，也是助推乡村振兴的关键力量。贵州始终牢记殷切嘱托，贯彻新发展理念，加快推动绿色低碳发展，持续打好污染防治攻坚战，深入推进国家生态文明试验区建设，做好绿水青山就是金山银山的大文章，厚植乡村全面振兴的绿色发展底色和高质量发展成色。与此同时增强农业面源污染防治，加强土壤污染管控和修复，实现农业化学投入品减量化、生产清洁化、废弃物资能源化、产业模式生态化。完善耕地草原森林河流湖泊休养生息制度，完善以绿色生态为导向的农业政策支持体系，建立市场化、多样化的生态补偿机制。因地制宜发展绿色生态产业、绿色农业、循环经济，推动乡村自然资本加速增值，提高农业生态产品供给量，提高农业生态服务能力，让普通百姓种下的"常青树"真正转变成"摇钱树"，让更多的普通百姓吃上"绿色生态饭"。

一、贵州乡村生态振兴采取的措施和取得的成效

乡村生态振兴是乡村振兴的重要支撑点。2017 年中央农村工作会议首次提出要走中国特色社会主义乡村振兴道路，在产业发展、城乡规划、农业基本经营制度、公共服务、生态保护等方面逐步实现城乡

融合。2017 年，党的十九大报告明确提出要实施乡村振兴战略，"乡村兴则国家兴"被写入党章，提出到 2020 年实现农村现代化；到 2050 年实现农业兴旺、农村美丽、农民富裕，从而向全国人民展现了以习近平同志为核心的新一代国家领导集团下决心加快乡村建设、大力解决乡村问题的魄力。2018 年，中央一号文件对乡村振兴发展的重要内容进行了全面部署。2019 年第 11 期《求是》杂志发表习近平重要文章《把乡村振兴战略作为新时代"三农"工作总抓手》，再一次聚焦于"三农"问题，要解决农民增收、农业发展、农村稳定，其中的含义也与乡村生态振兴息息相关，乡村生态振兴是新时代解决三农问题的重要抓手。自"乡村振兴"战略行动实施以来，贵州始终坚持发展和生态两条底线一起守、绿水青山和金山银山两座山一起建、百姓富和生态美两个成果一起收的战略行动方针，加快推进国家生态文明试验区建设，协同推进长江经济带建设，走出了把发展与生态统筹起来、统一起来的新路子，2021 年贵州省政府工作报告①指出，贵州省始终牢固树立绿水青山就是金山银山的理念，强力推进国家生态文明试验区建设。坚决打好污染防治攻坚战，狠抓中央生态环境保护督察等反馈问题整改，实施"双十工程"，大力推进乌江、赤水河等流域治理，率先全流域取缔网箱养殖，完成长江流域重点水域退捕禁捕，地表水水质总体优良。县城以上城市空气质量优良天数比率保持在 95% 以上，生活污水、垃圾处理率大幅提高。实施农村人居环境整治，改造农村卫生厕所 197.7 万户。磷化工企业"以渣定产"实现年度产消平衡，单位地区生产总值能耗稳步降低，绿色经济占比达到 42%。持续推进生态修复，森林覆盖率达到 60%，世界自然遗产总数全国第一，成功举办第四届中国绿博会。全面推行河（湖）长制、林长制，30 项改革举措和经验在全国推广。设立贵州生态日，生态文明贵阳国际论坛成为重要的国际性平台。生态文明建设走在全国前列，绿水青

---

① 参见《贵州省 2021 年政府工作报告》。

山已成为贵州的亮丽名片。

（一）乡村绿色经济持续发展，为乡村生态振兴夯实基础

2016 年 6 月，贵州被列入全国首批国家生态文明试验区，贵州省生态文明建设站在了新的历史起点。2016 年 9 月，相关部门迅速组织各方力量，编制印发了《贵州省绿色经济"四型"产业发展引导目录（试行）》，目录中包含了乡村旅游、生态旅游、森林旅游、农业休闲旅游、水利旅游、康养旅游、工业旅游、体育旅游、红色旅游、研学旅游、民族风情游及其他旅游资源综合开发服务；精品酒店、特色民宿（客栈、酒庄、茶庄）及经济型商务酒店连锁经营；农村可再生资源综合利用开发工程（沼气工程、"三沼"综合利用、沼气灌装提纯等）等与乡村生态振兴息息相关的条目。项目总投资达到 2500 多亿元，同时也建立起了全国首个"绿色金融"保险服务创新实验室。农林产业飞速发展，贵州省提出在全省来一场振兴农村经济的深刻的产业革命，全省范围内 500 亩以上的坝区农业结构实现有效调整，2018年全省调减 785.19 万亩低效玉米，替代种植蔬菜、水果、中药材、食用菌等特色经济作物 666.67 万亩。[①] 初步建立全省产业项目库，筛选入库的项目数达到 771 个；同时与 6 家银行达成并签订了战略合作协议，林业招商引资签约的项目达到 183 个；培育国家级林业龙头企业4 家，省级龙头企业达 178 家；各类新型林业经营主体 166 个；建成并投入使用的国家森林康养基地达到 40 家，省级森林康养试点基地达到32 家。[②]

贵州省赤水市、玉屏自治县、贞丰县获得"中国竹子之乡""中国油茶之乡""中国花椒之乡"称号，贵定县被授予"国家森林生态

---

① 资料来源：785 万亩 . 贵州减种低效玉米。
② 2018 年贵州省国土绿化公报［Z］.2019-03-18.

标志产品生产基地创建试点县"称号，13 家企业被授予"国家森林生态标志产品建设试点单位"称号，15 家企业的生态产品通过国家认证，盘州市建成刺梨产业基地 54.15 万亩，涉及 20 家企业、249 家合作社，现有刺梨系列产品加工企业 4 家，目前刺梨加工能力达 40 万吨，形成了中国体量最大的刺梨原汁、果汁、果脯、果酒、口服液、含片、有机肥等多元化的加工体系；高标准打造国家级刺梨研发中心，与高校和公司合作，开展刺梨新品种开发、高产栽培和食用、保健、护肤、药用等刺梨产品深度研发，现有 5 款产品已经上市销售；同时，形成"刺梨王"和"天刺力"两大品牌，主打功能型果汁饮料，盘州刺梨获批国家级出口食品农产品质量安全示范区、盘州刺梨果脯获得地理标志产品认证①。黔东南苗族侗族自治州三穗县围绕打造全国最大猴头菇种植基地的目标，着力在高位引领、盘活资源、优化链条、共享红利上下功夫，促进猴头菇产业裂变式发展，走出了一条"绿水青山就是金山银山"林下经济发展之路。2021 年三穗县再次整合财政资金 2082 万元用于发展壮大猴头菇产业，其中 782 万元用于菌棒厂建设，500 万元用于菌种厂建设，800 万元用于基地建设。夯实生产前端，新修产业路 2.5 千米，安装变压器 5 个、架设电网 2.0 千米，修建高位水池 6 个、铺设管网 5 千米，建成林下猴头菇标准化基地 7 个，安装菌架设备 3.1 万个；做优加工中端，通过猴头菇保鲜冷库 11 个、烘干房 6 个、菌棒加工厂 5 个，研发出猴头菇饮品、饼干、面条等系列产品 17 种，打造了猴头菇"林下拾堂"品牌；拓宽销售末端，依托国有平台公司"订单协作""产销联动"模式，组建了专职销售团队，通过线上、线下服务载体提升建设，打通了贵阳、重庆、成都等销售渠道，2020 年猴头菇产品销售总额达 800 余万元②。近年来，贵

---

① 参见《六盘水市盘州刺梨中国特色农产品优势区引领产业全方位发展》。
② 贵州省乡村振兴官网. 三穗：推动以猴头菇为主导产业的林下经济发展 [EB/OL].
[2021-12-02]. http://xczx.guizhou.gov.cn/xwzx/dfdt/202112/t20211202_71899422.html.

州省铜仁德江县始终坚守生态和发展两条底线，紧紧围绕省委关于"来一场振兴农村经济的深刻的产业革命"部署，对照产业发展"八要素"和"五个三"强弱项补短板，按照"地不荒、圈不空、人不闲"和"长短结合、种养结合、三产融合"的要求，围绕因地制宜、市场需求、技术支撑、快速增收四大要素，精准选择了肉牛、花椒两大主导产业，茶叶、烤烟、天麻、核桃、脐橙5个特色产业，蔬菜、食用菌2个短平快产业，联动发展生猪、家禽、油茶等产业，江德县形成了"2+N"产业发展格局，实现"户户有增收项目、人人有脱贫门路"。如今，江德县肉牛存栏13.22万头，发展花椒16.4万亩，建成茶园17.7万亩，发展天麻50万平方米、核桃10万亩、蔬菜28.43万亩、食用菌6500万棒，生猪存栏15.75万头。全县所有建档立卡贫困户实现产业全覆盖，为乡村振兴奠定了坚实基础。①

（二）大力加强乡村生态振兴，乡村绿色福祉不断提升

只有依靠良好的生态环境为乡村发展提供源源不断的资源支持，形成生态发展优势，才能巩固脱贫攻坚成效，为乡村振兴开好新局面。贵州作为全国的脱贫攻坚主战场，是贫困人口集中区，同时也是重要的生态功能区和生态脆弱区。近年来，贵州始终将生态保护与脱贫攻坚、乡村振兴紧密地结合起来，协同打好脱贫振兴与污染防治两场艰苦战役，开辟出一条既能实现以发展来消除贫困，又能保护生态环境的新路，最终实现"百姓富"与"生态美"的有机结合。其中，易地扶贫搬迁为贵州乡村生态振兴注入了新的内容。"十三五"时期，贵州省易地扶贫搬迁192万人，是全国搬迁规模最大、任务最重的省份。贵州易地扶贫搬迁入选了"砥砺奋进的五年"大型成就展。

同时，贵州省生态扶贫十大工程已初见成效，2018年1月，贵州

---

① 参见《发展产业种养殖　走出致富新路子》。

省政府办公厅印发了《贵州省生态扶贫实施方案（2017-2020年）》（以下简称《实施方案》），《实施方案》提出，贵州省将通过实施生态扶贫十大工程，进一步加大生态建设保护和修复力度，促进贫困人口在生态建设保护修复中增收脱贫、稳定致富，在摆脱贫困中不断增强保护生态、爱护环境的自觉性和主动性。到2020年，通过生态扶贫助推全省30万以上贫困户、100万以上建档立卡贫困人口实现增收。生态扶贫十大工程包括退耕还林建设扶贫工程、森林生态效益补偿扶贫工程、生态护林员精准扶贫工程、重点生态区位人工商品林赎买改革试点工程、自然保护区生态移民工程、以工代赈资产收益扶贫试点工程、农村小水电建设扶贫工程、光伏发电项目扶贫工程、森林资源利用扶贫工程、碳汇交易试点扶贫工程。这些工程实施后，将为贫困地区群众带来利好。在实施退耕还林建设扶贫工程中，《实施方案》规定，退耕还林任务继续向三个集中连片特困地区和14个深度贫困县倾斜，对符合退耕政策的贫困村、贫困农户实现工程全覆盖，确保69万户贫困户每亩退耕地有1200元的政策性收入。在实施生态护林员精准扶贫工程中，《实施方案》提出，到2020年全省生态护林员森林资源管护队伍总规模达9.67万人，人均管护森林面积稳定在1500亩以内；带动建档立卡贫困户5.2万户20万人人均增收2300元左右。绿色产业推动乡村振兴也加快了脚步，贵州绿色产业扶贫投资基金运行两年多来，已投资基金278亿元，共带动9.52万户28.35万人脱贫。贵州绿色产业扶贫投资基金围绕农村产业革命和十二大农业特色产业提供金融要素保障，成功落地了一批项目，壮大了一批龙头企业，带动了一批贫困户脱贫，取得明显成效。

（三）努力抓好乡村生态治理，建设美丽宜居乡村新貌

新时代要有新气象，新农村要有新风貌，新农人要过新生活。近

年来，贵州省持续推进农村人居环境整治工作，通过治垃圾、治污水、治厕所、治村容村貌、治陈规陋习，全省广大农村行路难、如厕难、环境脏、村容村貌差、基本公共服务落后等问题得到了有效解决，过去"垃圾靠风刮、污水靠蒸发""远看青山绿水、近看牛屎乱堆"的现象得到了根本扭转，为建成美丽新农村奠定了基础。湄潭县探索"寨管家"管理模式，不断改善农村人居环境，"寨管家"主要通过管宣传发动、管环境卫生、管公益事业、管综合治理，使党的方针政策能及时传达到群众中，管好垃圾清理、饮水管理、道路建设、森林防火、纠纷调解等与群众息息相关的具体事情，打通服务群众"最后一公里"，带动全民参与，用实际行动让乡村更美丽、乡风更文明。息烽县石硐镇前丰村探索出了一条将项目资金打捆入股到农业产业再对入股分红资金进行二次分配的"集体产业股权"下乡村治理的"六权共享"社会治理模式。"六权共享"是指弱有所扶收益权、土地入股收益权、劳有所得收益权、老有所养收益权、社会治理收益权和环境保护收益权。其中，环境保护收益权占5%，分配给自觉保护环境、搞好环境卫生的农户。分配对象不仅需要积极参与到全村人居环境整治工作中，还应当保证自家房前屋后的干净整洁，将群众家庭环境卫生、乱砍滥伐林木、乱倒污水、随意焚烧秸秆等破坏生态环境的行为和参与植树造林、节约用水等保护生态环境的行为纳入考核范围，培养群众的环境卫生保护意识。自"六权共享"实施以来，全镇畜禽粪污综合利用率达90%以上，18个行政村生活垃圾和污水均得到有效治理，生态环境得到进一步的保护，农民群众生活品质提档升级。

在乡村环境整治战役方面，贵州省实施了村庄规划管理、农村生活垃圾全面治理、农村生活污水治理梯次推进、村容村貌整治四大工程，2018年中央、省级投入30034万元支持424个行政村开展以农村饮用水源地保护、农村污水及垃圾处理为主的环境整治。

近年来，贵州把农村"厕所革命"作为乡村振兴、农村环境综合整治的重要内容，作为提升群众获得感、幸福感的重要载体，全面改善农村人居环境，提升群众生活品质，助力乡村振兴。农村"厕所革命"三年（2018~2020 年）行动期间，贵州共完成农村户用卫生厕所新（改）建 173 万户；完成村级公共卫生厕所新（改）建 14292 座，全面完成了三年改厕任务。

（四）加快建设乡村绿色生态，稳固乡村绿色生态屏障

贵州地处长江、珠江上游，是"两江"流域的重要生态屏障，也是首批国家生态文明试验区，对维护国家生态安全具有十分重要的作用。为此，贵州把生态建设摆在突出位置，在生态建设上攻坚突破，牢牢守好山青、天蓝、水清、地洁四条生态底线，坚决守好贵州这片宝贵的生态环境。在生态修复方面，"十三五"期间，贵州累计完成营造林面积 2988 万亩、中幼林抚育 3000 万亩、治理草地 140 万亩。全省森林覆盖率达到 60%，草原综合植被盖度达到 88%，村庄绿化覆盖率达到 43.23%，进一步厚植了贵州生态本底。[1] "十三五"期间，贵州依托生态优势，增加群众生态红利和民生福祉，通过开发生态护林员岗位、推进特色林业产业、发展林下经济、实施国储林项目等助力脱贫攻坚。到 2020 年贵州全省生态护林员已达到 18.28 万名，带动 54 万人脱贫，[2] 同时，贵州完成的新一轮退耕还林累计惠及贫困农户 47 万户 170 万人；地方公益林补偿标准实现与国家公益林并轨，惠及项目区 350 万贫困户，户均增收 1297 元。[3]

省、市、县、乡、村五级河长体系全面建立。出台的《贵州省全面推行河长制总体工作方案》结合实际将国家河长制的"六大任务"

---

[1] "十三五"期间贵州森林覆盖率年均增速全国第一 [N]. 贵阳晚报, 2021-03-10.

[2] 贵州 18 万生态护林员带动 54 万人脱贫 [N]. 中国绿色时报, 2020-07-17.

[3] 贵州森林覆盖率达到 60% [EB/OL]. (2021-03-13). http://www.forestry.gov.cn/main/102/20210312/192328125733574.html.

细化成 11 项任务。构建五级党政领导的河长体系。省委书记、省长担任省级总河长，同时兼任乌江干流及其流域内 6 座大型水库的省级河长。统筹河湖管理保护规划，遵循河湖自然规律和经济社会发展规律，坚持严格保护与合理利用，根据河湖功能定位，将生态理念融入乡村建设。强化水环境综合治理，按照水功能区确定各类水体的水质保护目标，加强河湖水环境综合整治，以县级行政区域为单元实施农村综合整治。大力推进生态乡镇、生态村寨和绿色小康村创建活动，积极推进城镇污水、垃圾处理设施建设和服务向农村延伸，探索多元化农村污水、垃圾处理等环境基础设施建设与运营机制，积极推动农村环境污染第三方治理。在八大水系干流及主要一二级支流、县级以上饮用水水源地，聘请水利环保专家等义务担任民间河湖监督员。贵州省设省、市、县、乡、村五级河长 22755 名，实现河湖水体全覆盖，贵州省出境断面水质优良率保持 100%。①

（五）深化乡村生态振兴改革，夯实乡村生态制度保障

"十四五"期间，贵州省在融入长江经济带发展中明确提出，牢固树立和践行绿水青山就是金山银山的理念，将碳达峰、碳中和贯穿经济社会发展全过程，健全生态产品价值实现机制，打造生态优势转化为经济优势的样板，率先推动生态产品价值实现。至 2017 年底，贵州省已有 16 个县市被纳入国家重点生态功能区，绿色农产品的无公害、有机、绿色及地理标志产品产地认证面积达到了 51.2%②。在全国率先出台生态扶贫专项制度，实施生态扶贫十大工程，开展单株碳汇精准扶贫试点。健全工作机制，建立动态管理和调度工作机制，对年度重点工作实行台账管理、按月进行调度，完成一项、销账一项。

---

① 兴水利惠民生促发展——贵州水利十年十大亮点 [N]．贵州日报，2023-01-05.
② 贵州省农产品"三品一标"认证面积达 51.2% [N]．贵州日报，2018-08-06.

建立生态扶贫项目的调度督查和奖惩机制，对项目建设进展情况、资金到位情况、资金使用情况以及带动贫困群众增收情况等进行调度督查；对建设进度缓慢、资金拨付不及时、资金违规使用的项目要及时约谈主要领导和分管领导，并通报相关情况；对建设情况好、资金拨付及时、带动贫困群众增收效果明显的项目，要予以表彰奖励。加大政策支持。要优化科技服务体系，组织相关科技人员深入基层、深入一线开展科技帮扶，不断提升贫困群众科技水平；搭建专业合作社与高校、科研院所、技术推广单位的合作平台，引进和推广新技术、新产品。同时，贵州省持续加大金融支持力度，充分利用财政贴息、小额信用贷款、林权抵押等方式，多渠道解决生态扶贫融资问题。精准聚焦补偿行业和补偿对象，不断完善农业生态治理补贴制度，围绕水生生物资源养护、耕地保护等方面完善补偿制度，加大对农民在耕地地力保护、耕地轮作休耕、高标准农田建设等方面的补贴力度，增强农民绿色生产动力。强化市场联动机制，推动生态补偿与农业农村绿色发展有机结合，立足各地特色优势产业，促进农业绿色产品生产，加大生态循环农业科技投入，以推进现代农业产业体系建设为核心，加快传统农业发展模式向生态循环农业发展模式转变。

（六）厚植乡村生态绿色文化，浓厚乡村生态和谐氛围

作为中国生态文明领域唯一的国家级国际性论坛，生态文明贵阳国际论坛持续发出生态文明的"中国好声音"。贵州正持续办好生态文明贵阳国际论坛，在展示乡村生态文明建设的中国经验、贵州探索上，发挥新的更大效能。

深挖乡土文化。以传统村落承载乡愁文化，在辖区范围内对承载当地历史信息，具有一定价值的传统村落、传统街巷、古建民居尽量做到保护性开发。以乡土文化寄托乡愁，组织力量开展文学艺术创作，

做好村情村史馆、乡愁馆、少数民族风俗馆展示，以美丽乡村留住乡愁，建设农村污水处理系统，提高农民卫生素养，持续推进特色美丽乡村建设。全省生态县、生态村等生态文明创建活动蓬勃开展，从2010年至2020年，引导创建并命名了省级生态县8个，八批次共374个省级生态乡镇、615个省级生态村。2020年11月中旬，在湖北省十堰市召开的中国生态文明论坛年会上，生态环境部隆重表彰命名了贵州省贵阳市花溪区、遵义市正安县等84个第三批国家生态文明建设示范市县和兴义市万峰林街道等23个第三批全国"绿水青山就是金山银山"实践创新基地。

二、贵州乡村生态振兴的实践经验

（一）坚持顶层设计与实践探索相结合，积极稳妥推进乡村生态振兴

2021年习近平总书记视察贵州时提出了"要在乡村振兴上开新局"的要求，明确要我们"做好乡村振兴这篇大文章"。牢牢守好发展和生态两条底线，开创百姓富、生态美的多彩贵州新未来成为全省共识，为实现乡村振兴开新局，2021年以来，省委、省政府持续强化顶层设计，逐步建立起较为完善的"四梁八柱"，可以归纳为"1+2+1+5"。"1"就是2021年的省委一号文件《关于全面推进乡村振兴加快农业农村现代化的实施意见》；"2"就是《关于分类分级推进乡村振兴的指导意见》和《贵州省特色田园乡村·乡村振兴集成示范点建设方案》。关于"分类分级"，就是将全省除云岩区、南明区以外的86个县（市、区）分为36个乡村振兴引领示范县、30个重点推进县、20个夯实基础县三类，由省领导抓两头带中间，省、市、县、乡、村分级统筹推进，按时序梯次实施，避免"一刀切""齐步走"。关于

"特色田园"，就是以试点乡村为"小切口""小环境"，突出问题导向，把涉及农业农村农民的现实问题调研清楚、思考明白、解决到位，真正以一个个具体问题的解决倒逼一项项实际工作的提升，为全省乡村振兴探路子。

通过实地考察、专家评审，全省确定了首批省级试点村 50 个，9个市州自主确定市级试点村 301 个，目前已进入实施阶段。"1+5"就是《贵州省全面推行乡村振兴五年行动方案》，具体由 1 个总方案和 5个子方案组成，明确要求相关省直部门设立"五大专班"，分别牵头推进巩固拓展脱贫攻坚成果、发展乡村产业、农村人居环境整治、推进乡风文明建设、加强乡村治理"五大行动"，推动实现"一年起好步、三年有形象、五年大变样"的目标。通过"1+2+1+5"的指导思想，积极稳妥地推进贵州乡村振兴。

（二）坚持绿水青山与金山银山相结合，将生态优势转化为发展优势

牢固树立绿色财富观、资源观、开发观，把"绿色+"融入乡村振兴的各个方面，协同推进乡村高质量振兴和生态环境高水平保护，真正实现"乡村振兴高质量，生态建设高颜值"。充分利用优美的自然生态环境，依托全域山地资源优势，大力发展乡村旅游、绿色旅游。贵州省黔东南州三穗县台烈镇积极探索新路子，围绕屏树—颇洞—台烈—寨头一条主线，以颇洞园区为核心，主动抢抓发展机遇，充分利用现有的农业基础和文化资源，绘好农文旅融合发展大蓝图，形成了"以农促旅、以旅带农"和"以文兴旅、以旅护文"的良性发展格局，推动了当地经济社会发展和农业现代化，在乡村振兴的道路上探索出了一条有效衔接脱贫攻坚成果，促农增收的致富新路。①

同时，贵州省自然资源厅研究制定了支持特色田园乡村·乡村振

---

① 参见《三穗县：做好农文旅产业文章　画乡村振兴美丽画卷》。

兴集成示范试点和红色美丽村庄试点建设工作方案，提出十项重点任务，全力助推贵州省特色田园乡村．乡村振兴集成示范试点和红色美丽村庄试点建设工作。这一工作方案立足生态优势，编制村庄规划，因地制宜，统筹规划产业发展，为将生态优势向发展优势转化提供了理论依据和法律保障。

（三）坚持乡村振兴与生态建设相结合，推动"生态家底"转向"绿色发展"

贵州始终坚持生态发展、绿色发展，努力实现生态环境治理体系和治理能力的现代化，为全面开启社会主义现代化建设新征程奠定坚实的生态环境基础。同时，以良好生态环境为依托、以绿色产业和宜居村庄集成为主体、以彰显乡村文化为灵魂，科学地将生产、生活和生态结成一个有机整体，在"三生"功能融合中实现宜业、宜居、宜游。在乡风文明建设中强化生态文明言行，倡导崇敬自然、保护生态环境，倡导勤俭节约、推行绿色消费，倡导垃圾分类、减少污染产生，倡导互利共生、营建和谐乡村，旗帜鲜明地反对铺张浪费、人情攀比、厚葬薄养等陋习。

在大生态战略行动中，贵州省深入实施生态扶贫十大工程，大力实施易地扶贫搬迁，以生态建设保护和修复为抓手，促进脱贫人口增收，稳定致富，实现了乡村振兴与美好生态的良性互动、共生双赢。贵州省黔西南州册亨县秧坝镇福尧村，晴雨四时，游客不绝，人们到这里欣赏绿色乡村的无限风光，感受黔西南州绿色发展道路上的一次次求索、一个个奇迹；推动水生态环境治理中，黔西南州责无旁贷扛起珠江流域"上游责任"，率先重拳出击、铁腕治污，强力推动万峰湖水生态环境保护治理和渔民转产上岸工作。如今，万峰湖网箱全无，一江碧水南去，两岸美丽乡村串珠成链，特色农业、乡村旅游渐成体系。

（四）坚持污染防治与生态振兴相结合，筑牢乡村振兴的"绿色屏障"

贵州始终将生态环境问题整改作为一项重大政治任务来抓，秉持"民生问题无小事"的理念，切实推进全省上下认真履行生态环境保护"党政同责、一岗双责"的考核机制，因地制宜推进农村环境综合整治工作，开展农村人居环境整治行动，实施美丽乡村建设示范工程，着力解决农村垃圾污水污染、农业面源污染、白色污染问题，大力推进畜禽养殖废弃物资源化利用。通过宣传教育增强保护生态环境重要性的认知，探索建立健全环保责任意识清单，将生态环境保护纳入村规民约，增强村民生态环境保护意识，落实环保责任体系，树立村民是农村环境保护的主人翁意识，将环境保护工作深入到思想上，落实到实际行动中，并逐步转化为自觉行动。通过激发农民参与环境保护工作的积极性来提升农村环境保护工作，主动拒绝农村污染行为，切实解决农村环境污染问题。

在污染防治攻坚战、生态环境治理重点工作中取得突出成效。乡村生态想振兴，离不开农村污染防治，两者一攻一守，密不可分。贵州始终坚持重点治理和整体推进相结合，一边深入打好大气污染防治、水污染防治、土壤污染防治、固体废物污染防治和生态环境风险防控攻坚战，奋力在巩固提升优良生态环境质量上出新绩；一边持之以恒抓好生态文明建设持久战，深入推进绿色贵州，绿色乡愁的建设，实现了污染治理和农村增绿的齐头并进。

（五）坚持产业振兴与生态振兴相结合，形成共建共享的农村新生态文明格局

贵州始终坚持产业发展和生态发展两手抓，积极打开林下经济发展的新局面，在保护森林资源和生态系统功能的前提下，大力发展

以林下种植、林下养殖、林产品采集加工和森林景观利用等为主的林下经济，把贵州良好的生态优势转化为经济优势。同时，护好一江水，山水颜值变经济价值。2021年春节，乌江源百里画廊景区备受游客青睐，黔西县化屋景区、大关丘林等地乡村旅游持续升温，实现旅游收入6.63亿元，同比增长超过30%。牢牢守好发展和生态两条底线，践行绿水青山就是金山银山理念，着力推动贵州生态文明建设，森林覆盖率达到了60%，单位地区生产总值能耗稳步降低，绿色经济占比达到了42%，优良生态环境成为人民的"幸福不动产"和"绿色提款机"。

贵州乡村振兴中乡风文明发展报告

黄 昊[*]

摘 要：全面分析贵州乡村振兴战略中文化振兴的现状，阐述取得的成就，剖析存在的不足，参考国内外乡村文化发展的成功经验与做法，结合贵州乡村振兴战略中文化振兴的需求、立足于贵州乡村振兴战略中文化发展的资源禀赋基础，实事求是、因地制宜地对贵州乡村振兴战略中文化振兴提出一些对策、建议与思考。

关键词：贵州；乡村振兴；文化振兴

在党的十九大报告中，将乡村振兴作为国家的重大发展战略。"实施乡村振兴战略。农业农村农民问题是关系国计民生的根本性问题，必须始终把解决好'三农'问题作为全党工作重中之重。"[①] 乡村振兴战略的实施也是国家转向高质量发展、提升国家综合实力和竞争力的关键一步，是不断满足人民日益增长的美好生活需要的内在要求。很显然文化振兴将是乡村振兴的灵魂、是乡村振兴长久发展最重要的基础与保障，为乡村振兴战略实施提供精神动力、优秀思想文化的滋养、优秀传统伦理道德熏陶和智力支撑。

贵州文化发展一直在向前推进着，国家实施的乡村振兴战略使贵州的文化振兴获得新的大步发展的契机，事实上也是如此，贵州乡村

---

　* 黄昊：哲学博士，贵州省社会科学院社会研究所副研究员。研究方向：科学技术哲学。
　① 参见《决胜全面建成小康社会　夺取新时代中国特色社会主义伟大胜利》（党的十九大报告）。

振兴战略中的文化振兴取得较好的成就。

一、乡村振兴中文化振兴的界定

（一）对文化的界定

对文化界定不同的人理解不同，学界多认同文化有多层内涵。文化的核心内涵是精神与思想，其次是制度文化，最外层为物质器物文化。当然有学者认为生活方式、生产方式等也是文化的一部分。对文化的理解要全面，这样才可以真正地理解和把握文化的内涵；对文化的研究要具体，这样才可能有更好的研究成果。本文中的文化指的是广义的理解。

（二）新中国成立后乡村文化发展的历史脉络

新中国成立以后，乡村文化的发展经历了如下过程：

新中国成立初期的乡村文化建设主要是扫盲，当时全国的文盲占全国人口的比重在80%以上，以扫盲作为乡村文化建设的主要内容是具有合理性和必要性的。

改革开放以后，乡村文化振兴中的大事件首先是恢复高考，改变社会风气，使全社会的知识青年得到了极大的鼓舞，一大批农村青年通过高考改变了命运，同时一些大学生学成后返回农村，充实了农村发展的人才、乡村文化振兴的人才。其次是普及九年义务教育，对乡村文化振兴起到了基础性作用，其重要性怎么样正面地评估都不为过。

1978~2002年，中国发展中的城乡二元结构，使乡村文化的发展呈现出衰落的态势，远远落后于同期的城镇文化发展。随着国家的发展，破解城乡二元格局、促进乡村发展被纳入国家战略视野，连续多年的中央一号文件出台，从战略层面重视"三农"问题并尝试解决，促进乡村的文化发展也是其中的应有之义、重要的组成部分。党的十八大以后，以习近平同志为核心的党中央高度重视"三农"问题，将乡村振兴战略的实施作为解决新时代农村问题的重要抓手，将文化振兴作为乡村振兴的重要内容之一。

二、贵州乡村振兴战略中文化振兴现状分析

（一）取得的成就

自党的十八大以来，贵州省的经济社会发展取得了较大的进步，连续多年的经济增长率位居全国前列，与此同时，乡村文化发展取得了长足的进步。贵州的发展被习近平总书记誉为国家大步前进的一个缩影。谌贻琴同志指出："全省各族人民大力培育和践行社会主义核心价值观，弘扬新时代贵州精神，人民的理想信念更加坚定，思想道德水平有新提高，为贵州省的经济社会发展注入了强大的精神动力。"[1]

（1）促进文化发展的基础设施逐步完善。"十三五"期间，贵州省聚焦于决胜脱贫攻坚，"五年来，全省共投入扶贫资金超过1万亿元"[2]。贵州省投入的扶贫资金很大一部分是用于基础设施建设。截至目前，省内村通组公路全部覆盖、农网改造全覆盖、通信网络全覆盖，很多村的串户路也完成95%以上，很多村的垃圾收集系统从无到有地建立起来，覆盖的范围越来越广，村级的农家书屋都建立起来并有数量较多的藏书。以上所有硬件的完善，既属于物质层面、器物层面的文化成果，也为精神层面的文化建设奠定了坚实的基础。

---

[1] 刘大泯. 文化建设在贵州乡村振兴中引领作用的对策措施 [J]. 贵州师范学院学报，2021（4）：54.

[2] 李炳军. 2021年贵州省政府工作报告 [EB/OL]. [2021-02-24]. https://baijiahao. baidu. com/s? id=1692525082105903535&wfr=spider&for=pc.

（2）村内的人居环境越来越整洁。通过五年的努力，贵州省村庄的人居环境发生了较大的改变。特别是农村厕所革命、人居环境的专项治理、脱贫攻坚中视觉贫困的治理等措施的实施，贵州农村环境卫生状况有较大的改变。所有这些为贵州乡村文化振兴营造了较好的氛围。

（3）"美丽乡村·四在农家"建设成就斐然。肇始于遵义市余庆县的"美丽乡村·四在农家"新农村建设活动在全省推开后，不仅成就斐然，还初步建立起农村文化建设的长效机制，有力地促进了乡村的文化发展。

（4）新时代文明实践中心促进精神文明的进步。贵州省宣传文化系统在村里建设新时代文明实践中心并积极开展各项文明实践活动，通过活动的开展切实提升了广大人民群众的文明素养，成为乡村文化振兴的重要组成部分，也为乡村文化的大发展奠定坚实的基础。

（5）乡村人民的思想道德建设水平不断提升。第一，贵州省乡村文化振兴建设以社会主义核心价值观为引领，以习近平新时代中国特色社会主义思想为指导方针和根本遵循。以切合农村实际、农民需求且能让农民听得懂的方式宣传党的路线方针和各项惠民政策，推动社会主义核心价值观和习近平新时代中国特色社会主义思想在村民的内心扎根，从而内化于心、外化于行，切实提升了村民的思想境界，使广大村民能从心底感党恩、听党话、跟党走。第二，贵州省乡村文化振兴还注重用优秀传统文化涵养乡村文化发展。乡村是中国历史上优秀传统文化的重要载体，积淀了厚重的、悠久的中国古代先民创造并传承的优秀传统伦理道德、风俗习惯、生活方式等，通过对优秀传统文化的创造性转化和创新性发展，将优秀传统文化中的内核展示出来，用良好的乡风、家风和民风通过宣传、通过潜移默化地熏陶来塑造广大农民的精神道德风貌，将文明之精神渗透到广大农民的思想核心，形成尊老爱幼、团结邻里、诚实守法等良好的社会风尚，改掉不合时宜的陈规陋习、树立良好的新风俗。"传统的乡村文化中蕴含着丰富的精神内涵，在当下解决农民精神荒芜的问题有着关键的作用，是净化心灵的家园，是促进农村文化振兴的内在精神动力。"① 同时又可以守住优秀的乡村文化的根脉，并延续下来。第三，贵州省乡村文化振兴注重挖掘多彩民族文化中的合理部分。贵州注重在少数民族聚集地区保护原生态的、有特色的民族文化。"贵州地区文化遗产丰富，尤其是在少数民族聚集的农村地区尤为突出，有至今仍保留传统农作方式的农业技艺；有传承千年的、富有生命力的音乐艺术，如侗族大歌极有震撼力；有充满原始色彩的朴素信仰；有质朴淡雅的服饰艺术；有璀璨夺目的头饰艺术；有充满张力的舞蹈以及神秘的傩戏；等等。"②

（6）乡村文化生态逐步向好。贵州在乡村文化振兴中能坚持："深入挖掘乡村特色文化符号，盘活地方和民族特色文化资源，走特色化、差异化发展之路。以形神兼备为导向，保护乡村原有建筑风貌和村落格局，把民族民间文化元素融入乡村建设，深挖历史古韵，弘扬人文之美，重塑诗意闲适的人文环境和田绿草青的居住环境，重现原生田园风光和原本乡情乡愁。引导企业家、文化工作者、退休人员、文化志愿者等投身乡村文化建设，丰富农村文化业态。"③

（7）利用地方资源禀赋基础发展乡村文化事业。贵州在乡村文化振兴中能积极地利用地方资源禀赋基础发展乡村文化。具体的表现是：第一，利用地方传统工艺发展乡村文化。地方的传统工艺分为物质文化和非物质文化遗产，反映了不同地域、特定时代的生活方式和独特的文化记忆，如苗族的刺绣、德江的傩戏等。第二，利用地方独有的特色助推乡村文化发展。"生活在贵州山区的各民族在开发山区的过

---

① ② 陈许. 推动贵州少数民族地区农村文化振兴的几点思考［J］. 湖北开放职业学院学报，2021，34（5）：3.

③ 中共中央、国务院. 乡村振兴战略规划（2018—2022）［EB/OL］. ［2018-09-26］. http：//www. gov. cn/gongbao/content/2018/content_5331958. htm. 2018. 09. 26/2021. 12. 28.

程中，为了适应山高、谷深、多雨、潮湿、坡陡的自然地貌和气候特征，在衣、食、住、行等日常生活中，积累了丰富的生活常识和经验。在传统习俗上，民间信仰有多神崇拜和多种信仰，在民间习俗和民间文化方面，也独具特色、丰富多彩，体现了浓浓的地域特色和民族特色。"① 例如，兴义市敬南镇白河村洒报组的乡村振兴示范点利用布依族特有的六月六等节日，举办节庆文化活动，融娱乐性、艺术性为一体，展示了原汁原味的民族特色文化和乡土生活，在一定意义上可以认为是布依族文化发展的历史印迹。第三，利用历史文化资源推进乡村文化发展。贵州拥有众多的历史文化资源可用于文化建设，例如，进行充分的挖掘将红军在黔活动遗迹等用于乡村文化振兴的事业之中。又如，贵州有些地方开始对古树木、古建筑等进行保护，有的进行保护性的开发利用，取得的效果非常好，使这些古遗址中的人文文化的印迹和因子得到传承。

（8）乡村公共文化服务日趋丰富。贵州省乡村公共文化服务平台建设日趋完善。农家书屋、新时代农民讲习所、文化广场等从无到有地建设起来并越来越充实完善；伴随着数字信息技术的发展，移动通信的普及，广大乡村农民通过信息技术平台获得公共文化服务的手段越来越便捷，获得相关公共文化服务产品时效性、丰富性得到空前的提升。现在贵州乡村农民的文化活动有平台、文化活动内容丰富、文化服务的公共产品逐步变多。

（二）主要做法

（1）坚持加强党的领导。贵州乡村文化发展始终坚持党的领导，党的领导是乡村文化振兴得以顺利前进并取得重大成就的前提与基础，特别是建强村级党组织，发挥基层党组织的战斗堡垒作用，保障乡村文化建设沿着正确的方向前进。同时乡村文化振兴是一个系统工程，

---

① 范波．贵州民族地区乡村文化振兴对策研究［J］．贵州民族研究，2020（8）：78.

不仅涉及文化部门，还需要各方面力量的参与，只有加强党的领导才可以更好地协调各方面的力量进行乡村文化发展与振兴。

（2）坚持为人民谋幸福。新时代人民需求多样化，而文化需求是人民最基本的需求，特别是贵州乡村广大贫困农民刚刚决胜脱贫攻坚、摆脱绝对贫困，他们的精神文化需求将会有大的增长；对于贵州乡村的一般农户而言，随着全国同步小康的实现，人民生活质量与生活品质逐步提升，伴随而来的是更高品质的文化产品需求。人民的需求就是中国共产党人的奋斗目标，做好乡村文化振兴是中国共产党人初心与使命的必然体现。

（3）将文化振兴融入乡村振兴战略中一体协同推进文化振兴与乡村振兴相融合。贵州乡村文化发展不单单是文化事业的发展，还将文化事业深度融入产业发展之中、乡风文明之中、生态文明建设之中等。贵州很多地方将特色文化资源作为旅游资源的一部分，深度地进行文旅综合发展，取得的效果较好，如修文县将阳明文化资源与旅游业深度融合，实现了文化搭台经贸发展的良好局面。遵义市将红色文化资源与旅游业结合发展，在宣传展示红色文化的同时获得旅游业的大发展，并提升了城市品质和人民的精神境界，是一个多赢的结果。贵州是国家生态文明建设的示范区，在生态文明的建设中成就斐然，其中生态思想文化的发展有力地促进了生态文明建设，生态文明建设的推进又使生态文化进一步深入人心，生态的生产方式和生态生活方式逐步深入人心，生态理念和生态思想逐步进入人们思想的核心层面，生态文明建设与生态文化的发展呈现出一种协调发展、良性的相互促进的关系。乡村文化振兴与治理有效、乡风文明密切相关，是相互促进的，可以形成一种良性循环、是协调发展的态势。当然乡村文化振兴可以提升农民的综合素养，综合素养的提升必然会使农户致富能力提升，也会丰富农民的精神生活，使农民的精神生活与物质生活都逐步富足。

（4）构建对乡村文化发展的边际支撑体系。贵州在乡村文化建设中注重建构支撑体系。第一，贵州注重用法治保障乡村文化振兴的发展。2021年6月1日实施的《中华人民共和国乡村振兴促进法》就有关于乡村文化发展的保护性条款，用专门的、明确的法治来保障乡村文化振兴的发展。同时，贵州的广大农村利用各种法制节日、各种法治宣传、警民共建等宣传法律知识、提供法律服务等活动，营造有力的、公正的、有序的法治氛围，为乡村的文化振兴提供法治上的边际支撑。第二，从政策与治理层面为乡村文化振兴提供边际支撑。在政策层面，国家和贵州省级都有非物质文化保护、文化遗产的保护等方面的政策措施，这些举措近几年的执行力更强，相关的文化保护力度也得到加强，效果更好。同时，贵州延续其在决胜脱贫攻坚中"智""志"双扶做法，在乡村振兴战略的实施中更加注重双扶思想、提升知识等文化振兴的内容、注重实施对农民的职业培训和各种难就业培训，更加注重以文化人进而提升人民的思想境界水平；在治理上注重运用信息化手段，推进信息化的乡村治理、重塑乡村治理的职能方式，以不断满足、适应农村和农民的变化与需求，进而也为更好的乡村文化振兴服务。贵州省也用考核手段对乡村的文化振兴提供支持，具体的做法是将乡村文化振兴实施要求分解为具体的、可操作性的、科学的阶段性目标，考核据此奖励先进。贵州省用更加合适的政策与治理手段为乡村文化振兴提供有力支持。第三，贵州省乡村以村规民约等为约束手段促进乡村文化振兴。乡村文化振兴既需要法治与治理层面的支持，也需要村级用村规民约等村民自治约束性手段来提升乡风文明水平、促进乡村文化的发展，当然乡村文化发展了也可以更好地促进乡风文明水平。第四，贵州乡村文化振兴有相关的经费支撑和相关的人员保障。贵州的乡村文化事业发展在乡镇一级有一定的经费匹配，也有一些社会捐助，用于乡镇内各村的文化发展，当然有些地方有专项的文化发展经费，不一而足。贵州的乡村文化振兴事业有一些兼职的人员从事相关的文化发展，当然有的村有专职的文化从业者，但是极少。

（三）经验启示

（1）乡村文化发展要久久为功。文化是一个国家、一个民族的根与魂。文化始终着眼于涵养人的品格与素质，直接作用于人的精神与灵魂，可以励志、明心、懿德、增慧，提升人的精神境界，让人变得更优秀、更崇高、更善良、更有创造力。通过文化的熏陶和传播，加强思想道德建设，将一整套核心价值观贯注、挺立到国家、民族和国民当中，变为其内在的精神支撑，这就是文化铸魂。人民有信仰，国家有力量，民族有希望，即是文化铸魂的功业所在。[①] 乡村文化具有以文化人的功能，是人内在的精神支柱，文化可以直接作用于人的灵魂和精神，以形塑人，从此种意义上讲，乡村文化建设怎样正面地评价都不为过。但是思想文化的建设有其内在的机理、沿着思想文化内部发展的规律前进，同时思想文化的发展也不可避免地受到外在的人为因素影响、是人的文化，乡村文化的发展也是如此。文化的发展呈现出缓慢螺旋上升的态势，很多时候人们甚至感受不到文化的发展，这里既有文化发展缓慢、以文化人的熏陶过程可意会而很难短期见到明显效果等因素，还有人们沿袭传承下来的文化传统，日用而不知的因素。为此思想文化上的建设要坚持百年树人的理念，久久为功。一般不要奢望在短期内在思想文化建设上有大的发展与突破，在人类文明史上人类思想文化发生大的发展与突破的事件屈指可数，且很多思想在文化上的发展与变化是逐步积累才从量变导致质变，短期内在思想文化方面发生质变的极少且有的变化带来的后果是负面的。物质文化和制度文化最可能会在短期内有突破，但是这仅仅是文化的外层而不是文化的核心思想价值层面。

（2）正确认知乡村思想文化及其功用。优秀思想文化的建设需要较长的周期，以文化人也需要长久的熏陶，乡村文化也是如此，短期内思想文化的发展变化也有，但是很不明显或者不显著，导致人们谈

---

① 吴大华. 贵州乡村振兴战略的文化铸魂研究［N］. 贵州日报，2018-09-12.

起思想文化呈现一种悖论——文化事业"说起来重要、干起来次要、忙起来不要"。① 思想文化特别是优秀的思想文化对人的重要性不言而喻。当然，现代社会任何一个正常的生命个体都是有思想的。个体的思想文化与精神很难直接变现为物质财富，个体的思想文化与精神通过对人精神层面的核心起潜移默化的作用进而影响人的行为和对事物的看法等，短期内很难见到直接的经济效益或者说其中有多少经济效益。思想文化的效能有着滞后性、长期性、对社会发展指导性和对社会影响的巨大性，优秀的思想文化也是如此。拿破仑有一个观点，他认为世界上最有力量的是武器和思想文化，而长久看思想文化最终会胜出。有人认为从人类历史的发展进程看，已经证实拿破仑观点的合理性与正确性。拿破仑认为思想相对于人类社会发展具有终极意义，但是其功效依然具有滞后性。

也就是说思想文化特别是优秀的思想文化对人类全体而言、对人类个体而言都是具有长期性的正面效能与效益，是人类得以延续发展的前提与基础，但是短期内思想文化对个体和群体很难有明显的效益，特别是经济效益。现代社会生活节奏快、变化快、由于压力大而产生焦虑的现象大范围存在是其最主要的特征，导致很多人对无短期效益或短期效益小的思想文化认知出现偏差，对思想文化的长期效益又没有正确的认知和耐心，这就致使很多人认为思想文化从经济效益等功用视角没有什么用途，这是一种错误的观点。思想文化，特别是优秀的思想文化对于个体、社会而言发挥的是基础性的作用。人类需要专注于眼前的发展，更需要长远发展的战略视域；人类不仅需要低头看路以有利于更好地脚踏实地地前进，更需要仰望天空以有利于用更好的、宽广的视野开拓进取；人类需要微小的、良好的生活习惯养成与坚持和举手之劳微小善行坚守，更需要明辨是非、区分善恶等固守根

---

① 这是在别的课题研究实地调研中，一位从事基层文化工作二十多年的人，从其由乡镇文化站一般员工到县文化馆馆长的工作实践中得出的论断。

本性的人类共同价值追求；人类需要物资富足的生活，更需要有具有积极、阳光、正向等属性的精神生活。

通过教育、生活实践等多种手段获取知识和各种专业技能是思想文化的一部分，但是知识和各种专业技能不是思想文化的全部，更不能将知识与各种专业技能等同于思想文化。现在有一种倾向：将有一定的知识与专业技能认为是有思想文化，此种观点很盛行，在很多人那儿有市场，很显然此种观点是完全错误的。知识与各种技能可以使人更好地生存或者生活——但更多的是体现在物质层面，也可使一部分人由于物质层面的一定实现而有精神上的愉悦，当然也可以更好地促进人的社会化，可以更好地促进以文化人的目标实现。人类的生活中需要知识与技能提供的线性期许，也需要思想文化提供的高品质精神生活的线性预期和集真善美要求融合的非线性的发展。知识与技能很难发生实质上的真与假的颠覆性的变化——成为知识本身就会经过无数次批判性的检验；人类思想文化史上由于对发生一些事件处理而引发"蝴蝶效应"的案例屡见不鲜——当然有正面的效应，也有负面的效应，在于人们对共同价值的偏好与取舍。向正面取舍与引导将会使社会发展更加积极、人会更加幸福。例如，贵州的全胜脱贫攻坚与同步小康的实现及同期的乡村文化建设形成的脱贫攻坚精神，使人们的获得感、幸福感增强；反之，社会的发展结果为负面。

（3）把握好文化产业发展与文化公益属性的关系。乡村文化振兴要发展同地方文化资源禀赋相适应的文化产业，这既是文化振兴的需求，也是产业振兴的需求，能将文化产业发展起来是文化发展之幸，也是产业发展之幸。但是不能一味地追求发展，而忽视文化振兴的公益属性；要把握好二者之间的张力，既发展文化产业也注重文化发展中的公益属性。要反对两种极端的倾向：一是突出文化发展的公益属性，而忽视文化产业发展中必要的、合理的利益诉求或者是经济诉求，否则会导致对文化产业的摧残进而阻碍文化产业的发展、阻碍乡村文化振兴发展；二是突出文化产业的经济属性而忽视文化事业发展中的公益属性，唯利是图地追求经济效益将是对文化事业发展的误导、对文化事业健康发展的毁灭性打击。

（四）存在的问题

（1）乡村文化主体存在的问题。贵州是劳动力输出大省，近些年外出务工的人员每年有 600 万~700 万，在乡村外出务工的主要是受教育年限和受教育程度在全省乡村教育平均线以上的年轻人[①]，有一技之长的 20~50 岁年龄段的人，是乡村人力资源中的中坚、是乡村的精英，充满着活力与创造力。因此，乡村文化振兴面临缺人的问题，这个问题短期内很难改变。有人认为要将人留下来发展乡村，而不是外出打工，据实地驻村观察和实地调研发现，外出务工的劳动力很大一部分愿意在本地发展，但是乡村能提供的就业岗位有限，薪酬待遇根本满足不了需求，为了更好地就业与获得较好的薪酬待遇，乡村劳动力外出务工是一个必然的选择。村庄空心化是存在的，特别是农闲的非节假日期间，村庄中几乎见不到年轻人的身影。

当然，现代乡村有一些人发展得较好，特别是拥有区位优势（如靠近城市）、头脑较为灵活、勤劳和有一定资源的人很容易在乡村发展起来成为新乡贤的一部分，如乡村致富能手和乡村企业家等。但是这些人数量终究有限，在全村人口中所占的比例较小，没法从根本上改变乡村文化振兴主体不足的问题；同时这一部分人绝大多数是工作在乡村、生活在城镇或城市。

（2）乡村文化边缘化的态势很难在短期内发生根本性的改变。文

---

① 有人曾经收集过贵州省教育方面的材料，对贵州省人均受教育年限与受教育程度有大体的了解，乡村外出务工人员的受教育年限和受教育程度位居全省的乡村平均线以上。这个结论是符合事实的，乡村中受教育特别优秀的少，当然这一部分人大多有稳定的职业并离开乡村，这一部分人在乡村中占比极少。乡村外出务工人员大多接受了当时的教育，相较于前代人的受教育年限和受教育程度高，年青一代大多还在校园。

化的传承落脚点依然是人。第一，当有活力、受教育程度较高的乡村年轻人更多地融入城市或者是在城市发展时，这些人本身就会对城市文化有近水楼台先得月的接受与适应。由于长时间与乡村的疏离，这些人对乡村文化的认同会越来越低，使与城市文化比较处于弱势的乡村文化更加不利。贵州乡村此种现象存在较为显著。第二，在数字通信技术高速发展的今天，乡村的年轻人或者是留在乡村的人更容易通过数字通信技术接触到外部精彩的世界，外部的思想文化、节庆活动、生活方式、行为方式等，一些传统的乡村文化面对外部文化的冲击，很难应对，出现文化传承上的不适应或者断层在所难免。"由于村寨大量的年轻人外出打工，传统的工艺和技艺的传承出现后继无人，民族传统节日、传统歌舞的参与群众缺乏，穿着民族服饰的人越来越少，民族语言的使用范围越来越小等。由于传统工艺几乎都是上一辈的人手把手教给下一辈，现在的年轻人几乎外出谋生，这些手工艺也几近失传。"[①] 参加大学生创新项目全省的评审活动的作品中有很多关于文化的项目且做得较好；贵州有很多地方性特色鲜明、多彩民族风情浓郁的非物质文化遗产项目，有的是省级的非物质文化遗产，有的是国家级的非物质文化遗产等，不同级别的非物质文化遗产享有不同数量的资金支持等，不一而足，当然，没有纳入非物质文化遗产名录的将没有政府方面的资金支持。贵州很多的非物质文化遗产很多是小众化的，在一个局部的地域、特定的群体中曾经有巨大的影响，随着时代的发展，这些非物质文化遗产在传承中大多面临难以寻找到新的年轻的传承人，也没有多少感兴趣的观众和市场的尴尬局面，特别是在年轻人中没有市场或者是没有年轻人感兴趣，面临失传或者失去市场的局面。[②] 不是这些非物质文化遗产不好，而是在面对强势的现代文化

① 范波．贵州民族地区乡村文化振兴对策研究［J］．贵州民族研究，2020（8）：78．

② 资料来源：笔者2021年夏天参加共青团贵州省委的一个大学生创新项目全国性的评比活动贵州赛区评审。

时，年青一代对其失去兴趣，有些走向消亡是其不可避免的结局。这种现象在世界文化史上屡见不鲜，尽管这些非物质文化遗产有政府层面的各种支持。当然也有一些省级、国家级的非物质文化遗产项目发展得较好，如苗绣、侗族大歌等，但这终究是数量较少的。第三，优秀传统文化的传承在乡村存在困难。阳明文化是贵州文化的一张名片，国家层面鼓励、省级层面大力支持阳明文化的优秀内核在现代有创新性发展，尽管成就斐然，但是依然有很多乡村中的人对阳明文化"致良知""知行合一"等核心思想的理解存在偏差，以文化人的终极要求任重而道远。第四，适合乡村需求的文化产品供给不足。乡村的发展需要大量的适应农民需求的公共文化产品，但是很显然这些公共文化产品供给是不足的，农民需求具有乡村特色的公共文化产品不足只能从别的地方获得可替代的补充，大量现代的都市文化、主流文化和亚文化等成为乡村人们文化生活的主流，现代的主流文化、都市文化与生活方式等充斥乡村，乡村文化因素很显然是缺位的。

在以上多种因素的综合作用下，乡村文化的振兴存在诸多不利的条件，其被边缘化的态势短期内几乎不可能改变。

（3）乡村文化建设投入不足。贵州乡村文化建设投入不足主要体现在两个方面：一是资金投入不足。目前，国家和省级层面投入乡村文化建设中的财政资金有一些，地方财力富足的会配套一些资金，有些地方有一些社会捐助，有些文化资源丰富的地方有企业投入进行文化产业或文旅产业等综合发展。在这些资金中，政府投入的资金主要用于维持地方上乡村文化并有小步发展，这是乡村文化发展最主要的资金来源，尽管地方上逐年增加地方乡村文化发展专项资金的投入和保障，但是这些资金很显然不能满足需求，地方财政资金使用"重经济、轻文化"依然占据首要地位。社会捐助有部分的资金用于乡村文化发展，但数量极少。一些企业在文化资源富集的地方投资文化产业或文旅综合产业等，经济效益是其最重要的追求，为了不亏并获得利益，适合这些企业投入的地方不多，这些企业一旦投入的确可以促进地方乡村文化的发展，但是很难从总体上改变众多乡村缺乏资金发展乡村文化的窘境。二是人力资源投入不足。乡村文化事业的发展需要人才来做，但是由于资金投入的不足，财政经费支撑的乡村文化发展除发放工资以外，人均文化事业方面的办公经费严重不足，专项的乡村文化发展项目经费也不多；社会捐助的资金是杯水车薪；企业投资的文化产业或文旅综合产业等专注于本企业的需求。众多乡村文化事业的发展由于缺乏资金，导致无法招募足够数量的文化工作者投入到乡村文化振兴事业之中，人力资源投入严重不足。专职的乡村文化工作人员少而且是一人兼职担任多个岗位，时间与精力根本无法保障。免费从事乡村文化建设的有，但是极少，多为兼职且对文化有兴趣，不能形成乡村文化发展的专业队伍。

（4）原有乡村文化解构与文化秩序的失序。随着社会的发展，特别是近几十年的快速发展，原有经过较长时间形成并积淀起来的具有一定稳定性的乡村文化结构与乡村文化秩序在多重因素的共同作用下快速解构和失序，而新的乡村文化结构和文化秩序又很难在短期内重新建立并得到大范围的认可，在此种背景下乡村文化振兴的难度更大。

三、贵州乡村振兴战略中文化振兴需求分析

习近平总书记指出：文化是一个国家、一个民族的灵魂。文化兴国运兴，文化强民族强。没有高度的文化自信，没有文化的繁荣兴盛，就没有中华民族的伟大复兴。[①] 中国广大的农村地区是农耕文化的重要载体，是乡村文化繁荣的重要舞台，有着数千年发展的历史文化底

---

① 参见《决胜全面建成小康社会 夺取新时代中国特色社会主义伟大胜利》（党的十九大报告）。

蕴，具有文化振兴必然的、内在的需求和基础。

贵州乡村振兴需要文化振兴作为其灵魂，要用社会主义的优秀文化来滋养人们的精神生活、精神世界。使习近平新时代中国特色社会主义思想、社会主义核心价值观深入人心，广大农民的思想道德素质、科学文化素质和身心健康素质明显提高，农民精神文化生活日益丰富，中华文化影响力进一步提升，中华民族凝聚力进一步增强。文化振兴可以为地方文化的软实力建设尽一份力，推动辖区内国民素质和社会文明程度达到新高，从而增强文化自信。同时，通过乡村文化事业的发展，使乡村成为记得住乡愁的地方。

"产业兴旺"需要文化振兴助推。首先，文化的发展可以使农民的文化与技能得到提升、提供直接的智力支撑；其次，具有鲜明地方特色的文化资源是乡村文旅产业等发展的重要资源。

"生态宜居"需要文化振兴助力。文化振兴可以培养人们的生态理念，树立尊重自然、顺应自然、保护自然的"天人合一"的生态价值观，形成生态的生产方式、生活方式。

"治理有效"需要文化振兴助力。文化振兴可以培养人们的自治文化、法治文化，提升人们的道德素养、淳朴家风；从外部讲可以使人们更好地理解乡村治理，接受外部的约束，从内部讲可以使人从内心里不愿为恶；在此内外作用下使治理效能达到更好。

"生活富裕"需要文化振兴助力。文化振兴必然会提升人们的综合素养，使人们具有更加开拓的视野，进而拓宽增收路径，向着"物质"层面生活富裕的道路前进；同时文化振兴可以为人们提供更多的精神文化供给，满足人们多样化的精神生活需求，向着精神层面的生活富裕道路前进。精神文化生活的富裕是生活富裕的一部分。

四、国内外乡村文化发展中的成功做法

（一）国内乡村文化发展中的成功做法

中国地理空间范围广、历史时间跨度大，在中国的不同时段与地理范围内产生了丰富多彩的地方文化；从秦代开始形成的大一统的主流传统延续至今，尽管在历史上曾经出现短时间的混乱局面，思想文化上从诸子百家争鸣到发展形成了以儒治世、以佛修心、以道养生的主流文化传统。不同地方的人民形成不同的生活方式、不同的习俗、价值理念与行为方式等又构成了色彩绚丽的地方文化。优秀的传统文化与多彩的地方文化最终在历史上形成了"多元一体、各美其美、美美与共、天下大同"的文化和谐局面，铸就了中华民族共同体的意识。国内各地立足于优秀的传统文化和具有特色的地方文化，以中国特色社会主义思想为指引，进行了卓有成效的乡村文化振兴实践，有些很成功。

（1）利用靠近资源富集地的区位优势。国内一些成功的乡村文化发展较好的地区多是利用其区位优势、借助外部力量来发展自身的文化事业。特别是靠近城市的乡村，利用城市较为富集的资源来发展乡村文化事业。同时靠近城市的乡村更容易接收更多的信息、对新生事物更容易接受、获得有效信息和资源更为便利。在祖国的东部、中部和西部地区靠近城市的乡村基本上借助城市富集资源的区位优势发展乡村文化，贵州一些靠近城市的乡村在文化事业的发展上也呈现出相同的趋势。

（2）利用地方的特色资源优势。国内一些乡村利用地方的特色资源优势发展乡村文化取得的成效较好，如利用独有的红色文化、优秀传统文化、古村落、古树木、古建筑等，不一而足，当然这些特色资源要有一定的体量规模和开发利用的潜力，利用本地的特色资源将文化与产业融合发展是这些乡村文化发展的一个主要模式。贵州有些乡村的文化事业发展就是利用地方特色资源优势发展起来的。

（3）利用优势主导产业支撑的聚合发展。在国内有一些村庄利用主导产业的大发展支撑，进而聚合发展乡村文化事业。这些主导产业发展较好且有优势的乡村更加需要文明的乡风、文明的美德等以有利于更好地发展。乡村文化建设借助主导优势产业的发展为支持更好地发展，形成一种相互促进、良性协调发展的态势。

（二）国外乡村文化发展中的成功做法

乡村文化发展较好离不开国家的强力支撑与支持，并不是自发形成的，当今发达国家中的乡村文化发展尤为如此。当然这些支撑与支持是通过一系列的财税、政策、体制、机制和激励手段等多方形成的，类似于看不见的手来实施的。同时，地方的乡村文化也具有资源禀赋基础优势且具有发展的巨大潜力与潜能。

（1）乡村文化与产业融合发展。荷兰的乡村与文化融合发展是其最显著的特征，借助政府力量、加强与企业的合作、加大乡村文化传播、加大地方性文化资源的开发与利用，借助地方博物馆等为载体，传承地方优秀文化和传播地方优秀文化，将地方的优秀文化元素融入产业的发展之中、融入产品之中，或者将地方优秀文化直接做成高附加值的文化产品。文化是产品的灵魂、产品是文化的外在表现，真正实现优秀地方文化的传承、保护和产业化发展。

（2）乡村文化发展的简约性。乡村文化必然是具有一定地理限定，不可能大而全，只能是区域性或者是具有某一些方面的特色，为此乡村文化的发展注重突出特色基础上的简约。例如，英国一些乡村文化的发展在注重突出特色的基础上强调简约性。

（3）乡村文化发展就是在突出实事求是基础上的因地制宜。很多地方乡村文化的发展既注重历史传承又注重当下地方发展的实际，有选择地突出特色、突出重点地发展乡村文化事业。日本乡村的发展就非常注重因地制宜突出特色、突出重点地发展文化事业。

他山之石，可以攻玉。纵观中外乡村文化发展的成功做法，各有千秋、特色突出，但是有一点是相同的——注重对人的培养与教育，充分发挥人的主体作用和在乡村文化发展中的核心地位。各地的政府部门积极为乡村的文化发展创造各种有利的条件、提供各种有力的支撑等。

五、思考与对策

（一）提升乡村文化振兴主体的综合素养，激活其参与文化事业的动力因子

乡村文化振兴的出发点与落脚点都是主体人，都是为了人的终极幸福服务，贵州也是如此。作为乡村文化振兴主体的人需要提升自身的综合素养，接受各种教育与培训，同时政府部门要提供足够满足需求的教育培训机会来满足此方面的需求。同时，乡村文化振兴在一定意义上既可以理解为人的精神风貌的重塑，也可以在一定意义上理解为人的精神生活迈向更丰富、更幸福、更负责任、更有爱心、更高境界和更加坚守共同的价值追求方向。为此，乡村人民有积极参与文化振兴事业发展的内在动因，而且需要采用合适的手段与方法激发乡村文化振兴主体人的积极性，使其主动地参与到乡村文化振兴的事业之中。

（二）丰富乡村文化的内容，创新乡村文化的传播手段

乡村文化振兴需要内容充实、富有时代感，满足乡村文化发展的

需求、满足乡村人们的需求。贵州乡村文化的发展必须要以习近平新时代中国特色社会主义思想和社会主义核心价值观为指导、根本思想遵循和最重要的内容，以中华优秀传统文化在当代的创造性转化与创新性发展为主要内容，以地方优秀文化为基本内容。实现中国特色社会主义思想和社会主义核心价值观、优秀传统文化的内核与地方优秀文化融合创新发展，创新出更多适应乡村人民需求的文化产品。贵州的乡村文化振兴需要进一步创作出适合乡村人民需求的、具有丰富内容的作品。

贵州要创新乡村文化传播手段，借助最新的技术成果，使乡村文化传播方式更好地适应乡村人民的需求，以高效的、接地气的、群众喜闻乐见且便于接受的方式传播。

（三）融乡村文化于产业发展中，寻求支柱产业的强力支撑

乡村文化振兴最高效的路径是融文化于产业发展之中，特别是地方上有基础与一定实力的产业发展，使产品内蕴有文化因子与文化品位、文化在产业的发展中壮大，形成良性互动的双赢局面。有的地方文化与旅游业融合一起发展效果较好。贵州可以在乡村文化的发展中与产业融合，借助地方主导产业的发展来支持地方乡村文化的发展。

贵州乡村振兴中农村基层组织建设发展报告

田 俊[*]

摘 要： 农村是乡村振兴的主战场，农村基层党组织是乡村振兴的见证者、推动者和实施者。加强农村基层党组织建设，是乡村振兴的重要基础和根本保障，是推动乡村振兴的固本之举。本文从农村基层党组织建设与乡村振兴的关系入手，对农村基层党组织建设在乡村振兴中存在的问题进行了分析，试图探索一条农村基层党组织建设促进乡村振兴发展的新路径。

关键词： 贵州省；乡村振兴；基层党组织

党的十九大报告中提出实施乡村振兴战略，是决胜全面建成小康社会和全面建设社会主义现代化国家的重大历史任务，是新时代"三农"工作的总抓手。农村基层党组织和广大党员，是贯彻中央和贵州省农业农村优先发展各项战略举措的组织者、推动者、实施者，在做好新时代"三农"工作中发挥着战斗堡垒作用和先锋模范作用，农村基层党组织建设的政治领导能力和乡村治理能力是贯彻执行解决好"三农"问题的"最后一公里"。不断加强农村基层党组织培养，建强基层党组织，使基层党组织具备乡村振兴的全面领导能力，更好地为实施乡村振兴战略提供有力的政治保证。

---

* 田俊：贵州省社会科学院党政办工作人员。

贵州9.6万个基层党组织180万名党员，农村基层党组织在推进乡村振兴战略实施过程中，坚持党的领导，坚持以人民为中心的发展思想、坚持深入人民群众、坚持激发群众干劲等方面为引领，可以说，农村基层党组织强不强，基层党组织书记行不行，直接关系乡村振兴战略实施的效果好不好。只有加强农村基层党组织建设，培养出优秀的农村基层党组织书记和村干部，发挥好基层党组织战斗堡垒作用和党员先锋模范作用，才能把基层党组织的组织优势、组织功能、组织力量充分发挥出来，让基层党员和群众思想、行动、力量、智慧凝聚起来，大家齐心协力投身到乡村振兴中去。因此，我们在推动实施乡村振兴战略的进程中，必须把农村基层党组织建设摆在更加突出的位置来抓，充分发挥党组织战斗堡垒作用和党员先锋模范作用。

一、农村基层党组织建设与乡村振兴的关系

农村基层党组织建设与乡村振兴战略实施两者相辅相成，相互促进、保障。农村基层党组织是乡村振兴战略实施的最前沿，承担着乡村振兴战略实践中的"指挥棒"和"领头羊"作用，是乡村振兴战略中发挥党组织战斗堡垒作用的关键。一是农村基层党组织工作能够紧密联系群众，做实基层党建工作，有利于落实和执行好党的方针政策，更对推进乡村振兴战略实施具有关键作用；二是农村基层党组织发展对提高农村基层党建工作能力、群众服务能力、思想创新能力、产业经济能力等，特别是做好当前乡村振兴战略的实施工作具有至关重要的作用；三是通过对农村基层党建工作的审视、强化、完善，汲取经过实践检验的农村基层党建经验，抓牢、抓细、抓实农村基层党组织建设，打造农村基层党建工作新格局，把农村基层党建工作提升至新境界，也为乡村振兴战略的顺利实施推进提供了较好的组织保障。

二、农村基层党组织建设与乡村振兴的问题分析

当前，由于各地经济结构、社会发展大局、支持力度、出台政策等不同，农村基层党组织的建设虽取得了一定成效，在调查中也发现存在一些困难和问题，影响了组织保障作用的发挥和乡村振兴工作的推进。

（一）党员队伍结构失衡，党员队伍建设须强化

据调查，农村党组织中党员年龄普遍偏大、文化程度偏低，很多地区 50 岁以上党员占一半以上，这些大龄党员普遍是初中学历，在运用新知识、新技能的经验上比较欠缺，只有靠老思想和以往工作经验开展工作，导致党支部活动开展不够深入、创新不足，方式方法老套陈旧，与时代发展要求脱轨，也与实施乡村振兴战略的要求脱离。在能力不提高、思想无创新基础上，影响了乡村振兴工作的推进成效。造成这种状况的原因主要是农村经济产业条件差，农村年轻人外出打工后，回乡工作创业意愿低，留在农村的主要是老人和儿童，新生后备力量不足，使农村党组织在发展新生力量上很困难。

特别是年龄较大的村支部书记们，他们大部分满足于守摊子，老办法不管用、软办法不顶用、新办法不会用、硬办法不敢用，传统思想观念不能很好地适应农业农村快速发展的新形势，不能有效做到上情下达。有相当一部分村党支部书记不能准确把握工作重点，对当地特色农业发展没有思路；不能有效组织各类资源带动农民增收（此类现象在贫困村尤其突出）。同时，不少村干部不注重学习，不善于积累，不了解市场经济规律，没有市场意识，带头致富的能力不强。一部分村支书缺乏搞农业的先进技术，农业生产效率不高，自身生活水平都难以保障，更难带动大家致富。

（二）农村基层党组织生活不够规范，使基层党员思想觉悟受到局限

据了解，很多农村党员干部理论武装思想不够，部分农村基层党员干部对自身职责和自身能力认识不到位，觉得能被村民选举上，自己的能力和思想肯定都比其他人强，无自身问题。其实不然，反而是没有去认真地"照镜子"，反思自身存在的问题。在了解中，很多农村基层党员干部通常是要用什么才去学什么，与工作关系密切的学得多，与工作关系不大的学得少；理论和产业经济发展学习得比较少；从思想上放松了对自己的要求，缺乏基层党员干部的自觉性，认为只要将上级文件精神传达贯彻执行就行了，没有认真结合乡村振兴战略实施要求和基层党组织建设要求进行深入、主动的学习，对乡村振兴等相关政策文件也没有学深学透，"等靠要"的思想严重，导致政策、策略把握运用还不够娴熟；对党章、党规、党纪的理解和运用还不够精准，认为只要不触犯法律法规就是合格的党员；个别农村党员干部自觉用习近平新时代中国特色社会主义思想指导实践、推动工作方面还存在不足，存在宗旨观念淡薄、组织纪律性不强的情况，诸多问题或将影响巩固扶贫成果的提升、影响乡村振兴全面推进的进程。

（三）组织作用有所弱化，保障激励制度不完善

在乡村振兴的背景下，农村基层党组织被赋予了更多、更高的使命。搞好党建工作、推动农村经济发展，同时还要全面推进乡村振兴战略，统筹各项社会事务，全方位推进农村基层治理工作。据调查，农村基层领导班子仍存在空缺或者从上级下派干部的情况，这在一定程度上反映出目前农村基层党组织年轻力量缺乏的组织发展状况，同时，部分基层党组织虽然承担着当前乡村发展、稳定、建设、治理、振兴的重任，但个别乡村党员干部在能力塑造、思想意识、担当精神、

奉献精神等方面与乡村振兴的工作要求存在很大差距，对完善、推进乡村工作和巩固扶贫成果等形成了一定的制约。调查发现，一些地区亟待完善乡村党建工作的保障和支撑政策。比如，有些地区存在党建经费相对欠缺的情况，村干部工作任务繁重、但工资待遇较低、激励措施不足，导致部分党组织成员存在消极心态，非常不利于乡村振兴工作的顺利开展。

过低的收入水平大大影响了村干部的工作积极性，造成基层党组织队伍不稳定。有的村干部家庭经济条件比较好，能为其工作提供大力支持；有的村干部家庭条件不好，再加上村务重，平时要处理邻里纠纷、维护村内稳定、服务村民各项事务等，工作压力大，没时间干别的，家庭收入反而有所下降。村干部基本上是凭党性工作，有的碍于面子硬撑着坚持工作，有的在家人的干预下直接辞职。以上现象都在很大程度上挫伤了村干部的工作积极性，降低了工作效能。

三、农村基层党组织建设与乡村振兴的新路径

（一）优化组织结构，持续提升基层党组织的工作效能

要以提升组织力为重点，突出政治功能，把政治建设摆在首位，不断增强政治意识和阵地意识，持续加强农村基层党组织体系建设。农村基层党组织的执行力有力与否，直接影响着上级各项方针政策的落实程度，更是与乡村振兴战略的顺利推进息息相关。有效提升乡村党组织的工作成效，一定要有效增强其发展党员的质量，进一步优化农村党员队伍结构，进而释放农村党组织的活力、提高其战斗力、增强其政治功能，切实做好为农村党建打基础、抓基层等有关工作，充分发挥基层党组织联系、服务、组织群众的重要作用，不断创新和改

进农村基层党建服务水平和服务方式，动员群众围绕在党的周围，进而积极参与到乡村振兴工作中来，发挥科技进乡村的优势，带动农业发展，切实做到"心往一处想，劲往一处使"，有效助推乡村振兴战略的顺利实施。要抓机遇、抓落实，切实落实好乡村振兴战略和党建工作的各项策略，站在高起点上实施乡村振兴，抓住有利时机，推动乡村经济发展持续向好的有利态势，为农村全面发展提供坚强保障。

（二）提升农村党员素质，抓好基层党员队伍建设

多措并举实现农村基层党组织带头人整体优化。基层党组织带头人能否有效发挥引领作用，对于实现乡村振兴具有至关重要的作用。因此，要不断拓宽选拔渠道，充实基层党组织带头人，如从致富能手、知识分子、复员退伍军人等各类人才中选拔优秀党员并重点培养，大力实施乡土人才联络回归工程，使外出务工人员回乡创业，带动乡亲们巩固扶贫成果，支持乡村振兴。定期对基层党组织带头人进行全覆盖或轮流培训，培育一批乡土人才，切实提高党组织带头人在乡村振兴中发展经济、处理矛盾和依法办事的能力与水平。健全激励保障机制，为优秀的农村基层党组织带头人在政治上提供更多的提升空间，激励基层党组织带头人发扬奉献精神，动员基层党组织切实形成真抓实干、创先争优的长效机制。

做好农村党员发展工作，培育过硬的党员队伍。农村党员队伍是推动农村经济发展的骨干力量，是乡村振兴战略实施的中坚力量。农村基层党组织一定要强化思想引领作用，把政治标准放在首位，严格把好入党关口，切实提高发展质量。重视通过思想政治引领吸引优秀青年农民，为乡村振兴输入"新鲜血液"；通过开展形式多样的党员教育活动和学习教育常态化制度化，教育引导党员积极参与到党组织的建设中，增强服务本领，充分发挥基层党员干部在巩固扶贫成果、

推动乡村振兴中的先锋模范作用，主动担当作为，为乡村振兴贡献力量。

（三）严格组织生活，创新推动农村基层党员教育的管理模式

严格组织生活，努力扩大农村党组织的覆盖面和辐射能力，确保农村党员能够做到思想上高度认同、政治上坚决维护、组织上自觉服从、行动上紧紧跟随中央的决策部署，在党员的教育过程中能够锻炼其增强抵御风险的能力，坚定自觉地进行党性锻炼，把农村党组织建设成为坚强的战斗堡垒。

加强农村党员教育管理的制度建设，从制度方面保证教育管理的规范化，努力扩大农村党组织的覆盖面和辐射能力，不断完善和规范农村党员的教育管理状况。在体制方面，要在综合考虑当前经济发展、巩固扶贫成果、乡村振兴发展需求、各类人才对乡村的贡献情况等基础上，制定切实可行的培训计划、课程安排和教学方法，结合乡村振兴战略实施，充分考虑有针对性地深入开展调研工作，深入群众，多征求和听取群众意见，坚持与群众谈心，查找工作中的不足并认真寻求解决对策，做到因地施教、因需施教，促进基层党员培训工作有效开展并取得实效。根据实际需求涵盖工作实务、政治素养、法律法规、形势政策、热点问题等内容。相关部门应提供必要的人、财、物保障，可以向经济薄弱村倾斜，促进基层党员教育培训保质保量完成，使党员干部有精力全身心投入学习。

（四）提升组织覆盖力，让乡村振兴有落脚点

哪里有群众哪里就有党的工作，哪里有党员哪里就有组织。乡村振兴战略的实施需要群众的理解支持，也需要党员积极地担当作为，发挥先锋模范作用。提升组织覆盖力，就是要推动党的组织有效嵌入

各类社会基层组织，党的工作有效覆盖社会各类群体。深入基层搞好调查摸底，全面掌握本地党组织数量和党员数量，了解党组织设置情况。以应建尽建为原则，凡有正式党员 3 人以上的，都成立党支部。对于规模较大的农民合作社、村镇龙头企业等符合条件的要成立党支部或联合党支部；6 个月以上重大的工程、工作项目等可灵活地设立临时党支部。统筹抓好本辖区党组织的建设工作和党建培训教育工作，让党的组织和工作都能有效地覆盖到村里所有角落，让党的政治优势和组织优势充分发挥。持续提升发展推动力，让乡村振兴实施有力。"农村富不富，关键看支部。村子强不强，要看领头羊。"可见，在农村工作中，队伍的带领作用是至关重要的。坚持科学的选人用人导向，把政治素质高、群众基础好、工作作风硬、办事能力强的干部充实到村党支部，选出一批乐于奉献、真心实意带领群众发展乡村的"当家人"。同时加强监督检查，采取督查、巡回检查和随机抽样检查等方式，定期或不定期地对基层党组织工作进行督促检查，发现问题及时解决。要注意检查党员经常性教育、党员联系和服务群众、各项工作制度的贯彻落实情况等。持续提升群众号召力，让乡村振兴发展有续。如果基层党组织不强，自身治理能力不强、凝聚群众能力弱化，在实施乡村振兴战略的工作中就很难发挥作用。提升群众号召力的基础是群众的信任与支持。基层党组织需要把服务作为自觉追求和基本职责，利用 QQ 群、微信群等网络平台，不断拓展沟通途径，畅通交流渠道；把群众关心的问题拿到明面上来，对群众提出的诉求给予承诺，增加服务的透明度，让群众看到基层党员干部做好服务工作的信心和决心。急民之所急，忧民之所忧，把群众紧密地团结凝聚在党组织周围。

四、以贵州铜仁为例，学习铜仁基层党组织能力与成效

（一）城区基层组织建设，以碧江区为例①

铜仁市碧江区充分发挥党组织在城市发展中的领导功能，坚持以"四个强化"为抓手，整合资源、上下联动、精准发力，不断夯实基层治理基础，促进治理水平不断提升，确保基层有变化、群众有感受、社会有认同。强化组织统筹，筑牢基层治理基础。一是压实责任，实现治理"规范化"。持续深化党建引领工作格局，巩固党组织在城市基层治理中的核心地位，强化党组织规范化运行和对重大事项、重大问题、重大项目的把关作用，严格落实党组织抓社区治理主体责任制，将城市基层党建重点任务落实情况作为街道党工委书记抓基层党建述职评议考核的重要内容。二是划分网格，推进治理"精细化"。建立"党小组+网格化+十联户"铁三角治理体系，将党小组建在网格上，选配优秀党员为党小组组长、网格员、联户长，构建网格人员点对点管理模式，提升城市基层现代化治理能力。目前，该区 34 个城市社区共划分网格 458 个，全覆盖建立网格党小组，配备网格员 486 人、联户长 67562 人。三是共建共治，推动治理"协同化"。印发《关于巩固提升党支部标准化规范化建设成果推动基层党组织全面进步全面过硬的实施方案》等文件，建立健全居民代表会议、居民议事会、春晖理事会、巾帼理事会等议事机制，坚持社区共建、社会共治、发展共谋的治理理念，全面完成碧江区 34 个城市社区支部的标准化规范化建设。

强化队伍建设，推进基层治理进程。一是选好"两委"班子"领

---

① 碧江：党建引领，走出城市基层治理"新路子"［EB/OL］.［2021-10-20］. http://xczx. guizhou. gov. cn/xwzx/dfdt/202110/t20211020_70977061. html.

头雁"。以村（社区）"两委"换届为契机，紧紧围绕选优一批能打硬仗、堪当重任的村（社区）"两委"人员为目标；以政治标准为导向，持续开展村（社区）"两委"换届纪律"十严禁""十不准"宣传。既考虑干部的性别、民族、年龄、专业，又考虑其工作经验、性格气质特点，精准选配"两委"班子队伍，为城市基层治理奠定坚实的基础。二是配齐人才队伍"动力组"。建立机关党组织和党员到社区报到的"双报到"制度，组织报到党员参与社区共建共治，积极融入社区、服务群众，现各社区已接收报到党员 10314 人。鼓励和引导高校毕业生到社区任职，144 名高校毕业生到碧江区 84 个社区任职，进一步充实社区干部队伍。建立铜仁学院、铜仁职院、铜仁幼专大学生教育实践基地 3 个，近 500 名高校学生进驻社区开展工作。设立 2 个社区社会组织孵化园，培育治理本地社会组织，孵化"铜城义工"等社会组织 28 个，集成社会力量的活力优势，凝聚基层治理"新合力"。三是树起先进典型"风向标"。把握正确舆论导向，充分发挥文明培育和道德建设组的组织协调作用，大力宣传全区各地各单位部门在城乡基层治理中的模范案例，展示一批在文明城区创评、疫情防控、垃圾分类、美丽庭院建设、卫生乡镇创建等重点难点工作中先进典型，在基层群众中营造出见贤思齐、争当先进的良好氛围，让村、社区干部和网格员对基层治理和社区管理服务有更深的认知，进一步加强社区治理水平和能力建设，激发为民办实事的热情。

强化创新驱动，增强基层治理效能。一是活用"智慧党建"平台。积极探索基层治理工作智能化、智慧化，在基层社会治理方面加入"云"因素。通过"智慧党建云"平台板块的建设与运用，实现党组织生活规范化、流程化、高效化，创新定点服务、点单服务、主题服务、兼职服务、结对服务、组团服务六种志愿服务体系，在村（社区）构建一张组织健全、职责明晰、运转有效的党员管理网络，创新基层治理新模式，促进基层社会治理提质增效。二是实施"红色物业"工程。在各社区党组织指导组建业主委员会，结合《物业管理条例》，制定社区红色物业大会议事制度，建设集党群议事、文体活动、矛盾调解、学习交流等于一体的"红色物业"活动阵地，由社区支部书记或者主任担任物业公司联络员，物业公司经理兼任社区居委会委员，将社区干部、物业公司、居民代表、辖区商铺等多方力量融入"红色物业"体系，共同参与小区治理和服务，提升社区服务水平。三是建设"四安家园"品牌。建立"一岗五组三联"组织体系及"三制度八岗位"工作机制，帮助易地扶贫搬迁群众解决创业就业、纠纷调解等问题5000余个，解决就近就学8513人次，转移医保11273人次，解决就业24663人次，推动易地扶贫搬迁安置点社区治理向更高质量发展。同步组建共青团、老年协会等群团组织和社区党群服务中心，搭建社区公共文化服务平台，常态化开展"消防安全进社区""法律知识进社区""文明常识进社区"等教育引导活动20余场次，参与群众2140余人次，提升了城市基层治理水平。[①]

强化服务保障，提升基层治理水平。一是严标准，规范阵地建设。按照规模适用、功能完备、管理规范的标准，规范化建设服务大厅，将涉及民生保障、医疗服务、就业等窗口纳入服务大厅，推动党群服务中心提档升级。通过划转、腾退、共享、新建等方式，腾出2万平方米用于社区建设。动员辖区单位将文化、教育、卫生、体育等活动设施向社区居民开放，实现有居民文化家园、有文化活动场所、有社区大舞台、有管理使用规章的"四有"目标。二是促联动，整合部门资源。整合机关部门资源，建立社区便民服务大厅，推进公安、人社、就业、卫生等力量向社区下沉，着眼于增强社区党组织与机关企事业单位党组织之间的共建"黏性"，建立沟通协调机制，精心打造城市社区"10分钟生活圈"，逐步形成以社区党组织为核心、居民为主体，

① 贵州铜仁碧江：党建引领，走出城市基层治理新路子［EB/OL］．［2021-10-19］．http：//www.mzyfz.com/html/1099/2021-10-19/content-1525460.html.

社会各方共同参与的社区治理和服务体系，多元聚力社区服务，打通城市基层治理运行神经末梢，全面提升城市基层治理能力和水平。三是强保障，提高待遇报酬。率先在铜仁市推进城市社区干部报酬改革，出台《碧江区村"两委"干部报酬待遇保障暂行办法》，城市社区干部平均报酬达4022元，"一肩挑"达5004元。根据编制空缺情况每年拿出事业岗位或公务员岗位，面向社区干部定向招聘；对公开招聘的大学生社区工作者，连续三年考核为合格及以上等次的，可享受事业单位、公务员招考加分政策，社区干部岗位吸引力大幅提升。

（二）农村基层组织建设，以思南县为例

铜仁市思南县塘头镇党委始终坚持以习近平新时代中国特色社会主义思想为指导，全面贯彻落实党的路线方针政策和党中央、省委、市委以及县委的决策部署，围绕决战脱贫攻坚决胜全面小康这一目标，以"五个坚持"为抓手，团结带领全镇干部群众齐心协力、苦干实干，圆满完成各项工作任务。2021年获"全省先进基层党组织"荣誉称号。把基层组织建设与脱贫攻坚有机结合起来，充分发挥基层党组织的模范引领作用，在抓好党建的基础上促进各项工作的顺利开展。一是优化党组织设置。推行"村党组织+合作社"的"村社合一"发展模式，按照地域相邻、产业相近、优势互补的原则，在全镇分片区组建9个便民服务中心党总支，选派优秀党员同志担任总支书记，同时每个片区明确1名班子作为联系领导。二是提高党组织建设质量。制定《塘头镇驻村干部奖惩制度》和《塘头镇村干部绩效考核工作方案》，进一步规范了驻村干部和村（社区）干部行为。按照党员发展"十六字"方针要求，坚持"成熟一个发展一个"的原则，不断提高基层党组织建设质量。三是整顿软弱涣散党组织。定期对"两委一队三个人"履职情况开展综合研判，开展村干部背景审查，对不能胜任的村党组织书记、第一书记等及时进行调整更换。坚持以脱贫攻坚统揽工作全局，围绕脱贫攻坚挂牌督

战作战方案，盯紧"一达标两不愁三保障"指标，以问题整改为导向，补短板强弱项，全力推进脱贫攻坚各项任务落实落细。

促进脱贫成果巩固提升，为全面实施乡村振兴战略奠定坚实基础。一是抓细抓实"一二三"指标落实。通过发展产业带动、推动转移就业，开发公益性岗位就业，落实农村低保等途径保障其收入。通过实施大水网工程解决了饮水安全问题；通过全面落实教育资助政策、"三重医疗"保障政策、住房保障政策补齐"三保障"短板，全镇1832户6706人的贫困群众实现了稳定脱贫。二是抓细抓实基础设施改善。围绕群众出行和生产生活，全力推进"水、电、路"等项目建设，基础设施和群众生产生活条件得到了极大改善。30户以上村民组通组公路通畅率达100%，家家户户入户便道通达率100%。推进城乡供水一体化的"大水网"，农村家庭户户饮上安全水全部实现，有效解决农村人口饮水安全问题。扎实推进农村电网升级改造，实现户户通电。三是抓细抓实易地扶贫搬迁和后续扶持工作。按照"搬得出、稳得住、能致富"要求，着力强化后续扶持，全面落实搬迁群众与本地居民同等享受教育、医疗等公共服务政策，搬迁群众新农合参合率100%，随迁子女入学问题全部得到解决。

坚持以"产城融合、景城融合、教城结合"为重点，严格执行《塘头镇关于规范镇域公路建筑红线退让的实施方案》的规定，坚决杜绝私自滥改滥建现象发生。先后组织实施塘头镇卫生院整体搬迁、思南袁家寺骨科医院、龙底江二桥、G211国道改造、305省道、兴达驾驶员培训中心、青杠坝幸福食品加工厂等重点建设项目，城镇格局逐步拉开，城镇规模逐步扩大，城镇面容面貌逐步改善。集镇建成区由2.2平方千米扩大到6.8平方千米，实现了城镇规模大提升，城镇化率达60.8%。有效提高了人口的集聚能力，引导农村人口逐步向集镇集聚，综合承载能力逐步增强，使美丽塘头散发新魅力，初步建成了思南县河东片区具有较强辐射能力的区域性中心。

充分依托集镇集中连片坝区的地理优势，大力发展优质、高效、生态、特色农业。围绕产业大招商，紧扣产业大政策，积极推进"公司+基地+专业合作社+农户"发展模式，形成了"一坝一策""一区一策"的产业发展新格局。充分利用天然地下水资源优势，建成了万亩"绿色稻+"基地、1000 亩养殖南北美对虾、鲈鱼、小龙虾等水产养殖基地和 2000 亩莲藕基地，购进莲子加工设施设备，高标准建成集莲藕种植、荷花观赏、莲子加工于一体的莲藕产业示范基地。充分盘活农村闲置土地，大力发展精品水果、生态畜牧等特色产业，基本实现了乡村产业兴旺，稳定增加群众收入。充分利用塘头交通和自然资源优势，结合郝家湾 4A 级景区和白鹭湖国家级湿地公园建设，将关中坝千亩荷花示范基地、青杠坝乡村农耕文化旅游打造为农村文化休闲旅游示范带。

坚持把改善民生放在首位，城乡居民基本生活保障制度进一步完善，劳务培训机制进一步加强，文化教育阵地建设进一步拓展。一是扎实抓好教育事业发展。推进思南八中、唐乔初级中学、塘头小学和塘头一幼二幼等教育资源建设，进一步完善教育基础设施，教育教学质量显著提升，为群众子女提供优质教育。二是扎实抓好医疗卫生事业。在原有塘头镇卫生院和塘头友好医院的基础上，引进思南袁家寺骨科医院，提高城镇医疗卫生整体的承载能力。同时，全力支持和协助公立医院和民营医院提升医疗技术水平和医疗服务水平，为塘头及周边群众提供一个方便、快捷、优质的医疗环境。三是扎实抓好社会保障服务。始终坚持以人为本的思想，充分关心关注边缘弱势群体，持续加强社会养老服务设施的建设。严格落实城乡最低生活保障制度。全面完成农村基本医疗保险和城乡居民社会养老保险，提高了社会保险的覆盖面。四是扎实抓好社会综合治理。以平安创建为载体，严厉查处黄、赌、毒等影响社会安定的行政案件。以化解矛盾纠纷为抓手，扎实开展扫黑除恶专项斗争。以道路交通、社会消防等行业领域为重点，深入推进安全生产大检查大整治，严厉打击各类安全生产违法行为，确保全镇社会环境和谐稳定。

贵州治贫事业 40 年之若干教益及乡村振兴新征程

胡长兵[*]

摘　要：贵州历来较为贫穷，其成因既有多山少田、农耕艰辛、交通险阻的自然地理条件制约，也有偏处中国西南腹地，经济社会基础薄弱的历史遗留。改革开放后，贵州致力于发展经济，减除贫困，但增速略弱，成效未达显著。党的十八大以来，经过总结经验、创新观念，贵州的贫困攻坚决战、经济后进跨越踏上了一条更加合理快速高效的路径：坚持发展与生态两条底线、坚持产业特色化路径、坚持扶贫体系精准化原则等。2020 年底，全国同步小康的战略目标顺利实现，新的乡村振兴征途正在启航。

关键词：扶贫；同步小康；乡村振兴；贵州

2020 年是国家"十三五"规划既定的全面建成小康社会的目标之年。

作为全国脱贫攻坚的主战场之一，改革开放以来贵州致力于发展经济减除贫困，特别是近十年加速后发赶超，实施"大扶贫战略行动"，制定《贵州省扶贫开发条例》（2013 年），印发《中共贵州省委贵州省人民政府关于坚决打赢扶贫攻坚战确保同步全面建成小康社会的决定》（2015 年），全力根治长久遗存的积弱贫穷难题。

---

　　* 胡长兵：贵州省社会科学院法律研究所副研究员。

现今，贵州"十三五"规划确立的决战脱贫攻坚、决胜同步小康战略如期实现，绝对贫困现象全面清除，但新的挑战随之而来。如何巩固脱贫成果，着手应对渐渐凸显的更加复杂隐蔽的相对贫困问题，如何衔接和展开新一轮的乡村振兴战略？回顾既往，谋划未来，反思总结，正当其时。

一、贵州贫困的复杂成因：自然与历史

长期以来，贵州在全国处于落后的地位。1978 年末，全省贫困人口数 1840.14 万，贫困发生率 70.6%，人均工农业产值全国倒数第一。2002 年，贵州省 88 个县（市、区）计有 50 个国家级贫困县、33 个省级贫困县，合占总数的 94.32%。① 2011 年，贵州省贫困人口仍存留 1149 万，贫困率为 33.4%。简而言之，贵州是全国贫困面积最大、贫困程度最深的省份。

此种境况的形成有着自然地理、历史社会等诸多复杂的因素。

（1）自然条件方面。贵州多山，山地、丘陵共占全省总面积的 92.5%，俗语云"八山一水一分田"。境内东拥武陵山，西含乌蒙山，属滇桂黔石漠化片区，喀斯特（出露）面积 109084 平方千米，且占全省面积的 61.9%。三地生态环境脆弱：乌蒙、武陵地区属高原山地，山脉绵延，坡陡谷深，不宜人群定居与粮棉垦殖；南部石漠化地区则山石裸露，土地瘠薄，更为广种薄收。加之自然灾害频繁，每年都有不同程度的干旱、低温、冰雹、暴雨、绵雨、凝冻交替发生，② 以及山火、虫灾、畜禽疫病、山体滑坡等，一年遭灾，数年困顿。

同时，山险岭峻的崎岖地理导致交通闭塞，民居散落，物流阻梗。边远山区的农民购买煤油、盐巴、化肥，出售土特产品，需翻山越岭，

① 贵州省地方志编委会.贵州省减贫志［M］.北京：方志出版社，2016.
② 贵州省地方志编委会.贵州省志·气象志［M］.北京：方志出版社，1998.

往返路程几十公里，甚至上百公里，许多商品运到分销店，运费比成本高。① "连峰际天，飞鸟不通"，喀斯特地貌激增了水陆通道基建的难度，经测算，"贵州高速公路的桥梁、隧道比例高达55%，高出其他地区25%以上；每千米平均造价1.2亿元左右，建设成本比全国平均水平高出一半"。② 喀斯特的岩溶地质使贵州成为典型的工程缺水省份，亦即山高壁峭，地形破碎，田高水低，雨多成洪雨少成旱，保水蓄水极其困难，水资源开发利用率不到10%，人均供水量263立方米，仅是全国平均水准的一半，尽管贵州实际年均降水量1000毫米，多年平均径流量1062亿立方米，表面看来水资源并不匮乏。

（2）历史基础方面。贵州地处西南腹地，经济文化闭塞滞后，"直至解放前，在某些地区还残存着半奴隶半封建的社会制度"③。使用机器的近代工业数量稀少，在1949年，只有96家企业，"全省工业总产值为2.06亿元，仅占全国工业总产值的1.5%，产业工人不足3000人"；④ "农业总产值仅9.1亿元，农民人均纯收入48.9元……"⑤ 到1953年贵州"部分（山区及少数民族聚居）地区采用木犁、木耙'靠山吃饭''轮歇耕种'，甚至不少地方仍是'刀耕火种'"，需要政府无偿援助农具，传授耕作技术。⑥

计划经济时代，地方国营工业逐步兴建，1978年贵州省集体和全民企业达7000余家，包括机电、冶金、化工、能源、建材、纺织等领域，工业总产值40.85亿元，是1952年的17.9倍。另外，农业发展却几乎无起色，本年农业总产值为28.23亿元，为1952年的1.8倍，

① 贵州省地方志编委会. 贵州省减贫志［M］. 北京：方志出版社，2016.
② 石平. 交通"天亮了"，贵州更金贵［N］. 贵州日报，2016-03-12（T1）.
③ 贵州省委党校、贵州省档案局编. 建国后贵州省重要文献选编（1951-1952）［M］. 2008：181.
④ 贵州省地方志编委会. 贵州省志·工业经济志［M］. 贵阳：贵州人民出版社，2003.
⑤ 贵州省地方志编委会. 贵州省志·农业志［M］. 贵阳：贵州人民出版社，2001.
⑥ 贵州省委党校，贵州省档案局编. 建国后贵州省重要文献选编（1953-1954）［M］. 2009：125，128.

但同期人口业已上涨到 2686.4 万，亦是 1952 年的 1.8 倍，近乎两相抵消。[①] 再横向比较，1978 年，贵州工、农业总产值在全国占比仅为 0.9%、1.9%。在排名上，依照 1981 年数据，贵州省工农业总产值为全国倒数第五[②]

总的来看，贵州经济此段时间进步缓慢，1978 年城镇居民人均可支配收入为 261 元，农民人均纯收入为 109 元，[③] 广大农村仍旧处在温饱线上。究其根源，工业领域国家投入不足，除去"三线建设"年份，基建投资主要依赖财政本就微薄的省内自筹，中央占比不及四成。产能比重全省超半的"三线建设"企业又多布设于交通不便的大山深谷，经济效益平凡。

二、1978～2010 年：改革开放 30 年贵州的经济发展与贫困治理

党的十一届三中全会后，贵州经济开放搞活，发展速度快于前一时期，城乡人民收入上涨，生活质量获得一定改观，绝对贫困现象大幅纾解。1997 年，贵州省工、农业总产值分别为 715.11 亿元、417.54 亿元，较 1978 年年均增长了 11.7%、5.3%。不过，此一速率依然慢于全国水平，以致 GDP 总量、人均 GDP 等指标排序原地踏步，未得晋升，仍然拖尾在全国榜单的第 26、第 30 位。[④] 其时，农业农村的概貌略可参见以下描述：

地区之间的差异很大，除城镇郊区、平坝地区农业经营较集约外，大部分山区农业耕作粗放，仍处在以耕牛为主的手工劳作阶段，农业

① 贵州省统计局编．贵州统计年鉴（1983）［M］．1984：3-4+20.
② 国家统计局．中国统计年鉴（1981）［M］．北京：中国统计出版社，1982.
③ 贵州卷编委会．改革开放 20 年的理论与实践·贵州卷［M］．北京：中国大百科全书出版社，1998.
④ 贵州省统计局．贵州统计年鉴（1998）［M］．北京：中国统计出版社，1998.

基础设施仍然薄弱，化肥施用量、农村用电量也低于全国平均水平。农业劳动生产率、土地产出率和农副产品商品率都较低。贵州农业远未摆脱"靠天吃饭"的状态。①

这一时段里，为改善少数特困群众的境遇、改良部分极贫地区的面貌，贵州扶贫减贫工作开始提上议事日程。初期，扶贫概念虽已存在，却隶属常规普泛的民政范畴，主要为传统救济型的"双扶"项目，扶优（军烈）、扶贫二者并列，后者针对特贫农户发放钱粮财物，维持生存。从1986年起，扶贫重要性升格，贵州省委印发《关于加强贫困地区工作的指示》，筹组专门机构，选定重点县域，安排专项资金，赋予优惠政策，转入大规模开发式扶贫阶段。零散、单纯地依赖外部"输血"的救急形式被着重内生"造血"功能的自立模式所取代。1994年，根据国家"八七扶贫计划"精神，《贵州省扶贫攻坚计划（1994-2000年）》首次对全省扶贫事业作出全面规划和战略部署，要求到20世纪末基本解决绝对贫困难题。

进入21世纪，贵州扶贫继续推进。2001年，贵州省委作出《关于切实做好新阶段扶贫开发工作的决定》，力争用10年时间实现稳定脱贫奔小康的目标。截至2010年，贵州省农村贫困人数已从2000年的860万减至418万，贫困率降到12.1%。

至此，改革开放30年的扶贫减贫成效是重要的、明显的，为后续工作的展开奠定了扎实的基础，但也必须看到，这一成绩远未达到预期的热望。近年来，我们自己和自己比，取得了巨大成绩，但与全国比，特别是与近年西部地区的发展速度比，有的指标是向后退的，有的原地不动。② 每当国家贫困线标准随着时间的推移更新、人民生活物质条件的进步而逐渐提高时，贵州原已减缩甚多的指标便又退回到先前的严峻状态：2010年，由省标400元升作国标1274元，2000年

---

① 贵州省地方志编委会. 贵州省志·农业志［M］. 贵阳：贵州人民出版社，2001.

② 贵州省地方志编委会. 贵州省减贫志［M］. 北京：方志出版社，2016.

的贫困率从 9.74% 回涨至 27.6%；2011 年，国标接着提高到 2300 元，2010 年的贫困率又由 12.1% 回涨至 33.4%。依照其时省委文件的报告，2010 年贵州省农民人均纯收入与城镇居民可支配收入差距扩大到 10708 元，50 个国家扶贫开发工作重点县农民人均纯收入与全省城镇居民可支配收入的差距扩大到 11075 元，与全国农民人均纯收入的差距扩大到 900 元以上。①

在发展经济、治理贫困中，贵州这些年虽有一些探索做法，总体上仍可谓循规蹈矩按部就班，保守有余激进不足，甚而许多对策措施简单直线，以致前进步伐不温不火，始终难以后发赶超。保守的一面如大数据产业，考虑到高校少、科研弱、人才稀，贵州向来不曾涉足此类高科技行业。直至 2013 年前后，才首次尝试聚力大数据这一前沿领域。但实际上，目前大数据技术正处在窗口期，我们和其他地方、其他国家在同样的起跑线上，不会因为某些条件落后而落后。一件新鲜事，机遇最关键，何况贵州还有着气候凉爽、地质稳固、电力富余、生态优良等适宜数据处理行业的先天条件，而被媒体誉为天造地设的"中国机房"。意欲弯道取直、跨越发展，如果按照东部的路径亦步亦趋，按照原材料加工、深加工、工业大规模制造的途径，贵州就没有机会了。② 2020 年，数字经济增速连续 6 年全国第一，大数据产业发展指数全国第三，数据相关产业已然成为贵州经济的重要增长点。

简单的一面譬如粮食问题，从《关于加强贫困地区工作的指示》指导思想中的"要认真贯彻'绝不放松粮食生产，积极发展多种经营'的方针"，到 1994 年"计划"目标要求项的"人均建成半亩稳产高产基本农田"，再到 2001 年"决定"工作重点栏的"提高粮食生产能力，是稳定解决温饱的基本保证，必须毫不动摇地继续抓好"等，

---

① 贵州省地方志编委会.贵州省减贫志 [M].北京:方志出版社,2016.
② 黄颖，陈刚.大数据带来"弯道取直"的发展机会 [N].新京报,2015-12-17(034).

一直注重自力更生、自给自足，不管垦荒扩地抑或改进农技，增产即可。其逻辑为贫穷：缺衣少食——应对之策：多种粮棉——小康：丰衣足食。整个因果线条单调生硬，伴随而来的结果是：孱弱生态日益恶化。按照 2012 年省委报告的记述，全省 88 个县中 78 个不同程度地存在石漠化问题，石漠化范围占国土面积的 19%，冠于全国，且近年来仍以每年 1% 左右速度继续扩大。①

作为国内唯一没有平原支撑的省份，贵州少田乏粮的天生缺失本当早谋他途，在如今改革开放的年代，完全可从省外富粮地区输入甚或国外进口以补充替代。全国性市场流通统一、全局式资源优化配置等现代概念晓于纸面，贵州省的传统思想根深蒂固。

三、党的十八大以来贵州治贫的道路、对策与举措

2010 年后，立足省情、正视差距、总结经验、创新观念，贵州的贫困攻坚决战、经济后进跨越终于踏上一条更加合理快速高效的路径。至 2020 年末，贵州经济增速连续 10 年居全国前三，总量排名从第 25 位升到第 20 位，贫困率由 26.8% 终降至 0，从全国贫困人口最多的省变为减贫人数最多的省，书写了中国减贫奇迹的贵州篇章，② 探索生成了一种不同于东部、有别于西部独具特色的贵州经验。

贵州"十三五"规划下定决心，不拘成规、中心对调，将"实施大扶贫战略行动，坚决打赢脱贫攻坚战"列作首要任务，强调"把脱贫攻坚作为头等大事和第一民生工程，以脱贫攻坚统揽经济社会发展全局"，举全省之力决胜同步小康。申报建设全国扶贫开发攻坚示范区，制定"1+10"精准扶贫配套文件，实施"33668"扶贫攻坚计划

---

① 贵州省地方志编委会. 贵州省减贫志［M］. 北京：方志出版社，2016.

② 孙志刚. 践行"两山"理论，守牢"两条底线"，书写新时代百姓富生态美多彩贵州新篇章［N］. 中国环境报，2020-08-11（1）.

等，诸项举措随之密集部署、积极展开。

"十三五"规划最终定调，在贵州推进同步全面建成小康社会建设，必须牢牢守住发展和生态两条底线，坚持既要绿水青山又要金山银山、绿水青山就是金山银山。脱贫攻坚绝不重蹈"先破坏后治理"的昔日老路，以牺牲生态环境的巨额代价换取眼前一时的浅薄收益。"人不负青山，青山定不负人。"事实证明，退耕还林还草，遏制石漠化，修复美化自然生态，发展绿色产业，同样可以引领山区群众脱贫致富。例如，数据显示，自 2016 年以来，林下石斛、林下木耳等林下经济由 1151 万亩增至 2020 年的 2203 万亩，总产值超 400 亿元，带动86 万贫困人口增收。又如，旅游业随着山清水秀的重现而呈"井喷式"爆发，至 2019 年连续 4 年总收入涨幅 30% 以上，累计带动过百万贫困人口受益。① 诚可谓生态效益、经济效益双赢，鱼和熊掌兼得，人与自然和谐共生。

路径特色论。"守着青山不苦熬"，减贫治贫的根本在于变革传统生产方式，调整经济结构，转换增长动能，因地制宜扬长避短，培育打造一幅优势突出、特色鲜明、前景广阔的现代产业体系。

山地省的天性虽使贵州无缘良田千顷，却补偿了更多得天独厚的生物禀赋：茶叶、油茶、果品、中药材等。茶叶乃贵州原产，宋代已作贡品，全省宜茶面积 700 多万亩，遍布 81 个县；油茶种类多样，黔东、黔南气候湿热，宜植面积 624 万亩；果树有 43 属 127 种，从南亚热带水果到温带水果均有适宜栽培区；中药材极其丰富，品类达 4802种，在全国中药资源普查的 363 种重点药材里，贵州就有 328 种，占90.3%。其他如经济作物烟草，全省宜种面积 2800 万亩；畜禽养殖，有 6400 多万亩荒坡草场。总体上，贵州可用农地中，宜林宜牧面积约

---

① "两山论"提出十五周年，贵州的绿水青山生态路越走越宽广［EB/OL］.［2020-08-15］. https：//www.gzstv.com/a/4e1e045c5aa74e4aa4948e87c016d4fe.

19100 万亩，是宜粮耕地的 4 倍，① 开发潜力雄厚。

"十三五"规划展示"现代山地特色高效农业"概念，确立了畜牧、蔬菜、中药材等十大扶贫产业。

中药材产业等现正成长为贵州扶贫的"良药"。举例而言，2020年，茶叶、药材两项栽植面积均超过 700 万亩，分列全国第 1、第 2 位，产值 503 亿元、220 亿元，带动困难百姓 34.81 万人、41.75 万人。

在 14 个深度贫困县的"一县一业"产业布局建设中，通过精选地方特产，以工业化推进、品牌化引领，湄潭翠芽、务川白山羊、兴仁薏仁米、从江香猪、玉屏油茶……近年渐次扬名省内外，唱响了县域农业的金字招牌。

2014 年，面对剩下的数量较少但贫困程度更深、帮扶难度更大的扶贫攻坚"硬骨头"，升级版的精准扶贫由此而出，亦即要对扶贫对象实行精细化管理，对扶贫资源实行精确化配置，对扶贫对象实行精准化扶持，② 改大而化之的"大水漫灌"为精微到人的"精准滴灌"，探明"穷根"、对症下药、靶向治疗。

对有资源、有劳动能力但无门路的"两有户"，通过产业扶贫致富。此乃扶贫体系的核心，前文已详论，在此不再赘述。

对缺基础设施、缺技术资金的"两缺户"，通过交通基建、惠民金融治贫。黔道难，"地无三尺平"，"要想富先修路"仍不过时。截至 2019 年 5 月，贵州投资总额为 380 亿元，完成 8 万千米农村"组组通"硬化路建设，实现了 30 户以上村民组 100% 通路目标，带动贫困民众 25 万余人，增收 27.1 亿元。金融方面，陆续推出农户生产小额"特惠贷"、一县一业"深扶贷"等特制产品。2020 年末，贵州省精

---

① 贵州省地方志编委会. 贵州省志·农业志 [M]. 贵阳：贵州人民出版社，2001.

② 中共中央党史和文献研究院. 习近平扶贫论述摘编 [M]. 北京：中央文献出版社，2018.

准扶贫贷款余额 4533 亿元，继续名列全国第一位。

对无力脱贫、无业可扶的"两无户"，通过社会保障兜底。将"两无"人口全部纳入农村低保范围，并确保低保标准动态稳定地高于国家扶贫标准。2020 年末，贵州省农村低保人数为 210.96 万，保障标准为 4318 元/年。

对因学、因病致贫的"两因户"，通过教育资助、医疗救助扶贫。全面实行农村贫困家庭子女无障碍入学政策，自 2015 年以来，累计投入学生资助和营养改善计划资金 625.09 亿元，受益学生 4743.02 万人次。在医保方面，截至 2020 年 11 月，贵州省贫困人口参保 784.44 万人，达到应保尽保；贫困人口看病就医补偿受益 730.99 万人次，资金达 24.72 亿元，实现应报尽报。

对生存条件恶劣、"一方水土养不起一方人"的深山、石山区的"两山户"，通过易地搬迁脱贫。从 2015 年冬贵州率先在全国打响易地搬迁"第一炮"，到 2019 年 12 月 23 日宣布全面完成"十三五"时期易地扶贫搬迁任务，在不到四年的时间里累计整体搬迁 188 万人，成为全国最先完成任务的省份。

四、新征途：乡村振兴行动

扶贫攻坚战的胜利解除了困扰贵州千年的顽疾，普遍绝对贫困现象终于退出历史舞台。这是一个决定性阶段的结束，也是一个新时期的起点。

简单来说，新近的乡村振兴战略针对的是更加复杂的相对贫困问题，旨在重塑工农、城乡关系，以期实现全面融合、共同繁荣。应当看到，扶贫攻坚标准较低，是使生活稍显宽裕而远非富足，兴黔富民的目标尚未达成。更重要地，贫困不是一个呆板僵死的固定锚点，范畴上，其定义存在一个动态的演进：生存型→温饱型→发展型。换言之，贫穷并非仅仅意味着个体绝对意义上的缺吃少穿，它也是相较他人而言的物资匮乏、资源贫瘠、阶级排斥、能力剥夺、机会脆弱，受经济、社会、心理等多重因素的干涉影响。比如，流动性贫困情形，因为城乡生活水平的较多差距，本已脱贫的农家在求学、务工而移居进城后，可能就会重陷贫困状态。据此，在马斯洛的需求层次论意义上，所谓发展型贫困，是指于生存、安全等基本需要满足之后，仍需排除妨碍，创造条件，使人们有权利、有能力去向往和追寻更高层面的社会交往、尊重和自我实现等理想。

面对当今渐将浮现的相对的、多维的发展性贫困的新形势，可以指出，扶贫攻坚中收获的种种贵州经验，依然能够发挥重要作用。

坚守大生态战略，加快全国生态文明先行示范区、国家石漠化综合治理示范区、国家生态产品价值机制试点省诸项建设，筑牢长江、珠江上游重要生态安全屏障，打造山青天蓝水清地洁的黔乡美景。

深化特色产业路线，借力5G、大数据、云计算、物联网、人工智能等新技术，改造特色农业与优势工业，提升产业品质，延伸产业链条，拓宽产业幅度。让"黔货出山·风行天下"。

优化贫困治理体系，在现有的收入、教育、医疗诸指标基础上，进一步引入心理、政治、文化等更加多元的识别与测度项目，全面保障贫困人群的发展权利；加速城乡基础设施、公共服务一体化均等化，促进机会公平，注重人文关怀，丰富活跃基层民众的精神生活，最终实现人际和谐、全民同乐的"醉美贵州"。

乡村振兴背景下贵州易地扶贫
搬迁社区治理发展报告

胡月军[*]

摘　要：党的十八大以来，贵州用推进城镇化进程思路破解山区村民摆脱贫困难题，走出了一条具有贵州特色的易地扶贫搬迁之路。当前，贵州易地扶贫搬迁安置社区具有"亦城亦乡"过渡型社区特征，国家制度逻辑与移民生活实践逻辑产生矛盾，导致贵州易地扶贫搬迁平安社区建设面临一些困难和问题。贵州兴义市易地扶贫搬迁平安社区建设的经验是按照"135"安防系统格局，构建完善新市民居住区技术防控网络，其成效体现在坚持以人为本、以房管人，按照"放开正常、管住异常"理念，强化精细服务管理，提升社区管理服务水平；按照"破小案、办小事、解小忧、帮小忙、惠小利"指导思想扎实开展"我为群众办实事"，推行平安共建共治，构建易地扶贫搬迁安置区新型治安防控模式。

关键词：乡村振兴；易地扶贫搬迁；平安社区

一、党的十八大以来贵州易地扶贫搬迁社区概况

党的十八大以来，以习近平同志为核心的党中央把贫困人口全面

---

* 胡月军：贵州省社会科学院法律研究所副所长。

脱贫作为全面建成小康社会的底线任务。2015 年 6 月，习近平总书记在贵州视察时强调，要对"一方水土养不好一方人"的地方贫困人口实施易地扶贫搬迁。自 2016 年以来，贵州创造性地探索出"六个坚持"到"五个体系"的搬迁政策体系，用推进城镇化进程思路破解山区村民摆脱贫困难题，实现了搬迁与脱贫同步、安居与乐业并重，走出了一条具有贵州特色的易地扶贫搬迁之路。

相对全国范围而言，贵州易地扶贫搬迁人数位居全国第一，搬迁地域广，涉及 93 个县（市、区）、开发区，1254 个乡镇、9449 个行政村，10090 个自然村寨。搬迁难度大，188 万搬迁人口中建档立卡贫困人口占到 154 万人。188 万贫困群众搬迁不像科学实验，失败一次可以从头再来。近两百万贫困群众易地搬迁，关乎生产关系和社会关系双重深度变革，没有前车之鉴，没有后退之路。贵州这场历史性的易地扶贫大搬迁，是中国特色社会主义制度集中力量办大事的生动写照。2019 年 12 月 23 日，贵州宣布 188 万山区贫困群众搬进城镇新居。①

相对贵州省范围而言，黔西南州、黔东南州、毕节市易地扶贫搬迁群众人数最多，其次是铜仁市、黔南州、遵义市。易地扶贫搬迁是一项涉及人口分布、资源环境、经济社会重新调整完善和社区新建的系统工程，涉及安置住房、基础设施和公共服务配套设施、搬迁群众就业创业、社区治理等诸多方面。

易地扶贫搬迁安置社区是党委政府主导规划下，在自然条件不适宜生产生活和长远发展的欠发达地区安置搬迁移民的新居住社区。它与自然形成或者主要以历史传统、利益认同为基础的自然村落存在明显区别。移民搬迁群众来自不同地区的村庄，存在民族文化背景和生活习惯等诸多方面的差异性，导致搬迁群众对于社区服务需求呈现多层次多元化特点。易地扶贫搬迁安置社区主要由党委政府主导建设，

---

① 国家发展改革委《易地扶贫搬迁的贵州答卷——贵州省"十三五"易地扶贫搬迁工作纪实》。

各方面问题也主要依赖党委政府解决。不少搬迁户对社区事务和公共活动缺乏热情，参与程度不高。随着社区居民生计转向非农产业，青壮年劳动力群体大多外出务工，留在社区居住的多为难以有效参与社区公共事务的留守老人妇女儿童群体，导致社区治理有效主体不足。

易地扶贫搬迁安置社区是搬迁移民的身心栖息地，在安置初期主要以解决搬迁群众生活生计问题为主，全部完成"乔迁新居"之后，有效的社区治理对于"稳得住、能致富"至关重要。提升易地扶贫搬迁安置社区治理能力对于推动搬迁移民在迁入区实现稳定脱贫和可持续发展，实现就地就近市民化具有重要意义。当前易地扶贫搬迁安置社区呈现"亦城亦乡"过渡型特征，由此引发基层参与不足、人户分离、多元主体关系不协调、搬迁移民市民化困境等问题，影响搬迁安置社区群众安全感、获得感、幸福感。邹英和向德平指出：在迁移流动中，易地扶贫搬迁贫困户在文化、经济以及身份认同等层面陷入了被动市民化困境之中，这种困境直接影响了移民的社会适应与社会融入。① 周恩宇和卯丹指出：离土离乡的易地扶贫搬迁群体在向城镇迁移过程中，面临生活方式难适应、社会关系庇护网断裂等文化适应困境。②

易地扶贫搬迁安置社区之所以具有"亦城亦乡"过渡型社区特征，原因在于：国家建设该类社区以安置"一方水土养不好一方人"的贫困群众为目标，逐步实现由农村深度贫困村民向城市新市民转变。这类社区在人口结构、居住环境、社区治理等方面带有"亦城亦乡"过渡型特征。"亦城亦乡"过渡型特征体现了该类社区动态发展演化过程。易地扶贫搬迁安置社区的"亦城亦乡"过渡型特征主要体现在：第一，行政主导性。过渡型社区不是自发形成的，而是在党委政

---

① 邹英，向德平．易地扶贫搬迁贫困户市民化困境及其路径选择［J］．江苏行政学院学报，2017（2）：75-80.

② 周恩宇，卯丹．易地扶贫搬迁的实践及其后果：一项社会文化转型视角的分析［J］．中国农业大学学报（社会科学版），2017（2）.

府主导规划下建成的。第二，居民构成异质性。大型易地扶贫搬迁安置社区居民通常是将不同地区不同民族农村群众聚居在一起。第三，不稳定性。"亦城亦乡"过渡型社区管理人员、组织机构、治理模式等兼具城乡特征并处于从农村贫困村民向城市新市民过渡中。在居住条件和配套设施建设方面，搬迁安置社区极大改善了搬迁移民的居住环境。在社区治理方面，搬迁安置社区既不同于成熟的城市社区具有相对完备的现代化治理体系，也不同于传统农村村庄以乡风礼俗和乡绅能人为治理基础。

2016 年，民政部、中央组织部等 15 个部门联合发布《城乡社区服务体系建设规划（2016－2020 年）》，提出要统筹城乡社区建设、服务资源配置、服务队伍建设、服务产品供给，建立城乡统一的社区服务体系。2017 年，中共中央、国务院发布《关于加强和完善城乡社区治理的意见》，从社区治理体系、服务能力、资源配置及社区信息化建设方面为城乡社区建设指出了改革方向，明确了城乡社区作为"共建共享幸福家园"的未来发展趋势。上述规划和意见从国家意志和政策层面为破解我国城乡社区服务体系建设发展不平衡、城乡社区服务配套设施落后及农村社区发展长期滞后等问题进行顶层设计和系统部署。

2019 年 2 月 23 日，贵州省召开易地扶贫搬迁后续工作推进会，出台了《关于加强和完善易地扶贫搬迁后续工作的意见》和七个配套文件。这标志着，贵州易地扶贫搬迁已写好"前半篇文章"，工作重点从搬迁为主转入以做好搬迁安置"后半篇文章"为主，从解决好"怎么搬"向"搬后怎么办"转变、从"搬得出"向"稳得住、能致富"转变。

贵州继续加大易地扶贫搬迁后续扶持力度，对全省易地扶贫搬迁的 188 万群众以社区、居（村）委会为基本管理单元，紧紧围绕搬迁群众最关心最直接最现实利益问题，在着力构建基本公共服务、培训和就业服务、文化服务、社区治理、基层党建"五个体系"方面下功夫，持续推进搬迁群众后续发展，激发搬迁群众内生动力，拓宽就业门路和增收渠道。"五个体系"牢牢稳住了易地扶贫搬迁群众的安全感、获得感、幸福感。明确了让群众尽快融入城市新市民生活的工作措施与工作方法，化解了盘旋在迟迟不愿搬迁群众心中的顾虑。搬出来需要决心勇气，稳得住需要用心用力。在铜仁市，初次离开山区的老乡不懂城里马路交通规则，当地干部就建起了模拟交通灯，从安全过马路教起；刚刚住进城镇，老人孩子记不住自己楼栋名称，黔西南州兴义栗坪社区干部就用大家熟悉的蔬菜、水果给楼栋命名；第一次接触防盗门、抽水马桶，搬迁户难免"出洋相"，遵义市正安县一个移民安置点的党支部把党小组建在楼栋里，党员干部随叫随到，一年下来给群众开锁、疏通下水道累计 5000 多次。安置社区党员干部用"辛苦指数"换取搬迁群众的"幸福指数"，用党员干部的真心换取搬迁群众的笑容。对于搬迁群众而言，身边有一群可以信赖的党员干部，城里生活似乎也没有想象的那么不适应。

二、贵州易地扶贫搬迁平安社区建设面临的困难和问题

作为在贵州全省范围内易地扶贫搬迁群众人数最多的黔西南州，"新市民计划"应运而生，让搬迁群众城市市民福利、农村村民利益"两头跨"，既继续享有老家农村"三块地"收益，又同时享受与城镇居民同样各项保障。"后半篇文章"为搬迁群众考虑得细致入微，有效降低了动员搬迁"前半篇文章"的书写难度，黔西南州易地扶贫搬迁任务在贵州全省范围内最艰巨，却在贵州省率先完成。

作为贵州最大的跨区域易地扶贫搬迁安置社区，黔西南州兴义市洒金街道辖区面积 23.5 平方千米，主要承接晴隆、普安、望谟以及兴

义市易地扶贫搬迁移民人口，是黔西南州易地扶贫搬迁的主要承接地，是兴义市建设百万人口大城市的主要拓展区域之一。就民族成分而言，洒金街道以汉族居多，同时居住着布依族、苗族、回族、彝族等少数民族，共 10357 户 45965 人。其中建档立卡贫困户 6067 户 26671 人，易地搬迁安置人口共计 7482 户 33227 人。[①] 这一庞大的群体从相对边远、地域分化复杂、生活方式多元的不同县的贫困村落迁入兴义城郊居住，这种空间流动重组带来社区治理新课题。社区移民来到一个陌生环境，组成新社区的人员已经不是原本基于血缘和地缘关系组成的初级群体，而是每个人都在被迫社会化。正如有些学者所言，易地扶贫搬迁社区不同于乡土社会中真正意义上的"社区共同体"，而是一种作为国家主导的制度安排，其制度逻辑不可避免地与移民生活实践逻辑产生矛盾。[②] 制度逻辑与移民生活实践逻辑之间的矛盾集中体现在以下五个方面：

第一，易地扶贫搬迁安置社区移民大多经济基础薄弱。搬迁前后，生计来源方式改变。搬迁之前社区移民大多是靠在家种地的经营性收入维持生活，每天开支相对较少；搬迁之后收入来源几乎是靠在外务工的工资性收入，并且每天支出项目多于以前。这种经济收入改变以及支出变多趋势使人们感到生活不安稳，从而影响了社区移民的安全感和归属感。搬迁群众普遍缺乏基本资本原始积累，现有工资收入水平不够高且收入来源渠道较为单一。社区移民中青壮年大多外出务工，务工月薪普遍在 2500~5000 元，除一些生活必要开支外，剩余不多；对于就近就业妇女或者劳动能力不足的人来说，工作岗位一般是政府提供公益性岗位，工作强度不大、工资不高。如打扫卫生、酒店洗涤服务、超市整理货物以及餐厅服务等的每月工资在 1800~2500 元。

---

① 李杰. 洒金街道巩固拓展扶贫成果成效明显 [N]. 今日兴义，2022-07-19.
② 郑娜娜，许佳君. 易地搬迁移民社区的空间再造与社会融入——基于陕西省西乡县的田野考察 [J]. 南京农业大学学报（社会科学版），2019（1）.

第二，生产生活方式发生改变。村民搬迁到城市社区之中，为了适应城市新市民生活，学会了使用天然气、电磁炉、电梯等。但与此同时，仍然存在一些风俗习惯以及思维模式难以改变，如移民会在楼梯间或者小区花园乱扔垃圾、高声喧哗、随便将公共物品占为己有等。

第三，血缘和地缘关系淡化，人际关系松散。与原本的生活环境相比，易地扶贫搬迁安置社区的居民邻居之间不熟悉。血缘关系疏远，新的地缘关系尚未建立，人们之间的凝聚力不强，社区移民的归属感不强。这导致易地扶贫搬迁安置社区居民异质性强，参与能力低。

第四，安置社区居民民族文化和风俗习惯差异。不同的少数民族，有着不同的民族文化和风俗习惯。不同地方的人也有自己的生活习惯，移民之间沟通较少，甚至存在互相歧视。

第五，安置社区居民的认知能力和文化水平普遍不高。大多数安置社区居民的文化水平较低，缺乏专业技能，或是老弱病残，丧失劳动能力，或是只能从事简单的重体力劳动，收入低并且不稳定。在这种情况下，搬迁移民对社区治理普遍漠不关心。有的甚至破坏小区公共基础设施满足自身需求，如在小区花园里种蔬菜等。

同一个人，生活在不同的地方，思想行为会发生变化。如何把搬迁农民变成城市新市民，把来自四面八方的贫困群众组成一个城市新市民新社区，大家依然保持和以前村民之间一样的凝聚力和集体意识，自愿提高自身能力参与到社区治理之中，这是亟须破解的现实课题。

社区移民的需求，小到一个人如何适应社会化过程，大到如何增强社区新市民的集体意识，共建共治共享幸福社区。易地扶贫搬迁安置社区治理，不仅需要党委政府主导，也需要社会组织以及社区居民积极参与，提升其主人翁意识，保障社区新市民的切身利益和基层社区和谐稳定。在完成搬迁安置之后，洒金街道从规划建设、产业发展、教育发展、就业创业、卫生健康、政策措施、兜底保障、社会治理等多方面优化"1+13"政策体系，着力完善"五个体系"，建设"五型社区"，努力全方位提升搬迁群众安全感获得感幸福感。

三、贵州易地扶贫搬迁平安社区建设的经验与成效

黔西南州兴义市洒金街道栗坪新市民居住区是黔西南州跨县易地扶贫搬迁城镇集中安置点，现有易地扶贫搬迁住户 2667 户 12063 人，分别来自晴隆县和兴义市部分乡镇。针对部分新市民因地域、民族、语言、居住环境等各异，搬入新家园后逐步产生了不适应甚至是不安全不稳定因素情况，兴义市公安局洒金派出所按照《黔西南州新市民居住区警务建设指南》相关要求，在全州 36 个易地扶贫搬迁安置区率先示范搭建"135 平安风险感知平台"，在栗坪新市民居住区全面推行智慧平安社区建设，实现了公共安全责任事故零发生、命案零发生、赴省进京非访零发生、群体性事件零发生。

（一）平台搭建运行机制

按照"135"安防系统格局，构建完善新市民居住区技术防控网络。"1"即搭建一个风险感知平台，通过"天网""地网"建设，对新市民居住区所采集"人、车、物、事"数据进行汇聚，并进行深度挖掘、碰撞比对、分析研判，通过对各类风险要素实时采集，达到风险感知目的。"3"即设置三道防线：一是设置居住区出入口及周界防线，在居住区入口及周界安装高清视频监控系统和人脸识别、车辆抓拍系统等安防设施，采集进出人员、车辆、物品信息，实现对居住区进出人员体貌特征、车辆、物品风险预测、自动预警。二是设置居住区公共区域防线，在居住区重点区域、公共区域安装高清枪机摄像机，实时掌握进入居住区的人、车、物的动态轨迹，实现智能监控、系统分析、异常行为预警报警。三是设置居住区单元楼防线，在单元楼上

安装人脸抓拍系统，实时掌握进入单元楼的人、物信息和轨迹，切实保障每一栋单元楼住户的安全。"5"即五大智能化应用，通过以上三道防线，实现人口管理智能化、风险预警智能化、服务民生智能化、安全布控智能化、信息采集智能化，切实提升新市民居住区技防水平。一是人口管理智能化。建设可视化管理平台，实现对入住人员及来访进入小区的人车物信息推送至平台进行分析比对；通过可视展示方式直接点击单元楼栋，选择指定房间查看住户人数、居民信息、通行记录；分类库管理方式对人口进行标注，敏感人员通行时系统自动报警，并推送至平台或指定手机上。二是风险预警智能化。通过安装"天网""地网"对居住区内的人、车、物、事、行为通过三道防线数据融合贯通，并与公安数据进行碰撞比对产生预警报警。例如，识别辖区涉毒人员、高频陌生人员（车辆）、精神障碍患者无监护人陪同出行以及异常行为分析等异常自动报警。三是服务民生智能化。为居住区留守儿童、独居老人等特殊人群进行轨迹监测，通过数据分析对独居老人、留守儿童外出长时间不出现在居住区公共活动区域的，自动推送信息提醒警务人员或社区楼栋长上门查看。四是安全布控智能化。通过平台对进出居住区的重点人员、特殊人员、车辆进行布控，实现在布控时间段人员、车辆闯入自动报警至平台和手机，做到重点人员管理"行动知轨迹、静止知位置"。五是信息采集智能化。通过安装人脸抓拍系统智能采集人员体貌特征、活动轨迹等信息，实现数据高效汇聚运用。

（二）平台建设运行情况

一是"一标六实"数据全采集全录入。结合实际工作需要和治安管控要素，全面采集录入人、地、物、事、网、组织等基础数据，实现栗坪新市民居住区2805户、11862人、89家商铺、17家单位、261个安防设备、27名安防力量、92名重点人员、295名特殊人员、55栋楼居住人员、每户人员和车辆、关系图谱、活动轨迹等基础数据一网尽知。

二是智能防线全覆盖。安装运用居住区 4 门 14 路人脸抓拍和人车全结构化设备、天网、地网构建了第一道周界防线，依托居住区内部安防摄像头建立第二道重点部位和公共区域防线，在单元楼口运用人脸抓拍设立第三道防线。通过三道防线，261 个智能设备全天候、无感知采集进出社区的人、车、物数据，实现动态信息实时掌握，在新市民家门口筑起一道 24 小时守护的安全防范网。

三是智能感知功能。通过将各类管控数据导入平台，实现相关人车进入居住区即刻产生预警，推送民警前往核查处置；通过拓展设计昼伏夜出、频繁夜归、夜不归宿等异常行为预警、高频陌生人预警、精神病人独行预警、留守人员无陪护外出预警等功能，当符合预警标准的人员出现时，系统自动推送预警信息到警务室民警手机上，便于社区民警有针对性地开展访查核实工作，实现平安风险精准感知、精准管控。

（三）栗坪新市民居住区平安社区建设成效

坚持以人为本、以房管人，按照"放开正常、管住异常"理念，强化精细服务管理，提升社区管理服务水平。一是狠抓便民利民服务。栗坪新市民居住区警务室实行 7×24 小时警务模式，扎实开展"一站式"服务，为新市民群众办理户籍，开展上门预约服务，接受特行、车驾管、出入境等业务咨询。共计办理新市民户口迁移 12089 人、新市民居住证 40564 个、居民身份证 1214 个、出生落户 96 人、死亡注销 60 人，接受群众其他咨询 5000 余人次。二是狠抓实有人口管理。坚持以房管人，以移民部门提供的搬迁数据为基础，通过入户调查、电话访查，并结合人社、民政等数据进行清洗，确保居住区人员、房屋、商铺、单位等信息精准，录入社区警务平台 12581 户 40042 人，全年维护更新社区警务平台数据 43582 条次，^① 维护更新 135 平台数据 3500 余条。三是狠抓重点人口与特殊人员管理。将辖区实有人口数据与重点人口数据进行比对，见面核实走访 1014 人次，布控管制涉毒人员 23 人、刑满释放人员 44 人、社区矫正人员 8 人、其他重点人员 8 人，登记走访老、弱、病、残、幼等特殊群体 180 人，开展从业人员背景审查 1739 人次^②。对重点人口、特殊人员定期访查，将每一次电话访查、实地走访和主动报到情况依次记录，最大限度地管到管实重点人口和特殊人员，杜绝风险隐患的发生。

按照"破小案、办小事、解小忧、帮小忙、惠小利"指导思想扎实开展"我为群众办实事"，推行平安共建共治，构建易地扶贫搬迁安置区新型治安防控模式。一是强化治安防控。在新市民居住区开展智慧+多层巡逻防控，变被动警务为主动警务，最大限度将警情消除在萌芽状态。二是强化共建共治。由社区警务助理牵头组建社区"红袖套"义务巡逻队，结合开展联勤治安巡逻，有效防范案件发生；发动小区物业保安、楼栋长参与治安管理、协助收集掌握治安情况，当好治安信息员、宣传员，积极营造邻里和谐、平安不出事的社区氛围；落实派出所、综治、司法和社区多元化矛盾纠纷化解机制，成功调解矛盾纠纷 117 起，做到小事不出社区、大事不出街道办。三是强化共商沟通。社区民警兼任栗坪社区党支部副书记，通过参加社区居委会工作例会或组织召开社区治安形势共商分析会，适时通报小区治安情况、共商防范措施、收集社情民意；组建治安共商微信群，实现治安信息实时交流沟通、治安问题及时发现处理，人力情报资源得到扩展。

---

① 资料来源：兴义市洒金街道栗坪社区工作总结。
② 兴义市栗坪社区搭建"135 平安风险感知平台"助力搬迁社区智慧平安建设［N］．潇湘晨报．2022-04-15.

乡村振兴背景下贵州农村金融发展现状、问题及对策研究

潘　一　杨竹卿*

摘　要：在全面实施乡村振兴战略背景下，贵州农村金融发展的相对滞后，制约并阻碍了"三农"事业的发展。因此，在现有的条件下，针对贵州农村金融存在的问题，亟待探索推动农村金融创新发展的相关对策、建议及路径，以期促进贵州农村金融创新发展，助力乡村振兴，推动贵州省经济高质量发展。

关键词：贵州；农村金融；乡村振兴

从全国范围来看，贵州属于欠发达、欠开发地区，区域经济发展不平衡，农村发展较为缓慢，农村金融的服务水平相对滞后，呈现体系不健全、产品及服务较为单一，抗风险能力较弱，人才相对匮乏等情况。在乡村振兴背景下，难以满足"三农"多元化、多层次的金融需求。因此，贵州农村金融需要不断拓展发展空间、持续扩大发展规模、逐步提升发展水平，全力支持农业产业发展、农村人居环境改善、农民生活水平提高，助力乡村产业振兴、人才振兴、文化振兴、生态振兴、组织振兴的全面振兴。

---

* 潘一：贵州省社会科学院区域经济研究所助理研究员。杨竹卿：贵州省社会科学院城市经济研究所实习研究员。

一、乡村振兴战略背景

（一）提出背景

党的十九大提出，"农业农村农民问题是关系国计民生的根本性问题，必须始终把解决好'三农'问题作为全党工作重中之重"，开始全面实施乡村振兴战略。2018 年，为贯彻落实党的十九大、中央经济工作会议、中央农村工作会议精神和政府工作报告要求，中共中央、国务院印发了《乡村振兴战略规划（2018-2022 年）》，对实施乡村振兴战略第一个五年工作做出具体部署，为统筹谋划和科学推进乡村振兴战略提供了具体的行动纲领。2019 年，为认真贯彻落实乡村振兴战略，贵州省委、省政府结合贵州发展实际，相应制定出台了《贵州省乡村振兴战略规划（2018-2022 年）》，为加快推动全省农业产业升级、农村基础设施改善、农民生活水平提高、实现贵州乡村的全面振兴构建了发展蓝图，确立了实施路径。自此，贵州开始着力推进乡村振兴。

（二）实施意义

目前，我国全面建成小康社会目标如期实现，正处于开启实现第二个百年奋斗目标新征程，朝着实现中华民族伟大复兴的宏伟目标继续前进的历史转折点上。贵州打赢脱贫攻坚战后，加快推进实施乡村振兴战略，分阶段、分类别推进乡村振兴，确立了巩固拓展脱贫攻坚成果同乡村振兴有效衔接的政策，对破解"三农"难题，加快推进农业农村现代化，持续深化农业农村各项改革，全力优化乡村生态环境，传承发展乡村文化风俗，不断健全乡村治理体系，逐步缩小城乡差距，实现农业全面升级、农村全面进步、农民全面发展，推动全省经济社会高质量发展有着重大现实意义。

（三）基本特征

按照产业兴旺、生态宜居、乡风文明、治理有效、生活富裕的总要求，一是大力发展乡村特色产业，增加绿色优质农产品供给，推进农村一二三产业深度融合发展，构建乡村现代产业体系形成。二是优化资源要素配置，促进城市和农村之间各类要素和资源的双向流动，满足农村在基本公共服务上的需求，加快形成工农互促、城乡互补、全面融合、共同繁荣的新型城乡融合发展格局，推动城乡一体化发展。三是统筹推进农村经济建设、政治建设、文化建设、社会建设、生态文明建设等全领域建设，加快补齐农业农村短板，促进农民持续增收，提升农村综合发展水平。

二、贵州农村金融发展现状

（一）农村金融体系不断完善

贵州大力推进农村金融机构发展，政策性银行、商业性银行、农村合作金融机构等各类金融机构均开展了涉农金融业务，相互之间相对竞争、业务互补，各自产品服务边界、组织架构、经营机制等方面不断完善，金融机构体系更趋合理，活力更加充沛，服务不断向农村延伸，支农意愿不断增强，已形成了以农村信用社为主，邮储银行、农业银行、村镇银行、新型金融组织、农业发展银行、保险机构等为辅的多元化金融服务体系。

（二）农村金融供给水平和质量逐步提升

贵州加大金融产品和服务创新，针对农村抵质押物不足、地处偏远、传统金融服务难以覆盖等问题，各金融机构将金融资源引入"三农"领域，提升网点服务能力，发展线上信贷产品，创新融资模式，增加信贷规模和期限，并创新采用"银担合作+扶贫""银团合力+扶贫""政策性银行+城商行"等新型模式，发展了"迁户贷""宜居贷""安居贷"等系列产品，并在农村探索发展并使用债券、基金、期货、票据等多种金融工具，普惠金融、绿色金融、科技金融等发展规模逐步提升，农业产业发展、农村基础设施建设、农民致富增收得到了有效的金融支持。截至2020年，全省涉农贷款余额达13755.5亿元，较2015年增长129.2%①。

（三）农村金融生态建设取得进步

随着2020年贵州脱贫攻坚取得全面胜利，农村经济条件得到了显著提升，农村一二三产业的发展、农民收入的增加、农村信用体系的不断完善，农村信贷环境、营商环境得到了显著改善，农村经济主体融资的融资能力得到了明显增强，金融风险进一步降低，"云闪付"、"黔农云"和手机银行等支付方式得到有效推广，农村金融生态建设取得进步。

三、贵州农村金融存在问题

（一）农村金融政策体系不健全，金融资源配置不尽合理

贵州农村金融服务无论是在经营机制、管理能力、服务水平还是在政策体制和改革创新方面都较为落后，农村金融产品供给不足、农村融资难、农民贷款难长期存在。由于城乡差距较大，金融资源配置

---

① 资料来源：贵州省金融运行报告。

的不均衡，专门针对农业投资和农村发展的法律体系尚不健全，农村金融发展通过套用城市金融发展的政策法规开展金融业务，导致农村金融机构在建设发展、产品服务创新开发、行业运营等方面缺少具有专门性的法律规范，对农村金融产业的壮大发展、提质增效带来了一定的限制。同时，相对于体量较大的城市金融，金融监管对于农村金融的约束和引导相对薄弱，尚未形成各级政府、各个部门之间的协同管理，没有实现信息交流与共享，数据的提取和使用，缺少对各类农村金融机构运营和发展有效的外部监管和约束，对金融风险无法进行及时有效评估，相应的应对策略和应急措施也不尽完善。政府财政资金对农村金融的投入不够，扶持性政策有待完善。

（二）金融机构支农助农积极性不高，金融基础设施相对落后

随着乡村振兴战略的深入实施，贵州农村金融机构的种类数量以及产品服务得到了一定的提高，但是总体来说，贵州农村金融服务供给不足，支农力度不够凸显。农业银行作为五大大型商业银行之一，在贵州农村金融供给中本应占有较大比例，然而由于成本效益原因，以及支农贷款具有较高的风险性，其面向农村的商业性金融贷款相对城市中的信贷比例较少，且主要面向具有一定规模和实力的"大客户"。同时，中国银行、中国工商银行、中国建设银行、交通银行四大全国性大型商业银行也出于经济利益和风险的考虑，在县级以下的网点不健全，在农村地区的覆盖面较少，开展涉农的业务活动不多，留在县级以下的分支机构主要以吸收存款为主。贵州银行、贵阳银行等地方性商业银行受政府引导，虽然在当地针对涉农给予了一定的信贷资金，但由于自身体量较小和政策约束，从资本供给总量上来说，提供的金融产品及服务种类和覆盖面仍然不大。因为涉农贷款的风险管控不同于城市贷款，无法严格套用大型商业银行的做法，因此农业

发展银行作为我国唯一的一家农业政策性银行，也仅仅局限于粮、棉、油的政策性收购、储运等环节的资金提供，对其他贷款业务较为缺乏，能够提供的商业性支农贷款较为有限。邮政储蓄银行凭借中国邮政在农村的服务网点，在农村也布设了相应的业务网点，但是邮政储蓄银行在农村的金融业务存在存多贷少的情况，反而导致了有限的农村资金向外流失。截至 2020 年，贵州拥有新型农村金融机构（村镇银行、贷款公司、农村资金互助社）170 家，尽管近年来其机构数量、网点数目、从业人员持续增加，但其发展仍处在探索起步阶段，资金来源相对不足、开展的业务活动不多、服务能力相对不足，并且出于营利目的和生存需要，所能提供的涉农资金和信贷总量有限。小型农村金融机构（农村商业银行、农村合作银行、农村信用社）是贵州农村金融服务的主力军，但随着市场规模的不断扩大、机构改制以及运营战略的调整，小型农村金融机构的信贷资金也逐步开始朝向收益高、风险小的非涉农项目上投资，服务"三农"的能力也随之受到影响。小额贷款公司、金融租赁公司等新兴金融机构，在农村的业务仍属于试点阶段，资金来源也相对不足，能够提供的涉农金融服务仅限于针对农户个体的单笔、小额贷款，服务"三农"的能力较弱。

（三）金融产品及服务投入力度不够，创新能力明显不足

虽然近年来贵州省农村贷款额度不断上升，但农村金融产品及服务的品种仍然较为单一，依旧是以质押和抵押财产作为信贷条件的传统存贷款业务为主，在信贷发放的规定上一些条件仍然较为苛刻，能够满足涉农企业和农户的信贷产品非常有限，因此农村的金融需求仍然无法得到有效满足。此外，受整体金融发展水平的影响，农村金融产品及服务的创新非常有限，许多能利用先进科技水平的金融业务，由于农村基础条件的不完善，制约了新的支付方式、结算方式的推广

和覆盖，农村金融产品及服务的创新仍旧停留在模仿和借鉴商业银行的普遍做法，适应于农村金融市场，符合"三农"实际需求的有针对性的原创性、特色化的金融产品及服务却很少，并且各类农村金融机构提供的创新型金融产品及服务具有较强的同质性，缺乏有效的良性竞争，同时农村金融机构也缺乏相应的资产来抵销不良贷款，进一步限制或约束了产品及服务的创新和发展。并且，在实行了浮动贷款利率制度后，农业贷款的利率上浮比例相对较高，利率下浮的情况实属罕见，企业和农户获得资金的成本价格不断增高，致使借贷人的还款压力增大，意愿降低，农村金融产品及服务的效能受到影响。

（四）农村金融保障能力较弱，营商环境亟待改善

农村的社会信用体系不健全，农业企业和农民的基本情况和信用信息不完善，并且受农村地域及文化素质偏低的影响，农村金融市场中借贷人对于金融产品及服务的了解程度不高，仅仅停留在借款后还本付息的传统观念中，对于其中的信用观念、风险把控、还款能力及违约后果没有清晰的认识和准确的判断，因此在农村融资担保、信贷担保无法大规模的为本就缺乏质押和抵押财产的农业企业和农户进行足额担保，金融机构无法在无法预估意外的情况下规避风险或转嫁风险，这就进一步制约了农村金融机构对"三农"事业的投入。此外，相较于有着明确规范和章程、监管严格的银行信贷而言，民间借贷较为不规范，监管范围覆盖面较窄，甚至可能出现非法集资、经济诈骗、洗钱等违法犯罪活动，导致金融风险的进一步增加，借贷双方的权益无法得到有效保护。保险业务方面，保险机构在农村主要以农业保险承保为主要业务，项目种类较为单一。目前，贵州有6家商业保险公司（中国人民财产保险股份有限公司、中国人寿财产保险股份有限公司、中国平安财产保险股份有限公司、中国太平洋财产保险股份有限公司、锦泰财产保险股份有限公司、国元农业保险股份有限公司）具

备农险经营资质并开设了农业保险业务。但是，由于许多企业和农民对政策不了解、缺乏主动投保的意识、投保费用与赔付费率同农民的预期有一定差距、政府补贴资金有限、涉农担保困难等原因，主动放弃购买农业保险，从而增加了自身因自然条件和市场环境的影响而可能产生的风险。加之贵州自然灾害较多、频率较高、分布较广，保险机构在农村的经营面临风险高、赔付多、收益低等情况，导致进一步减少了可用于反哺"三农"发展的承保资金，农村金融在保险层面获得的保障能力明显不足。

（五）农村金融人才较为匮乏，整体素质能力有待提高

随着乡村振兴战略的深入实施，由于农村金融人力资源数量上的缺乏，从业人员整体素质不高的情况愈发凸显。导致出现这种情况的原因有以下几个方面：一是贵州农村的经济社会发展水平较发达地区来说相对落后，农村金融业发展水平较低，农村金融机构数量较少，开展的业务种类较为单一，因此能够为金融人才提供职业发展机会不多和岗位薪资水平不高，大多数金融类人才更倾向于朝城市区域聚集，因此导致愿意从事农村金融业的人员学历层次偏低、年纪偏大、结构单一、数量较少。二是目前在高等教育阶段没有开设专门的农村金融专业，普通金融类专业的学生在毕业后往往更愿意选择金融机构更多的城市区域进行就业，而且没有形成针对农村金融需求的人才培养体系，导致农村金融人才缺乏而城市金融人才竞争激烈。三是培养力度不够。在已存在农村金融人才较为匮乏的情况下，针对从业人员的理论知识和业务能力的培训力度仍然较小，由于缺少专业的培训制度、培训机构和培训模式，往往只是通过开展培训班或者委托培训等形式，在短期内对某一单项内容进行学习，导致农村金融人才整体的思维落后、素质较低、水平不高，对农业生产、农村发展及农民需求等"三

农"问题不甚明了，只是能达到处理一般金融业务，缺少农业和农村经济管理的意识和能力，农村金融业务管理能力较弱，直接影响了农村金融服务水平。

四、推动贵州农村金融发展的对策和建议

（一）完善农村金融体系

强化政府对农村金融发展的扶持力度，优化金融支农政策，引导资金向农村流动，适当放宽农村金融机构的准入门槛及农村贷款条件，加大对农村金融市场的支持和投入，对开展农村金融业务的金融机构给予财税支持，提供一定补贴。强化农村金融机构的建设，拓宽各类金融机构的涉农金融业务，扩大信贷规模，鼓励政策性银行加大对农业产业化发展、农村基础设施建设、生态环境保护等方面的支持力度，在"三农"资源开发及利用等方面提供优惠信贷支持。商业银行应针对"三农"发展创新金融产品及服务，增强普惠金融在农村的施行，推进绿色金融、科技金融在支农、助农上的运用，促使更多金融资源向农村流动，推动农村一二三产业的融合发展。深入推进农村信用社改革，结合现代金融企业运营方式，完善法人治理结构，健全法人治理体系，以支持"三农"发展作为首要任务，设立专门款项，增加信贷投入，将更多的资金投入农业发展、农村建设、农民致富中。新型农村金融机构应把握服务"三农"发展的自身定位，积极探索并逐步规范资金投放机制和制度，推动小额贷款扩面增量，以点到面持续提升在农村的金融服务能力。引导民间金融规范化发展，提高民间金融的组织化、规范化水平，拓宽小额信贷公司融资渠道，让大量闲散的民间资金得到合理的利用，使农村金融产业逐步走向多元化和市场化。不断提高农村融资能力，探索运用基金、债券、期货等各种方式投入

到农业农村中，推进农业现代化发展。

（二）加强农村金融市场建设

农村金融市场的发展要锚定农村金融需求的特点，构建形式多样、分工明确、功能互补的政策性金融、商业性金融、合作性金融及民间性金融相互融合，具有一定竞争性的多层次农村金融市场。政策性金融应以推动农业农村发展为主要目标，增加对农业农村项目及基础设施的资金投入，加大优惠力度，促进农业产业链不断健全，推动农业一二三产业融合发展。各类金融机构应加快金融产品及服务的创新，需要因地制宜，通过抵押贷款、信用贷款、金融租赁等多种形式，开发特定的信贷产品，提高涉农信贷产品的额度，延长贷款期限，增强对农业现代化、农村基础设施和农村城镇化建设的信贷支持质量和效益。同时，加强农村金融基础设施建设，优化金融服务网点，完善配套设施和各类服务设施，对传统网点进行升级改造，通过大数据、云计算、人工智能先进技术，提供多元化、多样化、智能化的金融服务，增强网点的便民服务水平。另外，将金融支农产品和服务方式与金融机构工作人员的绩效考核挂钩，增强金融机构工作人员对"三农"工作的积极性，并通过"以奖代补"的形式，以有限的竞争促进金融机构提高自身的经营管理水平，增强农村金融市场的活跃度。加强社会信用制度建设，建立农村征信体系，构建信息化征信平台，健全农村信用档案，推动农户、涉农企业、新型农村经济主体的基本信息、经营信息、行为信息、信用记录等多种数据的记录、更新和共享，为提高农村信贷成功率创造良好的社会环境。

（三）健全完善风险分散和补偿机制

按照"政府支持、部门协助、市场运行"的模式，加强政府对农村金融发展的引导、扶持和监控，加快建立健全相应的法律法规，提供全面的法律依据和支持，逐步规范农村金融市场秩序。建立农村信贷保险制度，积极开发农业贷款损失补偿保险品种，针对可能出现的逾期、违约、丧失偿还能力等情况，增加相应的附则及赔付条款，给予经营涉农业务的金融机构优惠政策，提高农村信贷遇险处置能力。加大政府财政支持力度，各级财政部门通过财政补贴、扩大经营权限等手段，建立信用担保补偿机制，培育发展专业农业担保机构，探索建立区域性信用再担保机构，提高涉农投资资金规模，鼓励农村金融机构与各类担保机构开展合作，分散农村金融机构风险，为农村信贷提供优质业务方案，支持"三农"发展。推行农户联保、农村专业合作社为成员担保等多种保证形式，探索建立农村贷款保证制度和农民信用评估机制，严格控制风险。加快发展农业保险，创新农业保险政策，扩大农业保险产品种类及覆盖范围，探索开展农产品目标价格保险，进一步降低单位经营成本，分散不可控风险，提高农村金融市场的风险抵御能力。

（四）强化农村金融人才的培养和引进

提升农村金融发展水平，需要一批熟金融、晓政策、懂环保、知农业、爱农村的复合型专业金融人才。应结合目前贵州农村金融发展状况，制定专门的人才发展规划，出台相应的人才引进和培养政策，创新人才引进和培养机制，建立农村金融专业人才储备库，营造有助于人才发展的良好环境，为农村金融人才的可持续健康发展提供制度保障。鼓励高等院校和专职院校开办针对农村金融发展的相关专业，并在现有涉农专业教学中增开金融类课程，安排学生深入农村进行校外实践学习，培养兼具金融和涉农知识的复合型人才，为农村金融做好人才储备。加强对现有金融人才和从事农村工作人力资源的培训和利用，对参训人员开展绿色金融和涉农知识的专业技能培训，强化理论知识基础，熟悉相关政策法规，加深对"三农"工作的了解，通过人才交流、学习锻炼、挂职任职等方式参与农村金融工作,提升农村金融人才资源数量和质量。借助"贵州人才博览会""生态文明贵阳国际论坛"等大型展会,搭建优质的人才引进平台,拓宽人才引进渠道,加大对专业从事农村金融的人才引进力度,在薪酬待遇、级别晋升等方面为符合引进要求的高层次绿色金融人才给予优惠政策,创造必要的条件,确保高端人才能够引得进、留得住。

(五) 加强农村金融的宣传引导

提高金融在农村的知晓率、普及率是推动农村金融发展的重点,金融在农村地区的推广,增进企业、经济组织、农民的有效参与,对农村金融扩大规模、创新产品及服务、探索改革发展模式有着重要作用。因地制宜、因时制宜大力开展农村金融的宣传和推广,体现农村特色、突出目标重点,利用互联网、电视、报纸、杂志等多渠道舆论传媒,对农村金融的理念概念、作用意义、服务对象、产品服务、相关政策、成功经验等进行介绍宣传。同时,积极宣扬诚实守信,为广大农民宣传普及个人征信知识与失信危害,筑牢诚实守信的道德标准,加强农村信用建设。

参考文献

[1] 周颖. 贵州农村金融发展分析——基于金融抑制视角 [J]. 热带农业工程, 2021, 45 (4): 48-50.

[2] 施若, 韩雯. 乡村振兴战略背景下贵州农村金融服务发展研究 [J]. 农业技术与装备, 2020 (10): 82+84.

[3] 文燕, 吴寿丽. 浅析欠发达地区农村金融发展的路径选择——以贵州省农村为例 [J]. 现代经济信息, 2019 (13): 324-325.

[4] 罗丹. 改革开放以来, 贵州农村金融体系发展历程回顾

［J］．商，2014（18）：97.

　　［5］詹小颖，姚高华．乡村振兴战略背景下复合型农村金融人才培养路径研究［J］．金融理论与教学，2020（2）：31-34.

　　［6］郑文卿．乡村振兴战略背景下农村金融发展创新研究［J］．农业与技术，2021，41（21）：164-166.

　　［7］慕慧娟，崔巍平．金融服务助力乡村振兴：实践、挑战及展望［J］．西南金融，2021（4）：29-40.

数字经济赋能乡村振兴的路径及对策

——以贵州省为例

王国丽[*]

摘　要：数字经济的加速发展为经济实现高质量发展提供了新引擎。但是当前贵州数字经济赋能乡村振兴还存在人才资源匮乏、协同高效的数据分享体系薄弱、数字化技术应用不足、相关法律法规不健全等困境。数字经济通过产业数字化、生态数字化、文化数字化、治理数字化、服务数字化等赋能乡村全面振兴；通过健全多方位人才、充分利用大数据平台、建立风险防控体系和强化顶层设计等推动数字经济更好地赋能乡村振兴。

关键字：数字经济；赋能；乡村振兴；困境；路径；对策

党的十九大报告提出了实施乡村振兴战略，为我国"三农"发展作出了重要部署，但实现乡村振兴需要持续有效的发展动能，而近年来数字经济的加速发展为经济实现高质量发展提供了新引擎。以物联网、大数据、人工智能为代表的数字技术加速向农业农村渗透，数字化已成为加速"三农"发展的催化剂，数字经济通过技术赋能、服务赋能和信息赋能将持续为"三农"发展提供持久动力，不断拓宽产业边界，提升价值链，最终促进乡村产业兴旺、生态宜居、乡风文明、

---

　*　王国丽：贵州省社会科学院区域经济研究所助理研究员。

治理有效、生活富裕。

已有相关文献围绕数字金融、数字乡村、数字文化、乡村治理、农村电商等角度展开了一系列研究，为数字经济赋能乡村振兴的系统性研究提供了理论层面和实践层面的参考和借鉴。张贺（2021）通过对西部地区普惠金融进行研究，认为数字普惠金融能通过提高人均收入、激活民营企业促进创新、优化产业结构三条路径刺激地区经济增长。星焱（2021）指出农村数字普惠金融能够降低交易成本，支撑农村数字经济增长。吕普生（2021）指出如果农村居民能够及时把握数字化时代的新机遇，把现代信息通信技术有效地应用于农业生产和农村生活，将加速推动乡村振兴。斯丽娟（2019）提出推广农业信息技术有利于推动乡村振兴。李翔和京祖盼（2020）提出数字文化产业是推动乡村振兴的一种产业模式与路径。沈费伟和袁欢（2020）指出数字乡村治理是时代发展的必然趋向，有利于激发乡村发展活力，最终提升乡村振兴绩效。秦秋霞等（2021）认为数字技术与农业农村发展深度融合，推动了乡村产业、生态、文化、治理、服务等方面的数字化转型，促进了实现乡村产业兴旺、生态宜居、乡风文明、治理有效、生活富裕。陈一明（2021）研究证实数字经济通过科技创新的技术协同作用，发挥其乘数效应和溢出效应，与乡村产业实现深度融合，最终能够使乡村产业获得更高质量的产出，并推动新旧动能转换，实现可持续发展。可以看出学术界对数字经济赋能乡村振兴已形成基本的共识，但还缺乏从宏观层面阐述数字经济赋能乡村振兴的路径和对策。

一、数字经济赋能乡村振兴的内涵及意义

（一）数字经济赋能乡村振兴的内涵

数字经济是以数字化的知识和信息作为生产要素，以现代信息网

络为载体，通过与实体产业的融合以重构经济发展模式和社会治理模
式，最终促进产业转型升级，实现经济高质量发展。数字经济赋能乡
村振兴是指数字化技术通过技术、服务和信息赋能"三农"，促进农
业产业转型升级、农村生态宜居、农民生活富裕，达到增进社会福祉，
实现农业农村高质量发展的目的。

（二）数字经济赋能乡村振兴的重要意义

有助于推动城乡融合发展，加快推动社会主义现代化全面建设。
数字技术打破了城乡之间的行政界限，畅通了城乡之间人流、信息流、
资金流、技术流等渠道，实现城乡之间商品、服务、信息和生产要素
的自由流动，进而促进城乡资源要素的最优分配，缩小城乡之间经济
社会发展的差距，最终推动城乡和谐融合发展。农村经济社会发展是
我国社会主义现代化建设的重要组成部分，但同时也面临巨大的挑战。
在数字经济大背景下，乡村资源得到合理开发，有效激发了农村地区
高质量发展的新动能，实现了农村经济的高质量发展，特别是欠发达
地区依托数字乡村建设，带动了农村经济实现跨越式发展，加快实现
乡村振兴的步伐，有利于推动社会主义现代化进入全面建设阶段。

有助于统筹数字乡村建设，加速推进数字中国发展。农业农村在
经济社会中的信息化、网络化应用，以及农民对信息化技能的使用是
数字乡村建设的重要内容，同时也是数字中国的重要组成部分。数字
经济通过对农业产业化、农村生态生活空间以及农民职业技能进行信
息化和数字化赋能，这即是数字乡村建设的题中之义，且能全面带动
农业农村实现数字化建设。农村数字化提速发展也能反哺城市经济社
会的数字化发展，城乡数字经济得到快速发展就是中国数字化发展的
主要内容。

有助于实现农村经济高质量发展，巩固拓展脱贫攻坚成果。数字
经济利用其可再生性、非竞争性、普惠性和非排他性等优点，以及其

所具有的高渗透性、外部经济性和边际效益递增性等特点，通过数字化技术、人工智能推理等成熟的新技术对乡村产业的土地和劳动力等传统生产要素进行指导、赋能、增效，以优化其生产经营过程，并催生出新业态、新模式、新服务和新产品，实现1+1>2的效果。数字经济激发农村产业新动能，促进农村产业转型升级，促进农民持续稳定增收，进而有利于巩固拓展脱贫攻坚成果。

二、数字经济赋能乡村振兴的困境

（一）乡村数字经济人才资源匮乏

一是相关从业人员数字化素养不高。大部分基层农业干部、农民和新型经营主体对数字经济赋能乡村振兴的认知还只停留在概念层面，缺乏对数字经济赋能乡村振兴的具体规划和步骤的谋划，部分人员被动接受多，主观谋划少，甚至表示上级要求怎么做基层就怎么做，暴露出数字经济推动乡村振兴发展在基层缺谋划欠落实的根本性难题。二是生产经营主体兼具数字化技能和农业经济知识不够。能够扎根在农村发展产业的创业者或者农民普遍缺乏数字化、农业经济规律、商业管理等复合型知识和技能。他们中要么是对数字经济技术不精通，要么是对农村产业发展规律不熟悉，还有大多数缺乏法律、创业、风投、商务等方面的经验，严重制约了数字经济推动乡村振兴发展。

（二）协同高效的数字分享体系薄弱

一是数据挖掘不够。涉农部门数据统计口径不一致、数据范围窄、格式单一、时效性弱、质量参差不齐，可利用的数据使用价值不大，大大限制了数字经济对乡村产业发展的创新驱动能力。二是部门数据孤岛制约数据共享。基层涉农部门，如市、县级别的农业农村部门、商务部门、科技局、金融部门等在数字经济赋能乡村振兴发展方面未能形成共识、部门间的数据不能实现共享、信息不对称、数据可利用性不足等问题，由此所带来的"信息孤岛"困境有待进一步破解。

（三）数字化技术应用不足

一是数字化技术与乡村产业融合度不高。贵州省属于山地农业，农业生产碎片化、分散化比较严重，是典型的小农生产经营模式。大型农机设备、自动化作业应用程度低，农机智能化生产及管理等较为落后，农业、农产品智慧流通体系等创新方面还处于初级水平，应用力度不足，遥感系统、地理信息系统、定位系统等与乡村产业融合度不高。二是数字化技术赋能乡村生态生活空间深度不够、范围不广。贵州省大多数农村生活方式、文化娱乐方式以及治理模式对数字化、信息化和网络化的应用程度不高，如农业生产数字化、物流数字化、医疗数字化、村务数字化、农村生活垃圾、污水治理等数字化和智慧化程度不够，距离构建数字三农生态圈的目标还远远不够。此外，由于农村缺乏数字化专业人才与技术，使现有技术云平台、边缘计算、人工智能、数字化能源等对接乡村生产生活实际情况的成果少，技术与市场需求也存在明显脱节。

（四）相关法律法规不健全

贵州是大数据发展的先行区和示范区，数字经济在理论和实践层面得到了较快发展，比如，先后出台了一系列相关政策、地方性法律法规等，但总体而言，在乡村数字经济发展、数字经济赋能农业农村发展方面还不健全，主要是涉及数字经济在农村地区发展的相关法律法规欠缺。现有的法律法规并未明确规定"三农"相关数据哪些可以对外公开、哪些可以进行共享、哪些不能对外公布等，这也是一些涉农部门不敢、不愿共享相关资料和数据的部分原因，若相关农业数据仅被一些巨头企业掌握，很容易造成新的数据垄断局面，有违市场竞争公平的初衷。

三、数字经济赋能乡村振兴的路径

在乡村振兴背景下，数字技术的发展正推动农业农村实现产业兴旺、生态宜居、乡风文明、治理有效、生活富裕。

（一）数字经济赋能产业兴旺：产业数字化

建立农业产业在生产端、加工包装、销售端、物流端和售后服务等阶段的数字化水平。鉴于贵州确立了十二大特色产业，可探索十二大特色产业的数字化示范项目。推进数字经济与十二大特色产业优化布局。以市场需求为导向，稳步推进数字经济与茶产业、辣椒产业、食用菌、中药材等十二大特色优势产业的优化布局，利用数字化、智能化、大数据等信息技术建立覆盖十二大特色优势产业生产监测、加工分拣、流通，以及行业管理、销售和售后服务的农业全产业链，构建十二大优势特色产业供应链——集成与融合平台，建立"互联网+"标准体系，打造集标准化、数字化、品牌化、集团化、金融资本化、综合赋能化于一体的十二大优势特色农业产业互联网平台，提高农产品价格话语权，促进优势产业高质量发展。此外，市、县级农业农村主管部门还应该积极探索建立参与主体利益的共享机制，以农业龙头企业、农业专业合作社和家庭农场为核心，以互联网农业金融平台和农村电子商务平台为基础，积极培育大型农业产业发展联合体，推动各类涉农主体建立更加紧密的产业发展联盟，通过供应链和价值链延伸来使更多的农户能够从数字经济和乡村乡村振兴发展中获得实惠。

（二）数字经济赋能生态宜居：生态数字化

农村生态数字化包括农村生产方式和生活方式生态化、数字化。

贵州土地破碎、土壤质量不高，农民滥用化肥和农药的现象十分普遍。随着数字技术对农村生产生活的渗透，农业生产在数字经济背景下更加透明，可借助数字化对农业生产的化肥和农药等生产要素进行精准对接和操作，比如利用新技术对土壤质量进行检测和对比，指导使用化肥和农药等生产要素。避免滥用化肥和农药对土质、土壤、生物、农作物带来的不利影响。另外，生活生态化和数字化包含了农村生活垃圾和生活污水处理绿色化。对农村生活垃圾和污水处理进行科学化和数字化的处理，同时加强对畜禽养殖的资源化利用和农业面源污染的治理，提高农村生态环境治理的信息化水平。

（三）数字经济赋能乡风文明：文化数字化

乡村文化是乡村发展的内在动力，数字经济推动文化发展，赋能乡村传统文化转型升级，实现乡风文明，进而推动乡村振兴。贵州历史源远流长，民族文化丰富，形式多样，还有红色文化、各具特色的村寨文化等。数字技术因具有非竞争性和高渗透性优势，在传播乡村文化方面可实现低成本和高效益。通过短视频、直播、抖音等新媒体形式对地方特色文化特别是非物质文化遗产、红色文化、乡村文化等进行记录和传播，如侗族大哥、苗族服饰、布依族"八音坐"、布依族石头房、苗族吊脚楼等，破解文化遗产由于资金、技术传承等原因面临消失的难题。同时要深入推进互联网普及，为农民提供数字化技术应用培训，提高农民获取信息、使用信息的能力。

（四）数字经济赋能治理有效：治理数字化

治理数字化包括基层政府治理数字化和村民管理数字化两部分：第一，基层政府治理数字化。依托数字技术对数据和信息的快速处理优势，可以使基层政府管理规范化、快速化、便捷化、高效化等。数字化技术通过实时收集数据、高效分析使原来烦琐的、死板的政务流程变得高效便捷，为基层农民提供便捷化服务甚至是个性化的服务。第二，村民管理数字化。通过加强村民掌握数字化的使用和应用能力，缩小了基层群众与基层政府之间的信息差距，提高村民参与村务、政务治理的渠道。

（五）数字经济赋能共同富裕：服务数字化

城乡实现共同富裕要求农村在医疗、教育、社会保障服务等方面与城市缩小差距和障碍，甚至是保持同等水平。随着互联网和数字技术不断向农村渗透，乡村公共服务得到了快速发展，为乡村与城市实现共同富裕提供了良好契机。首先是医疗数字化。在大数据共建共享背景下，实现农村医疗与城市医疗的数据共享和互联互通，以及异地医保联网结算。城市医疗机构可利用互联网为乡村医疗卫生机构提供远程医疗、在线培训等服务，促进城乡医疗均衡发展。其次是教育数字化。开设远程教育、线上课程等，实现优秀资源与农村学校的无障碍对接，提升农村教师专业素质，拓宽学生的知识获取渠道，促进城乡教育公平与均衡。最后是公共服务数字化。公共服务数字化是要满足农民出行、办事等便民服务实现信息化。创建互联网平台为农村提供出行、就业创业、办事、咨询等多种服务，实现便民服务数字化。

四、数字经济赋能乡村振兴的对策和建议

（一）多方位完善数字经济人才体系建设

一是完善新型职业农民体系。利用国家对职业教育的重视和规划，加快农业职业教育、远程教育发展，开展数字经济应用和乡村振兴知识的普及，同时树立典型选拔优秀青年职业农民农闲时期定期专项培训，培养造就一批善用互联网、懂金融经济的新型农业生

产经营主体和产业化联合体。二是健全驻村工作体系和回流人才体系。积极培育懂"三农"的基层工作队伍，并出台相应的激励政策鼓励能力强、水平高的人下乡驻村引导，并建立相应的工作晋升挂钩机制。设立数字经济与乡村振兴发展的领军人才基金。支持发挥乡村能人、有志服务于农村的能人扎根农村带动农民创新发展数字经济与乡村产业融合。三是重视培育相关科研人才。一方面，加大对技术研究人员的培育力度，从科研投入、绩效、工作晋升等方面引导及鼓励技术研究人员从事适合山地农业产业发展的自动化作业、智能化管理先进设备的研究，提高贵州省山地农业的数字化应用水平。另一方面，鼓励和引导省内外科研机构、高校等政策研究人员开展针对贵州数字经济与乡村振兴发展的政策性研究，为相关部门指定政策提供理论参考和实践依据。

（二）充分利用国家大数据平台优势

一是健全农村电商生态系统。推动"直播带货""体验电商"等新一代电商业务模式在农村地区落地，以创新模式带动农村非实物产品与服务发展。加大对新型农业经营主体、快递企业等仓储保鲜冷链物流建设的支持力度。切实打通农村电商物流"首末一公里"。二是构建大数据全产业链。利用遥感、物联网等现代信息技术构建农情监测系统，完善农业生产智能监测体系；围绕十二大特色农业产业，开展重要农产品全产业链大数据建设，从生产、加工、流通、销售、消费等关键环节加快数字化改造，打通数据链、重构供应链、提升价值链。

（三）健全风险防控体系

加快建立健全和农村"数字经济"领域相关的官方权威统计口径和指标，保障数据的安全性。补充、修订和完善数字经济在农村产业发展方面的相关法规制度，通过大数据信息采集立法，确定服务标准及制度规范进一步优化对于数据的知识产权保护、责任权利归属、利润分配方式等的标准制定。

（四）加快推动顶层设计和战略规划进一步落实

一是建立"信息共享、风险共担"合作体系。进一步制定相应标准规划信息资源，提升信息的透明度，出台相应激励保障措施，鼓励各地区、各涉农部门间的信息共享。二是推进数字经济与十二大特色农业产业优化布局。以市场需求为导向，稳步推进数字经济与茶产业、辣椒产业、食用菌、中药材等十二大特色农业产业的优化布局，利用数字化、智能化、大数据等信息技术建立覆盖十二大特色优势产业生产监测、加工分拣、流通，以及行业管理和销售的农业全产业链，构建十二大特色农业产业供应链——集成与融合平台，建立"互联网+"标准体系，打造集标准化、数字化、品牌化、集团化、金融资本化、综合赋能化于一体的十二大优势特色农业产业互联网平台，提高农产品价格话语权，促进优势产业高质量发展。此外，市、县级农业农村主管部门还应该积极探索建立参与主体利益的共享机制，以农业龙头企业、农业专业合作社和家庭农场为核心，以互联网农业金融平台和农村电子商务平台为基础，积极培育大型农业产业发展联合体，推动各类涉农主体建立更加紧密的产业发展联盟，通过供应链和价值链延伸来使更多的农户从数字经济和乡村振兴发展中获得实惠。三是加强"产学研"合作。布局形成一部分国家级重点实验室，并将其科研成果与农村产业发展相结合，进一步将科研成果转化为实实在在的生产力，并逐步形成数字经济与乡村振兴的"贵州模式"。

参考文献

［1］张贺．全面推进乡村振兴背景下数字普惠金融对我国西部经济增长的影响［J］．云南民族大学学报（哲学社会科学版），2021（9）．

［2］星焱．农村数字普惠金融的"红利"与"鸿沟"［J］．经济学家，2021（2）．

［3］秦秋霞，郭红东，曾亿武．乡村振兴中的数字赋能及实现途径［J］，江苏大学学报（社会科学版），2021（5）．

［4］吕普生．数字乡村与信息赋能［J］．中国高校社会科学，2020（2）．

［5］斯丽娟．数字经济时代农村信息扶贫生态系统的构建与路径优化［J］．图书与情报，2019（2）．

［6］李翔，宗祖盼．数字文化产业：一种乡村经济振兴的产业模式与路径［J］．深圳大学学报（人文社会科学版），2020（2）．

［7］沈费伟，袁欢．大数据时代的数字乡村治理：实践逻辑与优化策略［J］．农业经济问题，2020（10）．

［8］陈一明．数字经济与乡村产业融合发展的机制创新［J］．农业经济问题，2021（12）．

农村土地市场化制度
改革与农户减贫
——基于利益相关者土地价值捕获的研究

王维方[*]

摘　要： 在中国新一轮农村土地制度改革中，农村集体经营性建设用地入市显著提升了农村土地价值，而科学地分配农村土地收益是促进乡村振兴和农户减贫的关键。利益者相关土地价值捕获理论提供了一个重要的分析渠道和视角。既有研究主要从自上而下的角度强调农村土地制度改革促进乡村振兴和农户减贫的积极作用，但是从自下而上来看，不同的利益相关者对土地价值捕获的认知没有得到充分的研究。因此，农村土地市场化制度改革对农户减贫的作用仍亟待进一步探讨。基于重庆市大足区、四川省郫都区、贵州省湄潭县、浙江省德清县、广东省南海区五个农村集体经营性建设用地入市试点县市的改革实践，本文汇总了我们在国际期刊上已发表的利益相关者对农地入市改革中土地价值捕获的认知研究的成果。研究发现：①地方政府对入市改革的土地价值捕获持积极态度，因为他们更加侧重社会和政治利益；②农村集体对土地价值捕获持积极态度，并积极成立农村土地股份合作社，因为他们更关注未来长期利益；③农户对农地入市中的土地价值捕获不是特别满意，因为他们更加关注城乡之间的土地价值差异；④较城市国有土地市场，买地者对农地入市持保守态度，因为

---

　　* 王维方：荷兰乌特勒支大学人文地理与空间规划系。

他们更加侧重购地后的未来用地成本。本文同时指出了农地入市改革在利益相关者土地价值捕获中存在的问题和挑战。本文期望对农村土地市场化制度改革促进乡村振兴和农户减贫提供理论和政策借鉴。

关键词：农地入市制度改革；乡村振兴；农户减贫；土地价值捕获；利益相关者；中国

一、引言

土地市场化制度改革是指以市场配置为导向而非以计划配置为导向的土地资源开发利用的过程（Jiang and Lin，2021；侯惠杰、张程，2019）。土地市场化普遍地发生于世界范围内，既包括在以公有制为主体的国家也包括在以私有制为主体的国家（袁苑等，2019；Wang et al.，2020）。与西方私有制国家相比，公有制国家的土地市场化的显著特征是有限期土地使用权的交易，而非土地所有权的交易（Liu X and Liu Y，2021）。作为最有代表性的以土地公有制为主体的国家，中国经历了数次土地制度改革（史卫民、曹姣，2021；曲福田等，2021；张兰、冯淑怡，2021）。中国农村土地市场化制度改革唤醒了沉睡的农村土地资本，显著彰显并提高了农村土地价值。面对大量的农村土地增值收益，如何科学地在利益相关者之间进行初次分配和再次分配，是新一轮农村土地制度改革的核心和关键（邹旭等，2021）。这也关乎农村土地制度改革（侯惠杰、张程，2019）、地方财政收入的可持续性（Wang，2022a；Zhang et al.，2021）、乡村振兴（岳永兵，2021；古叶恒等，2021）、农户减贫（李敢、徐建牛，2020）和城乡统筹发展（Wang，2021；岳文泽等，2021）等的兴衰成败。

关于农村集体经营性建设用地入市改革对乡村振兴和农户减贫的作用研究有不同的分析视角，如自上而下的视角和自下而上的角度（Hollberg et al., 2019; Kubickova and Campbell, 2020）。首先，自上而下的视角即政府在农地入市改革中对农村土地增值收益的分配和再分配（邹旭等，2021；祝亮、夏莲，2021；吕丹、薛凯文，2021）。其次，自下而上的视角是指不同的利益相关者对农地入市中农村土地价值和增值的捕获（Wang et al.，2020）。这两个分析视角既有区别，又有联系。本文选取利益相关者土地价值捕获的分析角度，自下而上地分析农村集体经营性建设用地入市改革在乡村振兴和农户减贫中所发挥的作用。根据已有研究对土地价值捕获概念的定义（Medda，2012；Suzuki et al.，2015；Walters，2013），本文中对利益相关者土地价值捕获的概念进行了重新定义。土地价值捕获是指不同的利益相关者（如地方政府、农村集体、农户家庭以及买地者等），从农村集体经营性建设用地市场化改革中排他性地获取农村土地利益的行为（Wang et al.，2020）。

通过系统的文献梳理，既有研究自上而下的视角强调了农村集体经营性建设用地入市改革中，农村土地增值收益分配和再次分配在乡村振兴和农户减贫中所发挥的积极作用和建设性贡献，并认为利益相关者对农地入市土地价值捕获持积极态度（邹旭等，2021；祝亮、夏莲，2021；吕丹、薛凯文，2021）。然而，自下而上来看不同的利益相关者对土地价值捕获的认知没有得到充分的研究，而不同的利益相关者对农地入市改革中土地价值捕获的认知又至关重要。因此，农村土地市场化制度改革中土地价值捕获的理论仍然有待深入研究，农村土地市场化制度改革对农户减贫的作用仍亟待进一步探讨。

本文以中国农村集体经营性建设用地入市改革为研究对象。在农地入市改革的土地价值捕获中，核心的利益相关者主要包括地方政府、农村集体、农户农民以及买地者。本文选取了重庆市大足区、四川省郫都区、贵州省湄潭县、浙江省德清县和广东省南海区五个试点县市作为实证研究。在研究方法上，本文采用定性与定量相结合的分析方法。数据来源于半结构化访谈、问卷调查和统计资料。关于本文的相关成果，

笔者已将其发表在 *Land Use Policy*、*Journal of Rural Studies*、*Cities* 等国际学术期刊上（Wang，2021，2022a，2022b；Wang et al.，2020）。本文的目的是系统地汇总前期关于农村土地市场化制度改革下，利益相关者对土地价值捕获认知的科研成果，指出了农地入市改革在利益相关者土地价值捕获中存在的问题和挑战。本文期望对农村土地市场化制度改革如何促进乡村振兴和农户减贫提供理论和政策借鉴。

二、利益相关者土地价值捕获理论

围绕土地市场化制度改革中利益相关者土地价值捕获的研究目的，本文做了文献综述，并构建了农村土地市场化制度改革中利益相关者土地价值捕获的理论分析框架。在这个理论分析框架的基础上，我们界定了既有研究的不足，并提出了相应的研究重点和分析角度。

（一）自上而下和自下而上的研究视角

农村土地市场化制度改革在乡村振兴和农户减贫的作用可以从不同的视角分析，既包括自上而下的视角又包括自下而上的视角（Hollberg et al.，2019；Kubickova and Campbell，2020）。首先，自上而下的研究视角是指地方政府在农村集体经营性建设用地入市改革中对农村土地增值收益的分配和再次分配（邹旭等，2021）。其次，自下而上的研究视角是指不同的利益相关者在农地入市中的土地价值捕获行为（Wang et al.，2020）。这两个分析视角既有区别，又有联系。本文选取利益相关者土地价值捕获的分析角度，从自下而上的视角分析农村集体经营性建设用地入市改革在乡村振兴和农户减贫中所发挥的作用。

（二）利益相关者土地价值捕获理论

土地价值捕获理论为我们研究农地入市改革在乡村振兴和农户减

贫中的作用提供了一个新的分析视角。已有研究对土地价值捕获这一理论进行了广泛的探讨和辩论（Medda，2012；Suzuki et al.，2015；Walters，2013），然而我们认为已有的关于土地价值捕获的定义不完善，因为已有的研究仅仅是指基于土地的地方政府财政融资。土地价值捕获不仅涉及地方政府的土地财政收入，同时还涉及其他利益相关者从土地交易中取得的收益（Wang et al.，2020）。因此，在对文献进行系统梳理的基础上，我们在本文中对土地价值捕获的概念重新进行了定义。本文中涉及的利益相关者土地价值捕获概念是指不同的利益相关者（如地方政府、农村集体、农户家庭、买地者等）从农村集体经营性建设用地市场化改革中排他性地获取农村土地利益的行为（Wang et al.，2020）。不同的利益相关者参与土地价值捕获的原因如下：①地方政府在农地入市改革中具有双重的角色，既包括因公的角色也包括因私的角色。因此，地方政府是农地入市改革中一支重要的利益相关者并参与土地价值捕获（Wang，2022a）。②农村集体经济组织是农村土地的所有者，因此也是农地入市改革中重要的利益相关者，参与土地价值捕获（Wang，2022b）。③农户和农民是农村集体经济组织的成员，因此也是入市改革中土地价值捕获的利益相关者。④虽然买地者在改革前不能参与农地交易，但是在这一轮土地制度改革中，买地者通过投资参与农地入市（Wang，2021），所以他们也是土地价值捕获的利益相关者。

（三）既有研究不足和本文研究的重点

自上而下和自下而上的两个视角分别从不同的角度探讨农村土地市场化制度改革在推动乡村振兴和农户减贫方面的作用。然而，不同的视角可能会得出不同的结论。因此我们需要仔细区别这两个研究视角，以期得到正确的结论。

根据对已有文献的梳理，我们可以发现既有研究大多是从自上而下的角度分析政府在农地入市改革中土地价值和增值收益的分配和再分配，并强调农村土地制度改革促进乡村振兴和农户减贫的积极作用（邹旭等，2021；祝亮、夏莲，2021；吕丹、薛凯文，2021）。但是自下而上来看不同的利益相关者对土地价值捕获的认知没有得到充分的研究（Wang，2021，2022a，2022b；Wang et al.，2020）。因此，农村土地市场化制度改革对农户减贫的作用仍亟待进一步探讨。

三、中国农村集体经营性建设用地入市与土地价值捕获改革实践

基于上一部分的理论分析和研究点的阐释，这一部分主要介绍中国的土地制度安排和最新一轮的农村土地制度改革。新一轮的农村土地制度改革涉及三项内容，即农村集体经营性建设用地入市、宅基地制度改革和征地制度改革。而在本文中，我们特别关注的是"三块地"改革中的农村集体经营性建设用地入市以及利益相关者的土地价值捕获的实践。

（一）中国的土地制度历史和新一轮农村土地制度改革

一百年来，中国经历了数次土地制度改革（史卫民、曹姣，2021；曲福田等，2021；张兰、冯淑怡，2021）。自 2015 年以来，中国开展了新一轮的农村土地制度改革，包括农村集体经营性建设用地入市改革、宅基地制度改革和征地制度改革（张安录，2020；张兰、冯淑怡，2021）。本文中的中国农村土地市场化改革特指农村集体经营性建设用地入市。农村集体经营性建设用地是指具有生产经营性质的农村建设用地，包括农村集体经济组织使用乡（镇）土地利用总体规划确定的建设用地兴办企业或与其他单位、个人以土地使用权入股、联营等

形式共同举办企业、商业所使用的农村集体建设用地，如过去的乡镇企业用地和招商引资用地。最新的《中华人民共和国土地管理法》《中华人民共和国城市房地产管理法修正案（草案）》表明，农村集体经营性建设用地，在符合规划和用途管制的前提下，将可以进入城市的建设用地市场，享受和国有土地同等的权利。允许土地所有权人通过出让、出租等方式交由单位或者个人使用，同时也意味着使用权的转移并不是所有权的转移（马翠萍，2021；Wang，2021）。

（二）中国33个试点县市的改革进展

2015 年，全国人民代表大会授权 33 个试点地区暂时调整实施相关法律，进行为期三年的"三块地"改革。土改实行的是分开改革，33 个试点县中，有 15 个试点农村集体经营性建设用地改革。从 2016 年 9 月开始，原国土资源部采取"试点联动"方式扩大"三块地"改革试点的覆盖范围。经中央全面深化改革领导小组批准，国土资源部决定将农村集体经营性建设用地入市试点地区由原有的 15 个县（市、区）扩大为 33 个县（市、区）（马翠萍，2021；Wang，2021）（见表1）。

表1 中国农村集体经营性建设用地入市改革33个试点县（市、区）统计信息

序号	省（区、市）	试点县（市、区）	序号	省（区、市）	试点县（市、区）
1	北京市	大兴区	11	浙江省	义乌市
2	天津市	蓟州区	12	浙江省	德清县
3	河北省	定州市	13	安徽省	金寨县
4	山西省	泽州县	14	福建省	晋江市
5	内蒙古自治区	和林格尔县	15	江西省	余江区
6	辽宁省	海城市	16	山东省	禹城市
7	吉林省	长春市九台区	17	河南省	长垣县
8	黑龙江省	安达市	18	湖北省	宜城市
9	上海市	松江区	19	湖南省	浏阳市
10	江苏省	常州市武进区	20	广东省	佛山市南海区

序号	省（区、市）	试点县（市、区）	序号	省（区、市）	试点县（市、区）
21	广西壮族自治区	北流市	28	西藏自治区	曲水县
22	海南省	文昌市	29	陕西省	西安市高陵区
23	重庆市	大足区	30	甘肃省	陇西县
24	四川省	郫都区	31	青海省	湟源县
25	四川省	泸县	32	宁夏回族自治区	平罗县
26	贵州省	湄潭县	33	新疆维吾尔自治区	伊宁市
27	云南省	大理市			

资料来源：根据自然资源部资料整理。

（三）利益相关者的土地价值捕获实践

中国的农地入市改革驱动了利益相关者土地价值捕获的巨大变化。在农地入市改革前，地方政府和开发商捕获了绝大比例的农村土地价值。例如，研究表明，2010年土地增值收益分配在集体、农民，地方政府和开发商中分配的比例为2%、18%和80%。农村集体经济组织和农户只能以农村土地征地补偿款的形式获得较少量的农村土地价值，而大部分的土地价值被地方政府和开发商捕获（Lin and Zhu，2014）。在农地入市改革之后，农村集体和农户、农民从农村土地交易中捕获的农村土地价值得到显著提升。根据我们的实地调查，四川郫都区的农村集体和农户家庭在地方政府收取土地增值收益调节金后可以捕获80%的农村土地价值。

四、研究方法和数据

（一）研究案例和调查对象

本文从全国33个农村集体经营性建设用地入市改革的试点县

（市、区）中选取了5个作为研究区：重庆市大足区、四川省成都市郫都区、贵州省遵义市湄潭县、浙江省湖州市德清县、广东省佛山市南海区（见表2）。

表2　本文选取的五个试点县（市、区）的社会经济特征

序号	试点县（市、区）	常住人口数（万人，2020年11月1日）	面积（平方千米）	城镇化率（%）	GDP（亿元，2020）	经济增长率（%，2020年）
1	重庆大足区	83.56	1436	60.05	700	4.4
2	四川郫都区	139.09	438	74.27	1234	3.5
3	贵州湄潭县	37.29	1864	50.48	118	4.7
4	浙江德清县	54.86	938	50.03	544	2.6
5	广东南海区	366.72	1074	96.05	3178	0.7

资料来源：根据各地统计年鉴资料整理。

截至2018年12月31日，在这5个农村集体经营性建设用地入市改革的试点县市中，一共有430宗农村集体经营性建设用地参与入市。涉及农地入市面积371公顷，出让金额98.36亿元。

本文同时抽样了446个调查对象，其中涉及地方政府官员119人，农村集体书记和村主任95人，农民130人，以及买地单位和个人102人。

（二）研究方法和数据

本文采用定性与定量相结合的分析方法。其中，定性研究方法为主要手段来分析利益相关者土地价值捕获的认知；定量分析方法起辅助手段，目的是协助定性分析。本文的数据来源于实地问卷调查和统计资料。

五、研究成果汇报：利益相关者对农地入市改革中土地价值捕获的认知

基于 5 个农村集体经营性建设用地入市试点县（市、区）的改革实践，本文主要从自下而上的视角分别介绍地方政府、农村集体、农户和农民，以及买地者等主要利益相关者对农地入市中土地价值捕获的认知。

（一）地方政府对农地入市的土地价值捕获持积极态度，因为他们更加侧重社会和政治效益

基于实证研究，我们发现即使部分地方政府在农村集体经营性建设用地入市改革中的土地价值捕获损失了经济利益，但他们仍然持积极的态度。这是因为经济利益得失的考量并非地方政府认知的决定性因素。相反，地方政府更加侧重农村土地市场化制度改革中的社会利益和政治利益（Wang，2022a）。此外，我们的研究还发现：地方政府对农地入市土地价值捕获的认知存在差异，并且这些差异的依据是沿海与内陆、城乡，以及地方政府的级别。

（1）地方政府级别的区别。研究发现虽然省级政府并没有捕获所辖农地入市县市的土地增值收益，但是他们对农地入市改革的土地价值捕获仍持积极的态度。省级政府均将"农村集体土地增值收益调节金"的改革红利留在试点县市，助推当地发展。这是因为决定省级政府对土地价值捕获认知的决定因素是社会和政治利益，而非短期经济利益因素。具体而言，省级政府的长期经济利益会通过税收的形式体现；省级政府通过农村土地股份合作制的机制平衡国家、集体和个人的社会利益；省级政府通过农村集体经营性建设用地三权分置的机制维护农村集体土地所有制的政治利益。

（2）东部沿海和西部地区的区别。虽然西部地方政府在入市改革中的"农村土地增值收益调节金"较之前征地的得利降低，但他们仍然表达了积极的态度。从经济利益来看，西部地方政府通过降低地价招商引资的机制来实现长远的经济利益；从社会利益来看，西部地方政府积极通过构建跨区域用地指标交易的机制来实现缩小区域差异的社会目标；从政治利益来看，西部地方政府通过坚持土地用途管制的机制来实现维护规划用途的政治目标。因此，社会和政治利益决定了西部地方政府对农地入市中土地价值捕获的认知。

（3）城乡之间的区别。相比城中村和城乡接合部，地方政府从远郊农村的入市地块中所收取的"农村土地增值收益调节金"有经济利益的损失，但是他们仍然持积极的态度。原因如下：从经济利益的角度看，地方政府通过发展权的交易机制来实现长期的经济目标；从社会利益的角度分析，地方政府是通过构建城乡统一的建设用地市场的机制来实现统筹城乡发展的社会目标；从政治利益的分析角度来看，地方政府在土地价值捕获的各个阶段充分征求农民的意见机制来实现保护入市改革当地的合法权利和利益的政治目标。

（二）农村集体更加侧重长远利益，并积极成立农村土地股份合作制

基于前期研究，我们发现农村集体经济组织对农地入市改革的土地价值捕获持积极态度，并且积极推进农村土地股份合作制的建设（Wang，2022b）。这是因为农村集体经济组织更加侧重长远利益。除了这个主要的发现，我们还发现农村集体对农地入市的土地价值捕获存在细微的差别。这些差别是以农村集体的类型、空间区位以及制度设置来分类的。

（1）农村集体类型的区别。农村集体的类型分行政类和经济类。我们发现一些行政类农村集体对农地入市的土地价值捕获持被动的态

度。这是因为他们虽然在短期内能够收益，但是长期来看他们的角色被限定在了行政管理方面，并且他们不能像经济类农村集体组织那样通过参与农村土地股份合作制来获得长远的经济利益。

（2）空间区位的区别。通过对比沿海和内陆的差异，我们发现一些内陆地区的农村集体对农地入市土地价值捕获持被动的态度。另外，通过对比城乡之间的差异，我们发现位于远郊农村的农村集体也持被动的态度。这是因为这两类地区的农村集体并未充分地成立相应的农村土地股份合作制，所以他们较其他地区并不能在未来获得可持续的经济利益。

（3）制度设置的区别。我们对比了组级统筹和村级统筹的两种不同的组织模式，并且发现一些村级统筹的农村集体对农地入市土地价值捕获持被动的态度。因为村级统筹背景下农村土地股份合作制的构建状态较多样，而组级统筹模式下的农村土地股份合作制的构建相对完备，因此在村级统筹模式下，农村集体不能在未来获得更加可持续的经济收益。

（三）农户对农地入市的土地价值捕获欠满足，因为他们更加关注城乡土地间的价值差异

根据我们的研究，农户和农民对农地入市的土地价值捕获不是特别满意。虽然在土地价值捕获中，他们感觉到过程和分配的比例相对公平。但是，我们发现城乡之间的土地价值差异导致了农户和农民对公平认知的总体感受。除了这个总体的发现，农户和农民对农地入市的土地价值捕获也存在着细微的差别。

（1）农户和农民社会经济特征的区别。我们的研究对比分析了农户以农业收入作为主要生计来源和以工资收入作为主要生计来源的区别，农民是否购买社会保险的区别，以及年龄结构的区别。首先，以农业收入作为主要生计来源的农户比以工资收入作为主要生计来源的

农户持有更少的积极态度。其次，未购买社保的农户持有不积极的态度。最后，更多超过 60 岁的农民对农地入市的土地价值捕获持中性的态度，而稍多的年轻农民持积极的态度。这是因为他们更加关注城乡之间土地价值之间的差异。偏低的农村土地价值制约了他们对农地入市土地价值捕获认知的积极性。

（2）空间区位的区别。我们的研究对比了城乡之间的区别以及沿海和内陆之间的区别。较内陆地区，沿海地区的城镇化水平更高。大多数的内陆农户对农地入市土地价值捕获持中性的态度，而沿海城镇地区的农户对其持积极的态度。类似地，位于城中村的农户对农地入市土地价值捕获持积极的态度，而城乡接合部和远郊农村的农户对其持中性的态度。这是因为在沿海地区及城中村地区，城乡土地价值的差异较小，而在内陆地区，城乡接合部和远郊农村地区，该差异相对较大。

（3）制度设置的区别。我们的研究识别出了村级统筹模式和组级统筹模式之间的巨大差异。所有的组级统筹模式下的农户持完全接受的态度，然而大部分的村级统筹模式下的农户却持中性的态度。这是因为村级统筹模式下的农户并不能从农地入市中获得足够的经济利益。

（四）较城市国有土地市场而言，买地者对农地入市持保守态度，因为他们更加关注购地后的未来成本

根据我们的研究，买地企业或个人对农地入市持保守态度，并且他们更倾向于购买城镇国有建设用地（Wang，2021）。这是因为虽然入市的农村集体经营性建设用地的购地成本较低，但是买地者对未来的用地成本比较担忧。此外，我们还关注到买地者对农地入市的细微差别。

（1）买地者类型的区别。我们的研究对比了首次参与入市的企业和入市前已有的用地企业对农地入市的认知。研究发现大部分首

次新参与农地入市的企业持有中立的态度。这是因为相对其他用地企业而言，新参与入市的用地企业非常担忧已购农村土地产权的不清晰性。另外，我们发现商服类和综合性的用地企业对农地入市的态度是中性的。这是因为这类企业对农地入市的抵押融资能力不是特别满意。

（2）空间区位的区别。一方面，通过对比沿海和内陆，我们发现内陆地区的用地企业对农地入市持中性态度的比例更高。这是因为他们更加担忧未来的用地成本，如内陆地区农地的融资抵押能力不足。另一方面，我们还对比了城乡的差异。我们发现有更多的城乡接合部的用地企业对农地入市持有中性的态度，因为来自这个区位的当地农民对入市农地的争议增加了未来的用地成本。

（3）制度设置的区别。我们的研究还涉及农村土地管理模式，比如组级统筹和村级统筹模式之间的不同。研究发现这两者并不存在显著的差异，并且双方都对农地入市持有中立的态度。这是因为已购农地不清晰的产权结构增加了企业未来的用地成本。

六、研究成果对农地入市改革，乡村振兴和农户减贫的启示

基于研究成果和研究发现，我们期待能对农村集体经营性建设用地入市改革，促进乡村振兴和农户减贫等工作起到启示和借鉴作用。

（一）充分发挥地方政府在农地入市制度改革中的公共角色

地方政府在农村集体经营性建设用地入市改革中具有因公和因私等双重的角色。他们既是中央政府的代表，落实党政方针政策，具有因公的角色；同时他们又是独立的个体单位，也有追逐经济利益的动

机，具有因私的角色。因此，各级地方政府应当充分利用农地入市的契机，在农村土地制度改革中缩小区域差距、城乡差距以及平衡国家、集体和个人利益上扮好角色。平衡区域之间的差异，平衡城乡之间的差异，以及平衡国家、集体和个人之间的利益。

（二）积极助推农村土地股份合作制

农村集体经济组织经历了历史发展的兴衰。不可否认的是农村集体在农村土地制度改革、乡村振兴和农户减贫中一直发挥并长期发挥关键作用。例如，农村集体在历次改革中经历了公有制改革、家庭联产承包责任制。为目前推行农村土地股份合作制提供了路径参考。

（三）城乡均衡发展提高农民的生计来源和农户减贫

在农村土地制度改革中，农户和农民是乡村振兴和减贫开发的核心。我们的研究成果指出了在农地入市改革、乡村振兴和农户减贫工作的薄弱环节和关键问题，即城乡土地价值的差异制约了农民对公平性的认知，对下一步农地制度改革如何有针对性地缩小城乡土地价值差异，构建城乡统一的建设用地市场提供了参考和借鉴。

（四）降低农地使用的未来成本，充分发挥买地者的角色

如果买地企业或个人投资缺席，则农村土地制度改革、乡村振兴和农户减贫将没有意义。本文发现了制约买地者在农村集体经营性建设用地入市改革中的主要因素，即买地者购地后未来的用地成本。本文为以后如何提高农村土地的抵押融资能力、明晰农村土地产权以及解决当地用地矛盾等提供了参考。

参考文献

［1］Hollberg A. , Lützkendorf T. , Habert G. Top－down or bottom－up? － How environmental benchmarks can support the design process ［J］. Building and Environment, 2019, 153 (15): 148-157.

［2］Jiang R. , Lin G. C. Placing China's land marketization: The state, market, and the changing geography of land use in Chinese cities ［J］. Land Use Policy, 2021 (103): 105293.

［3］Kubickova M. , Campbell J. M. The role of government in agro-tourism development: A top－down bottom－up approach ［J］. Current Issues in Tourism, 2020, 23 (5): 587-604.

［4］Lin R. , Zhu D. A spatial and temporal analysis on land incremental values coupled with land rights in China ［J］. Habitat International, 2014 (44): 168-176.

［5］Liu X. , Liu Y. Land lease revenue windfalls and local tax policy in China ［J］. International Tax and Public Finance, 2021, 28 (2): 405-433.

［6］Medda F. Land value capture finance for transport accessibility: A review ［J］. Journal of Transport Geography, 2012 (25): 154-161.

［7］Suzuki H. , Murakami J. , Hong Y. －H. , et al. Financing transit-oriented development with land values: Adapting land value capture in developing countries ［M］. Washington, DC: World Bank Publications, 2015.

［8］Walters L. C. Land value capture in policy and practice ［J］. Journal of Property Tax Assessment & Administration, 2013, 10 (2): 5-21.

［9］Wang W. Nuanced insights into land buyer perceptions of engaging in rural land transactions from a cost perspective: Evidence from China's emerging rural land market ［J］. Land Use Policy, 2021（108）:105558.

［10］Wang W. Rethinking local government perceptions of land value capture in land marketization: The lens of dominant consideration（s）in interest-balancing acts ［J］. Cities, 2022（122）: 103528.

［11］Wang W. Short-term or long-term? New insights into rural collectives' perceptions of land value capture within China's rural land marketization reform ［J］. Journal of Rural Studies, 2022（89）: 87-97.

［12］Wang W., F. van Noorloos, T. Spit. Stakeholder power relations in Land Value Capture: Comparing public（China）and private（U.S.）dominant regimes ［J］. Land Use Policy, 2020（91）: 104357.

［13］Zhang M., Chen Q., Zhang K., et al. Will rural collective-owned commercial construction land marketization impact local governments' interest distribution? Evidence from mainland China ［J］. Land, 2021, 10（2）: 209.

［14］侯惠杰, 张程. 农村土地市场化改革: 现状与对策 ［J］. 公共财政研究, 2019（1）: 52-58+90.

［15］古叶恒, 周剑峰, 肖时禹, 等. 集体土地入市下的乡村振兴试验——一种新型城乡融合地区的规划探索 ［J］. 规划师, 2021, 37（20）: 37-43.

［16］史卫民, 曹姣. 中国共产党百年征程中农村土地制度的探索与经验 ［J］. 财经科学, 2021（8）: 39-52.

［17］吕丹, 薛凯文. 农村集体经营性建设用地入市收益的分配演化博弈: 地方政府角色与路径 ［J］. 农业技术经济, 2021（9）: 115-128.

［18］岳文泽, 钟鹏宇, 甄延临, 等. 从城乡统筹走向城乡融合: 缘起与实践 ［J］. 苏州大学学报（哲学社会科学版）, 2021, 42（4）: 52-61.

［19］岳永兵.乡村振兴背景下农村土地制度改革与完善［J］.中国国土资源经济，2021，34（9）：16-24+39.

［20］张兰，冯淑怡.建党百年农村土地制度改革的基本历程与历史经验［J］.农业经济问题，2021（12）：4-15.

［21］张安录."三块地"改革的理论创新——评《"三块地"改革与农村土地权益实现研究》［J］.中国土地科学，2020，34（6）：112-114.

［22］曲福田，马贤磊，郭贯成.从政治秩序、经济发展到国家治理：百年土地政策的制度逻辑和基本经验［J］.管理世界，2021，37（12）：1-15.

［23］李敬，徐建牛."农地入市"助力构建强弱村经济共同体——乡村振兴背景下联村脱贫案例研究［J］.贵州大学学报（社会科学版），2020，38（3）：56-64.

［24］祝亮，夏莲.农村集体经营性建设用地入市利益分配问题研究［J］.农村经济与科技，2021，32（17）：255-257.

［25］袁苑，黄劲秋，黄贤金.近十年海外土地经济研究进展［J］.土地经济研究，2019（1）：180-203.

［26］邹旭，石晓平，马贤磊.中国共产党建党百年来的土地增值收益分配：政策演进、理论辨析与改革逻辑［J］.中国土地科学，2021，35（8）：15-22.

［27］马翠萍.集体经营性建设用地制度探索与效果评价——以全国首批农村集体经营性建设用地入市试点为例［J］.中国农村经济，2021（11）：35-54.

颇洞村党社联建抱团
脱贫经验及启示

魏　霞　张清凯[*]

摘　要： 自2014年以来，贵州省黔东南三穗县台烈镇颇洞村以党建扶贫为抓手，创新推行"党社联建"发展模式，通过党支部引领、合作社推动、党员带头、群众广泛参与，完成了由一个"空壳村"向明星"双超村"的华丽蜕变，走出了一条"融合发展·抱团脱贫"的富民强村之路。本文总结了颇洞村党社联建抱团脱贫的经验，提出乡村振兴需要领军人物、需要凝聚民心、需要不断创新、需要成果共享、需要融合发展等几点启示。

关键词： 党社联建；脱贫攻坚；乡村振兴；融合发展

一、基本情况

颇洞村位于贵州省黔东南三穗县台烈镇东北部，距三穗县城12千米，总面积20.3平方千米，耕地面积4137亩，有11个自然寨、31个村民小组，是一个典型的山区农业村。2014年初，按照新一轮村镇调整改革要求，颇洞村由颇洞、寨坝、寨塘三个小村合并而成，现有

---

*　魏霞：贵州省社会科学院区域经济研究所研究员。研究方向：区域经济。张清凯：颇洞村联合党委第一书记。

1391 户 4979 人。自成立以来，颇洞村以党建扶贫为抓手，创新推行"党社联建"发展模式，通过党支部引领、合作社推动、党员带头、群众广泛参与，仅用了 3 年的时间，就建成了三穗县颇洞村生态农业扶贫旅游示范园区，创建了国家 AAA 级旅游景区，组建了拥有 8 家公司 12 家合作社的颇洞集团公司。2014~2017 年，村级固定资产增至6078 万元，集体经济收入从 2013 年的零收入增加到 2017 年的 268 万元；村集体企业累计实现分红超 1000 万元，全村居民人均可支配收入从 2013 年的 5710 元增加到 2017 年的 14160 元，由落后于全县平均水平到超全县平均水平 5564 元。2019 年，颇洞村集体经济收入、居民人均可支配收入从 2013 年的 52 万元、5710 元分别增加到 309 万元、16260 元。村级固定资产增至 6078 万元，311 户 1123 人建档立卡贫困户全部实现脱贫，初步实现了"产业兴旺、生态宜居、乡风文明、治理有效、生活富裕"的总体目标，完成了由一个"空壳村"向明星"双超村"的华丽蜕变，走出了一条"融合发展·抱团脱贫"的富民强村之路，取得了群众参与最广泛、扶贫效果最明显、村民受益最直接、党群关系最和谐的发展成效，先后获贵州省、黔东南州、三穗县"先进基层党组织""脱贫攻坚先进集体"，国家级"综合减灾示范区""人居环境整治示范村""美丽村庄示范村"等 30 余项殊荣。

进入新时代，颇洞村围绕打造"全国党建扶贫示范点"的目标，提出把推动巩固脱贫攻坚成果与乡村振兴有机结合、相互促进，坚持"绿水青山就是金山银山"的发展理念，用好自然生态和民族文化"两个宝贝"，以"党建+扶贫+农业+旅游"的发展模式，通过联合党委引领区域发展，凝聚各村力量形成攻坚合力，贯彻落实好乡村振兴战略，打造新时代百姓富、生态美的美丽乡村。

二、取得的成效及经验

（一）党社联建，健全和完善利益联结机制

自颇洞村党委成立以来，村"两委"结合本村实际，按照党的十八届三中全会提出的允许财政补助形成的资产转交合作社持有和管护精神，在上级党委和政府的大力支持和指导下，在广泛听取本村党员群众意见和建议的基础上，领办成立了农峰专业合作社，采取"党支部+合作社+基地+农户"的"党社联建"发展模式，实行村党支部与合作社管理层交叉任职，村党支部书记任合作社监事长，支部副书记任合作社理事长，村主任、文书、计生主任等兼任合作社（协会）理事或监事。同时，健全和完善利益联结机制，实行红利"六分法"，即总利润的60%作为入股分红、28%作为合作社滚动发展资金、4%作为村级集体经济收入和村级公益事业基金及贫困户扶持资金、2%用于颇洞村爱心协会公益基金、2%用于村"两委"工作人员奖励工资、4%作为合作社管理人员绩效奖金。2014~2019年，股民累计实现现金分红1100多万元。

（二）党建"三带"，壮大了村集体经济

在持续深化"党社联建"模式的基础上，颇洞村创新探索"支部带实体、强村带弱村、能人带群众"的"三带"党建扶贫路子。一是支部带实体，聚积资源发展。积极鼓励群众用闲散资金、土地、劳动力等入股合作社，让群众获得分红股金、土地租金、劳动薪金、保底使用息金、代养收益金、社会公益金"六金"，带动群众脱贫致富，壮大了村集体经济。二是强村带弱村，抱团帮扶发展。颇洞村与相邻的魁计村达成帮扶协议，通过产业发展、项目规划实施及技术培训等

形式进行结对帮扶，落实帮扶弱村 6 万元发展启动资金。魁计村用财政扶贫资金 36 万元入股颇洞绿源食品公司，从第一年开始分别按盈利的 6%、7%、8%分红给魁计村 97 户贫困户，通过以强带弱的帮扶机制，拓宽了弱村持续创收渠道，补强发展短板，激活弱村自身"造血"功能。三是能人带群众，辐射带动发展。颇洞村注重将服务群众意识强、具有较强致富能力和开拓创新能力的"能人"选进班子，以此推动"能人治村"。目前，颇洞村"两委"的 7 名班子成员均来自返乡创业人员、致富带头人、复转军人和大中专毕业生。一方面，采取联系一户富裕户、扶持两户示范户、帮助三户贫困户"联一扶二帮三"的帮扶方式，利用能人掌握的技术、销售渠道等优势，为群众提供上门指导、资金扶持、产品帮销等服务。组织村企业负责人、种养殖专业大户等致富带头人，积极与 800 户农户结成帮扶对子，实现"滴灌式"精准帮扶。另一方面，推动"能人富村"。围绕村级脱贫目标，充分发挥全村 102 名党员先锋模范带头作用，鼓励党员积极投身到村级经济社会发展中，创新开展"党员+帮扶主体、党员+经济实体、党员+就业培训"的"党员+"工作，通过乡村旅游、精品水果、林下养鸡等帮扶路径，带动贫困户有效脱贫。结合"金种子"带富计划，引导党员能人积极参与到村级发展中来，充分发挥党员能人的传、帮、带作用，先后涌现出 20 名党员创业带富致富能人。在他们的带动下，颇洞村产业呈多样化发展，实现了 1200 余名群众稳定就业。

（三）"强村带弱村"，推进区域产业协调发展

短短几年时间，颇洞村由一个"空壳村"发展成为富裕村。鉴于颇洞村的成功发展模式，三穗县委、县政府于 2015 年 8 月在颇洞村设立联村党总支，将颇洞村与周边台烈镇的屏树村、绞颇村，滚马乡德明村、下德明村 4 个村进行捆绑发展，通过"强村带弱村"，形成区

域间共同发展格局，并在全县范围内推广颇洞模式，扩大"党社联建"成果。自此，颇洞村开启了联村党总支到跨区域构建村级联合党委的一条"融合发展·抱团脱贫"之路。2017年6月，在原来2个乡镇联合党总支的基础上，颇洞村又建立了跨4个乡镇和10个中心村（武笔街道青洞村，文笔街道星光村，台烈镇颇洞村、屏树村、绞颇村，滚马乡德明村、下德明村、枫木溪村、塘冲村、白崇村）的区域联合党委。联合党委按照建设一个乡村旅游发展经济圈、组建一个区域发展的实体公司、主攻"党建、产业、扶贫"三个方向"一圈一体三方向"的发展思路和村村实现村集体经济累计超过100万元、村人均可支配收入超过1万元"双超"目标以及将颇洞村打造成为"中国党社联建第一村"的发展目标，构建基层组织共建、民主管理共筑、产业发展共谋和服务平台共搭的党建新格局。在产业发展上，一是实行联产联销。汇聚各村资源优势，共同搭建区域发展的"融合平台"。充分发挥强村传统优势产业的辐射功能，统筹捆绑农户土地、资金、项目、产业等生产要素。绿源生态食品公司作为各村农特产品的加工平台，提升农产品价值，各村发展农产品基地为食品厂供应加工原料，实现共赢。二是推行"错位"发展。通过帮谋划、帮项目、帮联络、帮资金、帮开发，推进区域产业融合发展、协调发展、错位发展。根据各村资源禀赋布局适宜产业，打造一村一品。随着黔东南州大力发展农文旅一体化发展，颇洞村依托建好的精品水果、商品蔬菜基地，着手发展乡村旅游产业。2015年，村"两委"创办了富黔生态旅游有限公司，建设了一座生态农庄用于接待游客。在联合党委的带动下，2017年，区域内合作社盈利776.95万元，实现了2个贫困村出列、294户1152人脱贫。2019年，区域内合作社已发展至30个、企业12家，拥有精品水果育苗基地200亩、优质蔬菜基地600亩、苗木花卉基地400亩、蓝莓采摘基地300亩、草莓采摘基地100亩、葡萄基地200亩，建成文化长廊、荷花池、生态鱼池、热带植物馆、旅游公厕、景观坝等设施。入股资金共计 8546 万元，实现了贫困人口全覆盖。

三、启示

（一）能人治村，村级发展呼唤领军人物

2013 年末，颇洞、寨坝、寨塘三个小村合并为颇洞村，村"两委"换届工作同步进行。此时的颇洞村正面临着发展带来的土地纠纷遗留问题和外来农业产业经营主体纷纷流走的局面，产业发展进入了一个瓶颈期。此时，在外务工返乡创业的致富带头人吴富才参加了村"两委"的换届竞选，成为颇洞村的党支部书记，同届入选村"两委"班子的其他 7 名成员，分别是返乡创业人员、致富带头人、复转军人和大中专毕业生"四支队伍"。正是颇洞村新一届"两委"这些领军人物，成为带领颇洞村村民找出路、谋发展、奔小康，走过发展困难时期的带头人。

（二）用心做事，村级发展贵在凝聚人心

以吴富才为支部书记的新一届颇洞村"两委"班子履职后，提出做好"服务好群众，壮大好集体经济，回馈好社会""三件事"。在"服务好群众"方面：一是召开村"两委"与党员、村民小组长和代表的交心谈心会，让他们对村"两委"的工作和颇洞村的发展提出宝贵的意见和建议，以促进工作的开展。二是村"两委"开展了矛盾纠纷大排查活动，实行"大事不出村，小事不出组"，将矛盾纠纷化解在村内。仅用了短短 1 个月，村"两委"就把村里的 26 起矛盾逐一化解。三是设立便民服务大厅，实行周一至周五坐班制，周末值班制，方便群众办理事务。为群众用心做事，凝聚了人心，同时也为产业发展营造了良好的社会环境。在"壮大好集体经济"方面：当时颇洞村

的村集体经济几乎为零，中心村的村办公楼修建还欠着账款。村"两委"牵头成立村集体合作社，通过发展实体产业来壮大村集体经济。村"两委"结合颇洞村靠近县城的区位优势和村"两委"班子个人特长，成立了一家以种养殖为主的专业合作社发展蔬菜和精品水果种植，并结合体验采摘发展乡村旅游。此外，还依托颇洞村从事建筑行业工人多的特点，组建了一支施工队伍，通过进行规范化管理，承接了一些小型的工程建设项目，为颇洞村集体经济赚到了第一桶金。到2015年，这支村级施工队不断壮大，发展成为拥有三级市政建设资质和三级房建资质、属于颇洞村集体所有的贵州生态建筑公司，年承接项目逾千万元，业务扩展到周边县市。在"回馈好社会"方面，颇洞村"两委"班子达成共识：充分发挥党员的奉献精神，在合作社未盈利之前，村干部不拿一分工资报酬。受颇洞村"两委"班子影响，合作社起步之初的管理人员每个月只领取为数不多的汽车油费和通信补贴，为全体村民树立了良好的榜样。村"两委"班子全心全意为村民做事，使颇洞村得到了较快发展，凝聚了民心，为干事创业打下了良好的群众基础。

（三）产业兴旺，村级发展谋在不断创新

为了实现村级产业兴旺发展，颇洞村创新发展模式，提出"党社联建"，把党支部建在产业上，创建了村党支部领办合作社，党支部引领发展、合作社推动产业、党员带头示范、群众广泛参与的"党支部+合作社+基地+农户"的发展模式。第一，村干部带头参股，并承诺不盈利绝不领取一分工资。第二，限定入股范围、标准和上限，规定只有本村户籍人口才能入股，可以现金、土地、劳动力等方式进行入股，村民有钱出钱、有地出地、有力出力，但入股不得超过200股，防止有钱人恶意控股。第三，对于没有资金或土地入股的群众，只要有入股意愿，由村干部出面在农村信用社进行担保贷款入股。第四，

村"两委"在村集体合作社中交叉任职,聘请村内能人、党员参与合作社经营,把产业能人吸纳到党组织中来。党支部与合作社实行联合办公,既有分工又有合作,合作社在村党支部的领导下,按章程实行科学管理、自主经营。第五,土地流转由村"两委"统一进行,外来或者本村私人经营主体如果到颇洞流转土地,由村"两委"对项目进行考察审核,并与农户进行协商流转。第六,利用三穗县委、县政府把农业园区部分大棚、灌溉设施、冷库、管理用房、土地等固定资产划拨给颇洞村运营管理的机遇,加大对村农业基础设施的倾斜力度,同时将财政扶贫资金以量化到贫困户的形式注入合作社发展扶贫产业项目。党支部不断创新发展,带动了颇洞村及周边村民脱贫致富。

(四)红利普惠,村级发展利在成果共享

让颇洞变成百姓富生态美的美丽乡村,是颇洞村党支部对村民的承诺,也是颇洞村发展合作社最主要的目的。为此,颇洞村党支部在不同的发展时期制定出适宜的利益分配方案,解决了不同阶段出现的各种矛盾和问题。特别是2015年2月第一次分红大会,合作社将2014年实现盈利的229.3万元分给股民183.44万元,每股分红800元,还向孤寡老人、贫困户发放了慰问金,对没有入股的村民,按照村户籍人口,每人发放20元。2015年,颇洞村实现整村全面脱贫,人均收入破万元,村集体经济破百万元,到2017年,人均可支配收入达到了14160元,村集体经济达到了268万元。此外,在颇洞村注册成立了颇洞村爱心协会,从村集体企业利润中的2%作为颇洞爱心协会公益基金,同时向社会吸收善款,用于帮助贫困群众。自2015年9月爱心协会成立以来,截至2019年,共帮助困难群众2800余人,捐助爱心资金及物资共计100余万元。按照100~400元的标准,按月资助县内外67名学生就学。同时,还积极向周边县市受灾的地区捐款捐物。红利普惠,村级发展成果人人共享,彻底改变了村民对村"两委"和合

作社的看法，让全体村民享受到了村集体经济发展带来的红利，感受到了党组织的温暖，自觉自愿积极投身到村集体经济发展中。

（五）乡村振兴，村级发展强在融合发展

短短几年的时间，颇洞村支部强了起来、产业壮大了起来、老百姓富了起来，实现了由一个"空壳村"向明星"双超村"的华丽蜕变。由"1"到"1+4"再到"1+9"，颇洞村通过"党社联建"，走出了一条"融合发展·抱团脱贫"的富民强村之路。一是搭"党建平台"，构建区域化党建引领体系。以"联合零边界、服务零距离、发展零差距、覆盖零间隙"为目标，村级联合党委实行片区型和链条型双重管理体制，即保留原有 10 个中心村党支部，构建以村级党委为核心，村级党组织和全体党员共同参与的区域化党建工作新格局。在选配班子上，按照"政治上靠得住、发展上有本事、党员群众信得过"的原则，把具有解决实际问题能力、敢讲实话、肯办实事、讲求实效的党员选配到村级联合党委班子中来，选举工作能力强、公道正派、核心作用明显的村干部为村级联合党委书记，形成了"选好一个领头人、兴一个产业、强一个村子、富一方百姓"的良好发展效应。同时，强化党员教育管理。结合"两学一做"学习教育，进一步固化"三会一课"、组织生活会以及党章教育、党史教育、宗旨教育等，建立健全区域统一的党员教育管理制度，组织各村联合开展党组织生活日等活动。探索实行党员组织生活联过、流动党员联管、党员发展联审、重大事项联议的"四联共建"机制，为党员先锋模范作用发挥找到对接点。二是实行"民主管理"，构建区域化事务管理体系。实行村级行政区域不变、村民自治主体不变、财务管理体制不变、村级目标考核奖惩不变、村干部职数配置不变，发展统一规划、产业统一布局、利益统一分享、镇村统一建设的"五不变四统一"管理模式。切实帮助各村干部群众走出组建联合体就是"并村""无偿援助邻村"

等认识上的误区，把党员干部群众的思想统一到"融合发展·抱团脱贫"上来。同时，联合党委在县委的领导下开展工作，由武笔街道、文笔街道、台烈镇、滚马乡党委分别协助管理，确立围绕"整合资源、统筹兼顾、高效运行""三个目标"，行使承接上下、协调各方、分级负责职能职责，增强引领发展、维护稳定、促进和谐的能力。同时，由各村特别是强村带动后进村进位升级，既注重共享党建经验、帮助完善党建制度，又注重干部互动交流，帮助提高党建、经济、群众工作等技能。以"抱团互助"为导向，明确村级联合党委以"党建工作联席会议"为议事机构，推行"大事共议、实事共办、要事共决、急事共商、民事共调、难事共解"的"六事共议"工作法，联席会议每月至少召开1次，村级联合党委书记为召集人，其余各村书记为成员，营造区域大事共商、各村难事共议的良好氛围。三是组建"发展联盟"，构建区域化经济发展体系。以优化资源、整体提升为目标，在制定区域党建联合体总体规划时，推行村镇建设、产业布局、交通路网、公共服务、社会管理、休闲旅游"六型合一"总体规划，发展集颇洞农业观光、滚马生态旅游、邛水土司文化、高铁经济等于一体的"农文旅"生态旅游扶贫经济带，引导各村投身参与旅游经营、旅游商品生产、就业等文化旅游产业，形成"龙头合作社（企业）+产业链+产业集群+产业基地"一条龙的区域发展格局。注重发挥强村传统优势产业的辐射功能，构建"党社共建·十户一体"抱团发展新格局，把农户、合作社、企业等发展个体汇聚成若干个发展主体，捆绑农户资金、项目、产业等生产要素，通过帮谋划、帮项目、帮联络、帮资金、帮开发，推进区域产业融合发展，带动群众抱团脱贫。同时，采取"联手"方式，实施产业"错位"发展，结合各村实际明确1个村重点打造1个精品产业，其他村不再"复制"，真正形成了"一村一品""一社一特"，实现了四季皆可游、可玩、可摘、可吃的产业发展格局。为规避以中心村为市场主体带来的发展要素难以在村际间高效流转的问题，以及由此产生的强弱村两极分化现象，不断细分各村发展要素，倡导"资源互补"理念，实现土地、资金、技术和劳动力等要素的高效流转与整合。通过区域联建，强村带弱村，推进了区域产业融合发展，构建了广大群众抱团脱贫，实现可持续发展的新格局，为巩固拓展脱贫成果同乡村振兴有效衔接奠定了良好的发展基础。

新时期贵州国资国企脱贫攻坚成效、经验及巩固拓展脱贫成果的思考

魏　霞*

摘　要：自党的十八大以来，贵州省国资委系统企业始终把脱贫攻坚作为企业最重要的政治任务，在坚决打赢脱贫攻坚收官之战、全面建成小康社会的新征程中，充分彰显了国有企业听党指挥的政治担当和为民服务的社会担当，为全省决战决胜脱贫攻坚、同步全面小康作出了贡献。本文总结了贵州国企在脱贫攻坚中取得的成效及经验，并提出持续巩固拓展脱贫成果同乡村振兴有效衔接的对策建议。

关键词：脱贫攻坚；国有企业；防贫减贫；乡村振兴

国有企业是社会主义的重要物质基础和政治基础，是我们党执政兴国的重要支柱和依靠力量。自党的十八大以来，贵州省国资国企将脱贫攻坚作为首要政治任务，始终坚持以习近平新时代中国特色社会主义思想为指导，增强"四个意识"，坚定"四个自信"，做到"两个维护"，把贯彻落实习近平总书记重要讲话作为工作的根本遵循，坚决贯彻党中央、国务院和贵州省委、省政府决策部署，积极履行经济责任、政治责任、社会责任，在脱贫攻坚的主战场上发挥了生力军、突击队、排头兵的作用，在产业扶贫、消费扶贫、就业扶贫、教育扶贫等方面取得了显著成效，在决战决胜脱贫攻坚中贡献了自己的力量。

---

* 魏霞：贵州省社会科学院区域经济研究所研究员。研究方向：区域经济。

一、贵州国资国企帮扶贫困县基本情况及成效

（一）基本情况

2015 年 5 月，贵州正式启动了以茅台酒厂（集团）有限责任公司等 12 家国有企业结对帮扶 12 个贫困县，助推贵州贫困县整县脱贫工作，开启了贵州国有企业帮扶贫困县的征程。2017 年，在原有 12 家国有企业结对帮扶 12 个贫困县的基础上，新增 8 家国有企业帮扶 8 个贫困县，共计 20 家国有企业结对帮扶 20 个贫困县，贵州省国资委系统 69 家企业共向全省 66 个县累计选派驻村干部和第一书记 1775 名，实现了全省 14 个深度贫困县国有企业结对帮扶全覆盖的格局（见表 1 和表 2）。

表 1　20 家国有企业帮扶 20 个重点贫困县名单及贫困县脱贫摘帽时间

序号	国企名称	帮扶贫困县	脱贫摘帽时间（年）
1	贵州磷化集团（瓮福）	榕江县	2020
2	贵州盘江投资控股（集团）有限公司	赫章县	2020
3	贵州电网公司	紫云县	2020
4	贵州中烟工业有限公司	晴隆县	2020
5	贵州乌江水电开发有限责任公司	沿河县	2020
6	国电投贵州金元集团股份有限责任公司	纳雍县	2020
7	中国移动贵州分公司	望谟县	2020
8	中国农业银行贵州省分行	从江县	2020
9	中国建设银行贵州省分行	威宁县	2020
10	贵州乌江能源集团	剑河县	2019
11	中国烟草总公司贵州省公司	水城县	2019
12	中国人民财产保险股份有限公司贵州省分公司	三都县	2019
13	国家开发银行贵州省分行	正安县	2019

序号	国企名称	帮扶贫困县	脱贫摘帽时间（年）
14	贵州磷化集团（开磷）	关岭县	2019
15	贵州盐业（集团）有限责任公司	平塘县	2019
16	贵州酒店集团	台江县	2019
17	保利久联和保利置业贵州公司	册亨县	2019
18	中国工商银行贵州省分行	普安县	2018
19	贵州省农村信用社	务川县	2018
20	中国石油贵州销售分公司	习水县	2017

资料来源：贵州省国资委。

表2 贵州国资委系统企业参与脱贫攻坚单位及帮扶点（69家）

序号	单位	帮扶点
1	中国工商银行贵州省分行	普安县青山镇歹苏村、雨核村
2	中国建设银行贵州省分行	威宁县牛棚镇团山村、中水镇银厂村、斗古镇上关村
3	贵州省黔晟国有资产经营有限责任公司	岑巩县水尾镇长坪村、白水村
4	贵州现代物流（产业）集团有限责任公司	普安县新店镇雨核村
5	中国石化贵州石油分公司	印江县杉树镇大寨村
6	中国石油天然气股份有限公司贵州销售分公司	习水县坭坝乡南天门村、习水县大坡镇田坝村
7	国电贵州电力有限公司	贵定县昌明镇火炬村、贵定县沿山镇新龙村
8	中国贵州茅台酒厂（集团）有限责任公司	道真县大磏镇文家坝村、旧城镇河西村、溪镇池村
9	贵州省农村信用社联合社	务川县浞水镇河坝村、红丝乡上坝村、砚山镇砚山村
10	贵州高速公路集团有限公司	荔波县尧花村
11	贵州钢绳（集团）有限责任公司	正安县凤仪街道办梨坝村、绥阳县温泉镇南坪村
12	中国电信贵州公司	剑河县柳川镇巫泥村、高标村
13	中国联合网络通信有限公司贵州省分公司	册亨县岩架镇洛王村
14	中国铁塔贵州省分公司	剑河县久仰镇摆伟村

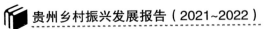

续表

序号	单位	帮扶点
15	贵州银行	丹寨县龙泉镇展良村、白泥镇民同村
16	贵州乌江能源集团有限责任公司	纳雍县新房乡通作楷村、新房乡营上村
17	七冶建设集团有限责任公司	麻江县宣威镇中寨村、琅琊村，雷山县大塘镇桥港村、新塘村
18	贵州盐业（集团）有限责任公司	平塘县者密镇金玉村
19	华能贵诚信托有限公司	赫章县古达乡官房村、发科村
20	中国水利水电第九工程局有限公司	锦屏县河口乡韶霭村、瑶光村
21	中国石化长城能源化工（贵州）有限公司	望谟县乐旺镇蛮结村
22	贵州乌江水电开发有限责任公司	沿河县淇滩镇和平村、茶坛村、团结街道复兴村
23	贵州建工集团有限责任公司	普安县青山镇哈马村、地瓜镇屯上村、龙吟镇石古村、白沙乡铁厂村
24	贵州出版集团公司	镇宁县沙子乡沙龙村、中箐村
25	贵州铁路投资集团有限责任公司	水城县杨梅乡慕尼克村、杨梅村
26	贵州电力设计研究院	遵义市播州区平正仡佬族乡葛藤村
27	贵州铝厂有限责任公司	福泉市凤山镇三根树村
28	遵义铝业股份有限公司	遵义市播州区尚嵇镇茶山村、遵义市播州区乐山镇新华村
29	国电投贵州金元集团股份有限公司	纳雍县阳长镇街上村、曙光镇河沟村、阳长镇马店村
30	中国烟草总公司贵州省公司（省烟草专卖局）	水城县阿戛镇齐心村、群福村
31	贵州旅游投资控股（集团）有限责任公司	台江县方召镇交汪村、齐福村
32	贵州省水利投资（集团）有限责任公司	黄平县谷陇镇山坪村
33	中车贵阳车辆有限公司	兴仁县巴铃镇林家田村
34	中国储备粮管理总公司贵州分公司	松桃县寨英镇水源村
35	贵州黔源电力股份有限公司	册亨县丫他镇田坎村
36	贵州电网有限责任公司	紫云县板当镇小寨关村、新塘村、洛麦村
37	贵州中烟工业有限责任公司	晴隆县菜籽村、新益村、孟寨村、四合村
38	贵州广电传媒集团有限责任公司	天柱县蓝田镇东风村、渡马镇桥坪村
39	贵州省机场集团有限公司	毕节市七星关区海子街镇二道河村、七星关区碧海街道办事处张家寨社区
40	贵州酒店集团有限公司	台江县方召镇翁角村、反排村

续表

序号	单位	帮扶点
41	中国电建集团贵阳勘测设计研究院有限公司	施秉县平扒村
42	贵州航空有限公司	盘州市竹海镇十里村
43	中国移动通信集团贵州分公司	望谟县大观镇伏开村、油迈乡纳王村、油迈村
44	保利久联控股集团有限责任公司	册亨县巧马镇纳桃村、纳福街道册阳村、百口乡洞里村
45	保利贵州置业集团有限责任公司	
46	多彩贵州网有限责任公司	桐梓县新站镇捷阵村、四兴村
47	多彩贵州文化产业集团有限公司	铜仁市德江县桶井乡七里村
48	中国建筑第四工程局有限公司贵州总部	仁怀市龙井乡复兴村
49	大唐贵州发电有限公司	水城县发耳镇双井村，钟山区汪家寨镇新华村
50	贵州磷化（集团）有限责任公司	榕江县忠诚镇苗本村、王岭中心村、平江镇当鸠村
51	贵州盘江煤电集团有限责任公司	赫章县罗州镇高山村、红岩村、和平村、朱明镇木营村、付家湾村、发开村
52	贵州金融控股集团有限责任公司	威宁县么站镇水塘村、香厂村
53	云上贵州大数据（集团）有限公司	锦屏县固本乡扣文村、南河村
54	贵州航空投资控股集团有限责任公司	紫云县板当镇摆羊村、新场村
55	中铁五局（集团）有限公司贵州总部	丹寨县兴仁镇台辰村
56	超高压输电公司天生桥局	黔西南州册亨县坡妹镇纳福村
57	中国人民财产保险股份有限公司贵州省分公司	整县帮扶三都自治县
58	国家开发银行贵州省分行	七星关区鸭池镇蚂蝗村
59	贵州省建筑设计研究院	织金县熊家场镇石马村
60	中国振华电子集团有限公司	松桃县黄板镇前丰村
61	首钢水城钢铁（集团）有限责任公司	水城县保华镇海螺村
62	首钢贵阳特殊钢有限责任公司	沿河县土地坳镇关怀村、群英村
63	中国黄金集团贵州有限公司	贞丰县珉谷镇纳尧村
64	中国农业银行贵州省分行	从江县西山镇小丑村
65	西南能矿集团股份有限公司	黔南州罗甸县边阳镇翁定村
66	贵州成黔企业（集团）有限公司	遵义市播州区团溪镇香山村

续表

序号	单位	帮扶点
67	贵州交通建设集团有限公司	黔西南州贞丰县鲁容乡、黔东南州从江县翠里乡岑丰村、黔东南州从江县高增乡弄向村、黔东南州丹寨县兴仁镇、黔东南州从江县宰便镇摆虾村
68	兖矿贵州能化有限公司	水城县发耳镇民主村
69	华润集团贵州区域党工委	帮扶建设华润习水、剑河希望小镇

资料来源：贵州省国资委。

（二）取得的成效

自党的十八大以来，贵州省国资系统企业坚决贯彻落实习近平总书记重要指示精神，以及党中央、国务院和贵州省委、省政府决策部署，以"两个维护"的政治态度响应号召，积极履行经济责任、政治责任、社会责任，把扶贫重任扛在肩头，全力推进脱贫攻坚，充分发挥优势，找准定位、积极参与，带着责任、带着感情，全面推行"五步工作法"，围绕打好"四场硬仗"和持续深化农村产业革命，对照产业选择、农民培训、技术服务、资金筹措、组织方式、产销对接、利益联结、基层党建"八要素"，深入实施国有企业结对帮扶，充分发挥资金、技术、人才、管理及内引外联等方面的优势，以聚力解决所有剩余贫困人口、未摘帽县的脱贫问题为重点，以实施产业扶贫为抓手，以抓党建促脱贫攻坚为切入点，尽锐出战，精准施策，积极发挥国企优势助力全省脱贫攻坚。自2015年结对帮扶以来至2020年11月，帮助引进资金26.47亿元，投入帮扶资金284.75亿元、帮助发展项目4979个[1]，取得了显著成效。特别是在产业扶贫、消费扶贫、就业扶贫、教育扶贫等方面，为帮扶地发展提供了强劲动力，充分彰显

---

[1] 贵州省国资委：彰显国企担当　履行社会责任——书写脱贫攻坚新答卷［EB/OL］．［2020-11-30］．http：//gz.people.com.cn/n2/2020/1130/c377249-34 446495.html.

了国有企业听党指挥的政治担当和为民服务的社会担当，为贵州书写减贫奇迹贡献了力量。

自 2015 年贵州省国资系统企业结对帮扶贫困县以来，不断总结和探索，形成了富有特色、行之有效的经验。南方电网贵州电网公司在整县帮扶紫云县过程中，从党建先锋路、电力强基路、定点示范路、产业致富路、公益助力路五个方面精准施策，进行"造血"式扶贫，投入电网建设资金 3.9 亿元，建成电力特色工业园和农业循环生态产业园，实现年产值 1.2 亿元，贫困户分红 64.2 万元，为贫困户提供 760 个就业岗位，定点帮扶的紫云县"一镇三村"贫困户入股分红 112 万元，户均增收 2600 元以上。华润集团出资 9000 万元建设遵义华润希望小镇，惠及 336 户 1510 人脱贫致富。出资约 1.35 亿元建设剑河华润希望小镇，惠及 143 户 473 人脱贫致富，贵州成为华润集团在全国唯一建设两个希望小镇的省份。中国石油贵州销售分公司在习水地区推动"教育帮扶""医疗帮扶""技能帮扶""产业帮扶"，实施了 20 多个扶贫"阳光民生工程"，陆续投入近 5000 万元助力习水县如期实现"减贫摘帽"。开展"旭航助学"活动，在六盘水、黔东南地区，连续 4 年资助贫困学生 1324 人次，覆盖 724 名学生，资助金额超过 300 万元。在毕节、黔南、铜仁等地区资助金额近 200 万元援建"中国石油希望小学"，用实际行动践行了石油担当，支持贵州稳定和谐发展。中国华电集团黔源电力公司选派 6 名优秀驻村干部，通过党建扶贫、教育扶贫、项目扶贫、消费扶贫等形式，开展精准帮扶。中国华电集团乌江水电开发公司投资建设构皮滩、思林、沙沱三个通航工程，全力推进乌江"黄金航道"复航，为贵州省融入长江经济带发展战略打通"水路经脉"。同时，结对帮扶贵州省沿河土家族自治县，累计投入帮扶资金 8656 万元，为贵州撕掉千百年绝对贫困标签贡献了"乌江力量"。贵州农信充分发挥脱贫攻坚金融主力军作用，在助力贵州打赢脱贫攻坚战中，不断创新机制、服务、产品、模式，贵州省农信系统共派出驻村第一书记、驻村干部 136 人，驻村人员累计走访群众 2 万户（次），协调解决矛盾纠纷 280 余起，提出发展建议 500 余条，培养致富带头人 120 名，协助引进发展项目（技术）165 项，引进发展资金 2288 万元，协调信贷资金 6 亿元，为确保按时高质量打赢脱贫攻坚战发挥了积极作用。贵州银行党委紧紧聚焦补齐基础设施短板、农业供给侧结构性改革，重点支持全省"十二大产业"发展，累计支持项目 128 个，发放扶贫产业子基金、绿色产业扶贫贷款 169 亿元，信贷扶贫资金对贫困地区发展"一县一业、一乡一特、一村一品"提供了有力支撑，促进了食用菌、刺梨、茶业、生态畜禽等特色产业发展。在贵州银行产业扶贫贷款支持下，关岭牛、普定韭黄、丹寨蓝莓、盘州刺梨、纳雍土鸡等农业产业龙头企业不断发展壮大，对促进贵州农村产业革命和贫困地区农业产业结构调整发挥了重要作用。高速集团党委先后承担从江、荔波 2 个县 11 个村、雷山县大塘镇脱贫攻坚任务，结对长顺县 3 个村壮大村级集体经济帮扶工作。结合扶贫村寨交通、信息不变的实际情况，高速集团组织研发了"通村村"农村出行服务平台，把信息技术引入脱贫攻坚，实现了快递进村、小件快运、电商物流、农村货运等新型农村"一站式"服务，打通了"黔货出山"农村物流"最后一公里"。目前，"通村村"已实现全省 88 个县（市、区）全覆盖，建成村级服务站 15000 余个，累计注册用户 53 万人，2019 年被交通运输部列为重点推动的民生工程。共派出帮扶干部 56 人次，定点帮扶的 11 个村 1026 户实现脱贫，贫困发生率从 59.90% 降至 2.27%，为奋力实现百姓富、生态美的多彩贵州新未来做出了贡献。贵盐集团发展特色养殖让群众钱包鼓起来，先后帮助平塘县者密镇拉关村、金玉村发展生态黑猪养殖、西门塔尔精品牛养殖、中药材种植、中华蜜蜂等特色产业，共投入扶贫资金 1220 万元，实施扶贫项目 26 个，项目覆盖 409 户贫困户 1531 人。2019 年，拉关村、金玉村两村人均收入分别达到 7800 元和 8200 元，2020 年率先实现脱贫摘帽。贵州现代物流集团依托贵州现代物流产业投资公司、贵州省生产资料服务有限公司的优势资源，发挥蔬菜集团主力军作用、发挥黄牛集团带动作用，着力打通农产品内联外通、产销对接的网络体系，促进贵州农产品销售，丰富"黔优名品"，通过项目带动 21 万贫困人口脱贫，直接带动 1.1 万人就业，链接产业基地 5000 多个。发挥产投公司资源优势，降低冷链物流运输成本，自购冷链车辆 369 台，为推进"黔货出山"提供了保障。航投集团定点帮扶对象为全国深度贫困县紫云县板当镇摆羊村和新场村，两村辖 19 个自然村民组，建档立卡贫困户共计 304 户 1278 人。航投集团充分发挥党组织优势，加大对帮扶村的帮扶力量，在强化组织保障、汇聚企业效能、选准扶贫产业项目等方面狠下功夫，帮助两个村建成蔬菜大棚 15 个共 3838 平方米、林下养蜂 1000 余箱、林下养鸡 1 万羽和 460 平方米的养猪场，建成冷库、喷灌等配套设施，对口帮扶工作取得积极成效，两村贫困发生率分别由原来的 47.68% 和 18.3% 下降到 2.63% 和 2.6%。贵州磷化集团在榕江县产业帮扶上紧紧围绕"一主业（中药材示范种植）、一特色（蔬菜瓜果示范种植）、两营销（农资销售、农产品销售）"的扶贫工作思路，成立贵州瓮福榕江农业开发有限公司为群众脱贫"找路子"，实现自我"造血"脱贫。在中药材示范种植上，扶贫队通过引进罗汉果种植项目，采取"公司+合作社+农户"的模式，在榕江县推广种植达到 1000 亩。贵州机场集团坚持以"空港先锋"党建品牌为引领，积极推动"黔货出山""黔货出洋"，在贵阳机场打造了扶贫农副产品展销中心，架起了扶贫企业与消费市场的桥梁，全力助推消费扶贫，积极引入省级扶贫龙头企业以及地理标志认证、驰名商标、省级名牌等产品，扶贫农副产品展销中心入驻企业已增至 155 家，涵盖了贵州省各市、县扶贫点及区域的特色产品，带动扶贫农副产品销售 3300 万元、带动扶贫 3 万余人。贵州酒店集团紧紧围绕"产业规模化、产品高端化、包装精致化、效益持久化"的产业项目发展方向，积极探索可持续发展脱贫攻坚产业项目发展模式，引导台江县方召镇农民专业合作社联合成立贵州方兴科技有限公司，已建成果蔬脆加工厂、蜂蜜加工厂、糖果加工厂、茶叶加工厂、蔬果菌烘干厂，生产线具备年产1.5万吨产品能力，每年可消化台江县及周边地区香菇、南瓜、马铃薯、红薯等农产品原材料8万吨以上，累计实现销售收入459.83万元，已实现分红89万元，带动2097户贫困户实现增收脱贫。乌江能源集团协助精选优化帮扶项目，2020年引投入资金95万元，帮助帮扶的新房乡通作楷村发展茶叶806亩、蔬菜700亩，营上村种植蔬菜1286亩，帮助昆寨乡碓窝河村发展种桑790亩、花豆1000亩，岩上村种桑1200亩养蚕，四个村产业发展覆盖贫困群众559户2923人，动员集团各级职工食堂对接采购、食用贫困地区农副产品115.88万元，职工个人购买结对帮扶村农特产品21.4万元。茅台集团在帮扶工作中，2015~2020年累计投入资金3.2亿元，修建大磏镇文家坝旅游小康示范村、支持打造20余个蔬菜种植示范基地，发展酒用高粱基地1万余亩，带动160余户贫困户稳定就业，户均增加收入5万余元，105户贫困户353人脱贫。①

二、贵州国资国企帮扶贫困县的做法及经验

贵州国资国企系统充分发挥自身优势，在产业扶贫、消费扶贫、就业扶贫、教育扶贫等方面加大帮扶力度，探索形成了富有特色、行之有效的做法及经验，充分彰显了国有企业听党指挥的政治担当和为民服务的社会担当，为建设百姓富、生态美的多彩贵州新未来贡献了国企力量。

---

① 资料来源：贵州省国资委。

（一）主要做法

（1）组织领导上全力保障。省国资委及时调整以省国资委党委书记、主任为组长的脱贫攻坚工作领导小组，整合改革、规划、考核等有关处室，进一步充实领导小组办公室力量，不断加强对脱贫攻坚的统筹部署和考核调度。督促系统有帮扶任务的国有企业成立帮扶领导小组及办公室，由主要负责同志任组长，分管负责同志任副组长，统筹推进结对帮扶，建立健全督查考核机制，做到定人定岗定责，层层压紧压实责任。切实发挥企业党组织主要负责人作为第一责任人的牵头抓总作用。

（2）工作安排上全面部署。省国资委及系统企业认真落实贵州省委、省政府对脱贫攻坚"春风行动""夏秋攻势""冬季充电"的有关要求，党委（党组）每年召开2次以上专题会议研究部署扶贫工作，将扶贫工作纳入本单位年度工作要点，做好统筹调度，明确细化领导及部门职责。着力提高帮扶工作精准度，企业主要领导每年到定点扶贫县（乡、村）调研、指导工作2次以上，其他领导每季度轮流到定点扶贫县（乡、村）检查指导工作1次以上，每年实施帮扶项目1个以上，提出帮助培育引进一户龙头企业、帮助实施一个产业扶贫项目、帮助培育一个优势农产品、帮助建立一条完善的产业扶贫机制、帮助建立一个利益联结机制、帮助建立一条产销联结机制、帮助培养一批农村致富带头人"七个一"目标任务，持续抓好产业帮扶、结构优化、产销对接、利益联结、基层党建等工作，在基础设施、吸纳就业、人才培训、产业培育等方面加强与定点帮扶地区的合作，在产业发展、项目建设、招商引资等方面给予定点帮扶地区具体指导和帮扶，召开国有企业助力脱贫攻坚工作推进会，全面总结贵州省国资委党委及国有企业在脱贫攻坚工作方面取得的成绩，交流国有企业结对帮扶工作经验，指出存在的问题和不足，对国有企业结对帮扶工作作出安排部署。

（3）跟踪调度上下硬功夫。企业选派参与贵州省驻村工作的第一书记和驻村干部开展岗前集中培训，进一步加强同步小康驻村工作第一书记和驻村干部管理，健全驻村人员帮扶管理台账，对企业帮扶工作实行"月调度、季小结、年考核"，每月定期调度帮扶进展情况，及时掌握工作动态。深入开展调研分析，及时查找问题和不足，认真分析研究。突出重点指导，建立脱贫攻坚国企帮扶工作群和国企驻村干部工作群，加强工作指导和沟通，对年度计划整体脱贫的结对帮扶企业及驻村干部进行重点指导，帮助解决困难、疏导压力、打气鼓劲，确保完成脱贫攻坚任务。

（4）督查考核上较真碰硬。认真落实贵州扶贫工作考核要求，对参与帮扶工作的企业日常考核和年度考核进行全面部署，着力加强对驻村人员的管理考核，采取实地走访、明察暗访、随机抽查等方式，对驻村干部和第一书记工作情况进行督促检查，对督查检查和考核中发现的问题，限期抓好整改落实，对不能胜任工作的第一书记和驻村干部及时进行调换，对不讲纪律擅自撤离和调整第一书记、驻村干部的，严肃追究相关人员责任。认真发现、挖掘、选树、宣传、表彰在脱贫攻坚中涌现出的先进人物，及时总结脱贫攻坚成果，大力推广好经验、好做法，凝聚打赢脱贫攻坚战强大正能量，盘江集团赫章康兴扶贫开发有限公司等荣获全省脱贫攻坚组织创新奖，茅台集团荣获"2020年全国脱贫攻坚组织创新奖"。

（二）主要经验

（1）坚持强化领导、压实责任，细耕扶贫"责任田"。2020年是脱贫攻坚决胜之年，新冠肺炎疫情又带来新的挑战。贵州国资委系统企业始终坚持贯彻落实习近平总书记关于统筹推进疫情防控和经济社会发展、决战决胜脱贫攻坚等重要讲话精神，慎终如始抓好疫情防控，持续深入推进脱贫攻坚，确保高质量完成脱贫攻坚各项帮扶任务，各方面工作取得显著成效。贵州省国资委于2020年初即对系统企业脱贫攻坚工作进行全面安排部署，制定印发了《关于做好2020年脱贫攻坚工作的通知》，明确了各国有企业2020年脱贫攻坚工作重点、目标任务等。继续将扶贫工作纳入企业党建考核范围，与企业绩效考核挂钩，层层传导压力、层层落实责任。在监管企业负责人年度经营业绩考核中建立扶贫投入导向机制，将企业扶贫支出计入利润总额，同时影响其他关联考核指标，进一步加大对监管企业负责人抓扶贫开发的评估考核力度，鼓励和引导监管企业积极履行政治责任和社会责任。系统企业层层压实责任，狠抓工作落实，既做"规定动作"，又做"自选动作"，驰而不息推进脱贫攻坚工作取得全面胜利。

（2）坚持产业帮扶、精准发力，打通产业"致富路"。为认真贯彻贵州省委、省政府大扶贫战略行动，自2015年国有企业结对帮扶贫困县以来，茅台集团、盘江集团、磷化集团等20家有经济实力的国有企业结对帮扶20个贫困县，实现深度贫困县全覆盖。截至2020年11月23日，国有企业结对帮扶的20个贫困县全部脱贫摘帽。在结对帮扶工作中，帮扶企业充分发挥自身品牌、技术、资金、管理、市场开拓等优势，结合受帮扶县实际，因地制宜，抓好产业帮扶，帮助贫困县发展主导产业，紧紧围绕"精准扶贫、精准脱贫"方略，坚持以市场为导向，加大产业扶贫力度，积极帮助引进、培育龙头企业，大力发展特色种养殖业、乡村旅游、农村电商等产业扶贫项目，加快培育具有贫困地区特色的主导产业，增强贫困地区发展内生动力。

（3）坚持补齐短板、做强弱项，写好扶贫"大文章"。贵州国有企业积极履行社会责任，严格落实"四个不摘"要求，坚持帮扶资金规模不减、帮扶工作力度不减、帮扶力量不撤，持续发挥产业、资金、就业等方面的优势和专业专长，打好"四场硬仗"和持续深化农村产业革命，积极帮助和引导帮扶地区抓好基础设施、医疗教育、文化产业等建设，大力支持贫困地区道路、水电、教育、医疗、农村危房改造、易地扶贫搬迁等基础设施建设项目，助推贫困地区生产生活条件不断改善，帮助研究谋划农业结构调整的具体项目和细化措施，扩大产业规模，帮助优化产业结构，大力发展蔬菜、茶叶、生态家禽、食用菌、中药材等特色优势产业，帮助建成特色优势农业高产高效示范项目，培育优势农产品，提升质量效益，带动贫困户增收致富。

（4）坚持尽锐出战、真抓实干，当好群众"贴心人"。为打赢脱贫攻坚这场"硬仗"，根据贵州省委、省政府的安排部署，贵州国资委系统企业持续选派一大批思想好、作风正、能力强的优秀第一书记和驻村干部到基层，与贫困群众一道攻克脱贫攻坚最后堡垒。省国资委共组织69户系统企业向66个贫困县，派出700名驻村工作队员帮扶497个贫困村。在2020年"贵州省2020年脱贫攻坚'七一'表彰大会"中，贵州省国资委系统共有13名同志获"全省脱贫攻坚优秀共产党员"荣誉称号，10名同志获"全省脱贫攻坚优秀基层党组织书记"荣誉称号，受表彰人数创历年新高。

（5）坚持产销对接、畅通渠道，确保脱贫"成色足"。贵州国资委系统企业坚持以市场为导向，强化农特产品定向直通直供直销，依托具有技术力量、资源优势和销售渠道的"贵天下""电商云""绿通惠农""福农宝"等，切实推进"农企对接"工作，大幅提升农产品商品化率，提高贫困群众收入。通过搭建贵州农产品线上销售体系，积极推动黔货出山。自主建设运营的B2C商城那家网、到村里平台，现已入驻贵州本土商家3000余家，在售产品2万余个，累计销售贵州产品10亿多元。贵州电商云建设运营的美乘网，已成为贵州最大扶贫农产品集采集配服务商，先后与贵州22个贫困县200余家合作社、企业建立采购关系，自营社区生鲜门店12家，日均产品配送量在15吨以上，累计已配送贫困地区蔬菜450余万斤、肉禽蛋73万斤、粮油米面4200余万斤。抓好利益联结，提高增收实效。省国资委所属国有企业全面推行"公司+合作社+农户"发展模式，加快扶持发展农业合作社，建立健全以利益联结机制为核心的精准扶贫机制，落实农户在产业链、利益链、价值链中的环节和份额，通过龙头企业和千家万户农民的有效联结，确保农民获得实实在在的收益，推动贫困群众持续稳定增收，实现企业与贫困户双赢。

（6）坚持巩固提升、强化督战，有效防止"返贫致贫"。坚决贯彻落实脱贫摘帽县"四个不摘"工作要求，以更强信心、更大决心，坚决攻克最后贫困堡垒，持续推进全面脱贫与乡村振兴有效衔接，为实现与全国全省同步全面进入小康社会和实施乡村振兴战略奠定坚实基础。2020 年，贵州省国资委及时下发《关于做好脱贫攻坚挂牌督战工作的通知》等文件，坚持问题导向、目标导向、结果导向，加强研判评估，加快扶贫项目开工建设，促进贫困劳动力务工就业，参与 9 个未摘帽的深度贫困县和 3 个剩余贫困人口超过 1 万人的拟摘帽县（区）开展挂牌督战的 22 户国有企业，抽调精干力量，参加工作专班，及时发现问题、解决问题。按照挂牌督战工作的时点，到 2020 年 6 月底，参与"9+3"贫困地区帮扶的 22 户企业共选派 136 名同志参加挂牌督战工作，实地走访 8679 户建档立卡贫困户、37765 名建档立卡贫困人口，督查各项脱贫攻坚工作落实情况①。同时，省国资委组建成立 7 个督查组，开展冲刺 90 天打赢歼灭战督战督查工作，全面准确掌握参与"9+3"贫困地区帮扶的 22 户企业挂牌督战工作情况，及时跟踪调度，助推工作落实。在挂牌督战工作期间，由省国资委领导带队，各处室派员参加，对 22 户企业帮扶情况和省国资委帮扶雷山情况进行了实地督查，共开展 21 次实地督查，共计 63 人参与涉及 50 个村 849 户 2780 人的实地走访督查工作②，及时发

---

① 资料来源：贵州省国资委监管企业决战脱贫攻坚彰显国企担当［N］. 经济日报，2020-08-06.

② 资料来源：国企担当：5 年投入 284 亿元，贵州国企为减负贡献力量［EB/OL］.［2020-11-09］. http：//baijiabao. baidu/s？id=1682568703313420828&wfr=spider&for=pc.

现问题并督促整改落实，涉及剩余贫困人口目前已全部达到脱贫标准，进一步脱贫巩固提升。

三、持续巩固拓展脱贫成果同乡村振兴有效衔接的思考

贵州是全国脱贫攻坚主战场，是全国贫困人口最多、脱贫攻坚任务最重的省份，2020年11月23日，随着贵州省紫云县、纳雍县、威宁县、赫章县、沿河县、榕江县、从江县、晴隆县、望谟县9个县全部退出贫困县序列，全国832个贫困县实现全部"清零"。贵州国有企业为全省决战决胜脱贫攻坚、同步全面小康作出了重要的贡献。进入"十四五"，如何做到"摘帽不摘责任、摘帽不摘政策、摘帽不摘帮扶、摘帽不摘监管"，持续巩固发展脱贫成果，推动脱贫攻坚与乡村振兴有机衔接，确保贫困退出的稳定和可持续，是国有企业的一项重大课题。为此，要继续深入贯彻习近平总书记扶贫工作重要论述，在贵州省委、省政府的坚强领导下，全面落实"六保""六稳"任务，充分发挥国有企业在贵州经济社会的"稳定器""压舱石"作用，在确保全面高质量打赢脱贫攻坚战的基础上，保持决战状态，多措并举巩固脱贫攻坚成果，认真谋划好脱贫攻坚与乡村振兴的有效衔接，支持脱贫摘帽地区接续推进乡村振兴，推动脱贫攻坚与乡村振兴有机衔接。

一是谋划实施乡村振兴战略。实施乡村振兴战略是一项长期而艰巨的任务，要根据党的十九届五中全会及贵州省委十二届八次全会精神，将国有企业在贵州脱贫攻坚可推广的创新做法纳入乡村振兴战略之中，有效推进巩固脱贫攻坚成果与实施乡村振兴战略有机衔接，使之常规化、制度化、普及化，形成乡村振兴与贫困治理的良性互动，支持脱贫摘帽地区接续推进乡村振兴，推动脱贫攻坚与乡村振兴有机

衔接，实施乡村建设行动，推进乡村全面振兴，持续抓好农村人居环境整治，推进"四化提升·美丽乡村"建设，引导群众自觉形成良好生活习惯，建设产业兴旺、生态宜居、乡风文明、治理有效、生活富裕的美丽乡村。

二是纵深推进农村产业革命。大力推进农业现代化，充分发挥国有企业在项目、资金、管理等方面的优势，突出国有资本的带动引领作用。充分发挥国有企业在纵深推进农村产业革命中的积极作用，推动有关国有企业资金、项目等资源投向和布局农村产业急需的地方。深入推进农村产业革命，大力发展现代山地特色高效农业，做大做强茶叶、食用菌、蔬菜、牛羊、特色林业（竹、油茶、花椒、皂角等）、水果、生猪、中药材、刺梨、生态渔业、辣椒、生态家禽12个重点农业特色优势产业，提高农业质量效益和竞争力，推动农村一二三产业融合发展，构建高质量发展乡村建设体系。围绕"推动农业从自给自足向参与现代市场经济转变、从主要种植低效作物向种植高效经济作物转变、从粗放量小向集约规模转变、从'提篮小卖'向现代商贸物流转变、从村民'户自为战'向形成紧密相连的产业发展共同体转变、从单一种植养殖向一二三产业融合发展转变"等方面，全面推动传统农业向现代农业转变，帮助所帮扶的贫困地区发展一批有特色、见效快、具有"造血"功能的扶贫产业。

三是完善产销对接、推动"黔货出山"。进一步完善产销对接机制和利益联结机制，围绕对接市场消费需求，依托国有企业网购销售平台，大力采购、仓储、配送、运营贫困地区农特产品，确保从贫困地区采购的农产品占职工食堂采购总价值的50%以上，每个帮扶点都有1个以上农产品通过定向直通渠道进入企业职工食堂。努力将贵州物流集团培育成为贵州农产品流通领域的龙头企业。进一步发挥贵州机场集团、贵州航空、贵州高速集团等企业平台作用，助推黔货出山、进城、出省，带动更多的已脱贫的群众持续增收。

四是持续巩固脱贫成效。按照"摘帽不摘责任、摘帽不摘政策、摘帽不摘帮扶、摘帽不摘监管"的要求，把防止返贫放在重要位置，继续执行脱贫攻坚主要政策，保持现有帮扶政策、资金支持、帮扶力量总体稳定，做到扶贫工作队不撤，以"留下"一支永远不走的工作队、"留下"一批强劲的合作社、"留下"一份殷实厚重的村集体资产、"留下"一套高效管用的乡村治理体系"四个留下"为抓手，进一步统筹抓好劳务就业扶贫、大学生就业、农民工就业等重点工作，积极挖掘潜力，加强精准对接，创造更多就业岗位，千方百计解决群众务工难题，充分彰显国资国企讲政治、顾大局、惠民生、保就业的责任担当。

附录 2021年贵州乡村振兴大事记

一月

7日，"贵州省易地扶贫搬迁基本公共服务标准体系"建设和试点工作新闻通气会在贵阳举行，正式发布《贵州省易地扶贫搬迁基本公共服务标准体系》，这是全国首次发布的针对易地扶贫搬迁基本公共服务的标准。该标准将于2021年4月1日起正式实施。

20日，中共贵州省委农村工作会议暨全省巩固拓展脱贫攻坚成果与乡村振兴有效衔接工作会议在贵阳举行。会议指出，坚持把解决好"三农"问题作为全省工作重中之重，以高质量发展统揽"三农"工作全局，坚决巩固拓展好脱贫攻坚成果，奋力推动贵州在实现农业高质高效、乡村宜居宜业、农民富裕富足道路上大踏步前进。会议从战略全局高度深刻认识，谋划部署新发展阶段贵州"三农"工作，推动农业农村朝着现代化迈进。

21日，贵州省农业农村局长会议在贵阳召开。会上，总结2020年和"十三五"期间全省农业农村工作，提出2021年要着力抓好提升粮食和重要农副产品供给保障能力、做大做强农业特色优势产业、加快推进生态畜牧渔业提档升级、加快发展农产品精深加工、不断强化农业科技支撑、大力实施现代种业提升行动、持续加强农业基础设施建设、全面落实重点水域禁渔工作、大力实施乡村建设行动、坚定不移深化农村改革十项重点工作。

26 日，贵州省统计局发布消息，2020 年全省农林牧渔业总产值实现 4358.62 亿元，同比增长 6.5%，增速连续 7 年位居全国前列。

二月

贵州省委组织部、省财政厅联合印发《关于建立正常增长机制进一步加强村级组织运转经费保障工作的通知》，制定 "12 条干货"，明确 "345" 保障底线，即村党组织书记基本报酬按不低于所在县区上年度农民人均可支配收入的 3 倍且年收入不低于 4 万元，支书主任一肩挑的年收入不低于 5 万元。

三月

1 日，《中华人民共和国政府与欧洲联盟地理标志保护与合作协定》正式生效，贵州共 15 个地理标志产品被纳入互认产品清单。

12 日，贵州 33 个村（社区）入选司法部、民政部的第八批 "全国民主法治示范村（社区）"。

15 日，《中共贵州省委　贵州省人民政府关于全面推进乡村振兴加快农业农村现代化的实施意见》发布。围绕巩固拓展脱贫攻坚成果，有效衔接乡村振兴；推进山地农业现代化，打造现代山地特色高效农业强省；实施乡村建设行动，提升农村现代化水平；深化农村改革，增强农业农村发展活力；加强党对 "三农" 工作的全面领导等方面提出了 37 条具体措施。

18 日，《贵州日报》报道：近日该报记者从贵州省信息中心了解到，针对此前扶贫资金涉及面广、项目多、监管难等痛点，贵州推出脱贫攻坚投资基金区块链管理平台，实现了扶贫资金的透明使用、精准投放和高效管理。

23日，贵州首家"立案邮政便民服务中心"在贵州省黔东南州丹寨万达小镇挂牌运行。

30日，六盘水市水城区天门村获"全国生态文化村"称号。

四月

1日，《小康》杂志社发布了"2021中国最美乡村百佳县市"榜单。荔波县以93.22分位列榜单的第39名。

18日，以"干净黔茶·全球共享"为主题的第13届贵州茶产业博览会在遵义湄潭开幕，省委书记、省人大常委会主任谌贻琴，省委副书记、省长李炳军作批示，省委副书记蓝绍敏讲话并宣布开幕，省人大常委会党组书记、副主任慕德贵宣读批示，省政协副主席李汉宇出席。

23日，贵州省脱贫攻坚总结表彰大会在贵阳举行。会上对贵州脱贫攻坚历史进程中涌现出的先进集体和先进个人进行表彰。授予贵阳市委办公厅等1000个集体"贵州省脱贫攻坚先进集体"称号；授予刘明兰等1500人"贵州省脱贫攻坚先进个人"称号。

24日，贵州省委书记、省人大常委会主任谌贻琴，省委副书记、省长李炳军在贵阳会见中央农办副主任、农业农村部党组成员、国家乡村振兴局局长王正谱一行，省委副书记蓝绍敏，省领导吴强、吴胜华参加会见。

26日，贵州召开全省脱贫攻坚问题整改工作电视电话会议，督促推进脱贫攻坚成效考核发现问题整改。

28日，贵州省新选派驻村第一书记和驻村干部动员部署电视电话会议在贵阳召开。贵州省委书记、省人大常委会主任谌贻琴作批示。贵州省委常委、省委组织部部长刘捷出席会议并讲话。

五月

8日，贵州省委副书记、省长李炳军到省农业农村厅调研。他强调，按照贵州省委十二届九次全会的部署，加快推动农业现代化，奋力实现农业高质量发展。

9日，贵州省委副书记、省长李炳军赴贵阳市修文县调研乡村振兴和农业现代化工作。他强调，要深入学习领会习近平总书记视察贵州重要讲话精神，认真落实省委十二届九次全会部署，坚持市场导向，加快农业现代化，高质量推动乡村全面振兴。

10日，贵州省委常委会召开会议，听取全省巩固拓展脱贫攻坚成果工作情况汇报，研究部署开展"回头看"工作。贵州省委书记、省人大常委会主任谌贻琴主持会议并讲话。省委副书记、省长李炳军，省政协主席刘晓凯，省委副书记蓝绍敏，省委常委，省人大常委会、省政府有关负责同志，省法院院长、省检察院检察长参加了会议。

12日，贵州省农业现代化推进大会在贵阳举行。省委副书记、省长李炳军出席会议并讲话，省委副书记蓝绍敏作工作安排。李炳军在讲话中强调，要认真学习贯彻习近平总书记视察贵州重要讲话精神，坚持以高质量发展统揽全局，闯新路、开新局、抢新机、出新绩，必须推动农业高质量发展，推进新型工业化、新型城镇化、旅游产业化，必须为农业现代化提供基础支撑。

25日，贵州省乡村振兴局正式挂牌。

28日，贵州省乡村振兴系统9个集体和12名个人获得"全国乡村振兴（扶贫）系统先进集体、先进个人"表彰。

六月

17日，中国工商银行贵州省分行金融服务乡村振兴战略合作签约仪式在贵阳举行。该行分别签署了《金融服务贵州省乡村振兴战略合作协议》《农业信贷担保战略合作协议》。该行将力争"十四五"期间在乡村振兴领域融资投放1500亿元，并在农业担保业务领域合作不低于60亿元。

18~19日，国家乡村振兴重点帮扶县工作会议在毕节召开。中共中央政治局委员、国务院副总理胡春华出席会议并讲话。会议强调，严格按照党中央、国务院和省委、省政府决策部署，以更加集中的支持、更加有效的举措、更加有力的工作，加快国家乡村振兴重点帮扶县发展，让脱贫基础更加稳固、成效更可持续，确保在全面推进乡村振兴的新征程中不掉队，为加快实现农业农村现代化奠定坚实基础。

24日，贵州省委副书记、省长李炳军主持召开省政府常务会议，传达学习国家乡村振兴重点帮扶县工作会议精神和中共中央政治局委员、国务院副总理胡春华在贵州省考察时的重要讲话精神。会议强调，要确保重点帮扶县与全省其他县一道全面实现乡村振兴；要转变工作思路方法，从解决"两不愁三保障"转向推动乡村全面振兴，从突出到人到户转向推动区域发展，从以政府投入为主转向政府市场有机结合；要用好用足国家支持政策，加强汇报沟通和项目谋划；要扛起维护粮食安全的政治责任，加强高标准农田建设，确保粮食产量稳定；要切实巩固拓展脱贫攻坚成果，探索分类推进乡村振兴，促进脱贫人口持续增收、特色产业提质增效、乡风文明稳步提升；要压紧压实工作责任，确保各项工作落地见效。

28日，贵州省庆祝中国共产党成立100周年活动之一的"中国减贫奇迹的精彩篇章——贵州脱贫攻坚成就展"在贵阳开展。展览分为"序言""回首""谋划""开拓""风采""展望"六个篇章。共展出文字5万余字、图片3000余幅、视频51个以及脱贫攻坚实物120余件。现场通过场景复原、实物陈列、数字沙盘、触摸屏、多媒体投影等多种手段，全面展示贵州脱贫攻坚的光荣历程、重大成就和宝贵经验，生动讲述全省广大党员干部、社会各界和人民群众中涌现出的脱贫攻坚英雄模范和感人故事。

七月

6日，贵州省委、省政府印发《关于加快推进林下经济高质量发展的意见》。提出到2025年，全省林下经济利用面积新增1000万亩（总规模达3200万亩以上），全产业链年总产值达1000亿元以上；培育形成林下经济类省级林业龙头企业100家以上，其中国家级林业重点龙头企业5家以上。

7日，贵州省2021年中小学幼儿园教师国家级培训计划将重点支持农村义务教育学校、幼儿园骨干教师、校园长和培训者深度培训。除跨年度实施项目以外，原则上所有项目要在2021年12月31日前实施完成。

8日，为进一步做好农产品深加工（食品）高成长企业培育工作，指导好高成长企业申报农业现代化基金，贵州省农业农村厅组织召开指导高成长企业申报农业现代化基金专题会议。

12~16日，中共中央政治局常委、全国人大常委会委员长栗战书先后到贵州省贵阳市、黔南州、黔东南州、铜仁市和六盘水市调研，了解当地发展优势产业，带动群众就业等情况。主持召开座谈会，围绕乡村振兴促进法实施听取意见建议。指出，要全面有效实施这部法律，推进农业全面升级、农村全面进步、农民全面发展。

16日，2021年第14期《求是》杂志刊发贵州省委书记谌贻琴署名文章《不负殷切嘱托　圆梦全面小康》。

22日，2021年贵州省村庄清洁行动"夏秋战役"正式启动，全省将围绕"四个持续"，推进全省村庄清洁行动"夏秋战役"。

30日，贵州省委书记、省人大常委会主任、省委全面深化改革委员会主任谌贻琴主持召开省委全面深化改革委员会第十三次会议。会上要求,要认真领会实施种业振兴行动的深刻内涵和重大意义,抓好种质资源普查收集、鉴定评价工作,着力建立一批区域性特色作物良种繁育基地,加大种业企业扶持力度,扎实抓好贵州省制种大县建设,做好种业振兴长远规划。

八月

2日,中共贵州省委、贵州省人民政府印发《关于分类分级推进乡村振兴的指导意见》。将全省除贵阳市云岩区、南明区以外的86个县(市、区、特区)分为乡村振兴夯实基础县(国家乡村振兴重点帮扶县)、乡村振兴重点推进县(省级乡村振兴重点帮扶县)和乡村振兴引领示范县三类,分类分级推进全省乡村振兴工作。

10日,贵州省人民政府印发《贵州省传统村落高质量发展五年行动计划(2021—2025年)》,将传统村落高质量发展作为全省在乡村振兴上开新局的重要内容,加快推进全省传统村落高质量发展。

14~16日,省委副书记、省长李炳军到遵义市湄潭县、凤冈县、余庆县调研。强调,要深入学习贯彻习近平总书记"七一"重要讲话和视察贵州重要讲话精神,贯彻落实中央关于乡村振兴各项决策部署和全国医改工作电视电话会议精神,坚持以人民为中心的发展思想,全面推进乡村振兴,持续深化医改工作,为经济社会高质量发展提供有力支撑。

29~31日,贵州省委副书记、省长李炳军到毕节市赫章县、威宁自治县调研。强调,要以高质量发展巩固脱贫成果、促进乡村振兴,不断提升人民群众获得感、幸福感、安全感。

30日,贵州省民政厅、贵州省财政厅、贵州省乡村振兴局联合出台《省民政厅 省财政厅 省乡村振兴局关于巩固拓展脱贫攻坚兜底保障成果进一步做好困难群众基本生活保障工作的实施意见》，为进一步做好困难群众基本生活保障工作，提出保持过渡期内社会救助兜底保障政策总体稳定、完善基本生活救助标准动态调整机制、建立低收入人口动态监测预警机制、完善主动发现快速响应机制、加大低收入人口救助力度、创新发展急难社会救助、积极开展服务类社会救助、完善社会救助家庭经济状况核算方法和核对机制、统筹发展城乡社会救助制度九项任务措施。

九月

6日，贵州省首家市级乡村振兴服务中心——贵阳市乡村振兴服务中心正式挂牌成立。

10日，贵州省人民政府印发《贵州省传统村落高质量发展五年行动计划（2021—2025年）》，明确贵州省未来五年传统村落高质量发展的八项重点任务。同日，粤黔东西部协作产业招商对接会在广州举行。贵州省委书记、省人大常委会主任谌贻琴出席并会见重要嘉宾。贵州省委副书记、省长李炳军作招商推介。广东省副省长王曦致辞。招商对接会上签署战略合作协议7个，产业投资项目26个，签约总金额618.8亿元。

10日，贵州省委副书记、省长李炳军主持召开省政府常务会议强调，全面推进乡村振兴，要扎实巩固脱贫攻坚成果，以更加务实作风和有力举措，坚决抓好国务院大督查等发现问题整改，举一反三提高各项工作水平。要以市场为导向，促进农业产业发展，强化农民主体地位，进一步优化农业组织经营方式。要加强农村风貌规划管控，深入开展农村脏乱整治，加快建设美丽乡村。要大力推进移风易俗，提升乡风文明水平。要大力培养农村致富带头人，为乡村全面振兴提供有力人才支撑。

10 日，贵州 11 地入选全国乡村旅游重点村和重点镇（乡）。其中，黔西南布依族苗族自治州兴义市万峰林街道等 4 个重点镇（乡）拟入选了第一批全国乡村旅游重点镇（乡）名单，毕节市黔西县新仁苗族乡化屋村等 7 个村拟入选了第三批全国乡村旅游重点村名单。

14 日，贵州省自然资源厅印发了《省自然资源厅关于强化用地保障支持农业现代化发展的通知》，强化用地保障支持农业现代发展。

23 日，贵州省人民政府新闻办在贵阳举行"贵州省 2021 年易地扶贫搬迁工作推进情况新闻发布会"。会上，有关负责人介绍，截至 2021 年 8 月底，全省搬迁劳动力外出务工 41.44 万人，建设就业帮扶车间 1082 个、解决易地扶贫搬迁就业 3.4 万人，通过鼓励支持各地因地制宜在安置区周边培育发展产业带动搬迁劳动力就业 5.2 万人，通过新型农村经营主体解决就业 3.1 万人。

29 日，贵州省委书记、省人大常委会主任、省委乡村振兴工作领导小组组长谌贻琴主持召开省委专题会议暨省委乡村振兴工作领导小组会议，审议贵州省全面推进乡村振兴"1+5"行动方案等文件。谌贻琴指出，巩固拓展脱贫攻坚成果是"十四五"时期全省上下的重大政治任务，全省各级各部门要始终站在战略全局的高度充分认识做好巩固拓展脱贫攻坚成果工作的重大意义，全力以赴做好巩固拓展脱贫攻坚成果工作，坚决把来之不易的成果巩固住、拓展好。

十月

20 日，贵州省乡村振兴局官网发布：近日贵州省委、省政府印发《贵州省全面推进乡村振兴五年行动方案》《贵州省巩固拓展脱贫攻坚成果五年行动方案》《贵州省发展乡村产业五年行动方案》《贵州省农村人居环境整治提升五年行动方案》《贵州省推进乡风文明建设五年行动方案》《贵州省加强乡村治理五年行动方案》。同日，贵州省人民政府办公厅印发《贵州省"十四五"林业草原保护发展规划》，统筹山水林田湖草系统治理，促进生态系统良性循环和可持续利用，着力构建贵州林业草原发展新格局。

十一月

1日，贵州省民政厅等14部门印发《关于高质量做好易地扶贫搬迁集中安置社区治理工作的实施意见》，进一步加强易地扶贫搬迁集中安置社区治理，做好易地扶贫搬迁后续扶持工作，确保搬迁群众稳得住、逐步能致富，顺利实现社会融入，保障安置社区和谐稳定。

3日，贵州省3个乡镇入选第二批全国乡村治理示范乡镇，29个村入选第二批全国乡村治理示范村。

3日，由国家权威部门和专业机构发布"2021中国最具安全感百佳县市"榜单出炉，贵州省遵义市播州区、黔东南州雷山县入选。播州区以92.11分位居榜单第13名，雷山县以87.85分位居榜单第93名。

9日，贵州5人上榜"全国农村创业创新优秀带头人典型案例推荐名单"，他们分别是贵州卓豪农业科技股份有限公司左祥文、安顺市平坝区万佳农产品开发有限公司郑汝忠、贵州省雷山县脚尧茶业有限公司吴先海、贵州油研纯香生态粮油科技有限公司余顺波、黔西县文丽蜡染刺绣有限公司尤华忠。

12日，贵州省修文县、习水县、织金县、都匀市、石阡县、绥阳县、仁怀市、镇宁自治县入围2021中国县域旅游发展潜力百强县市榜。

15日，贵州率先在全国建立低收入人口动态监测和常态化帮扶机制，全覆盖省、市、县、乡四级270.6万城乡困难群众。同日，贵州省开阳县南江乡醉美水果种植农民专业合作社上榜全国农民合作社典型案例名单，贵州省普安县黄万金烤烟种植家庭农场上榜全国家庭农场典型案例名单。

22日，贵州省贵阳市修文县六屯镇大木村、遵义市习水县桑木镇土河村等8个村入选2021年中国美丽休闲乡村；贵州省六盘水市盘州市两河街道岩脚社区、遵义市播州区枫香镇花茂村等18个村被纳入2010～2017年中国美丽休闲乡村监测合格名单。

25日，中共贵州省委副书记、省长李炳军主持召开省政府常务会议，部署巩固拓展脱贫攻坚成果工作。会议指出，要扎实巩固脱贫成果，严格落实"四个不摘"要求，抓实防贫监测帮扶、脱贫劳动力就业、易地搬迁后续扶持等工作。要巩固农业产业结构调整成果，深入实施乡村建设行动，促进农民群众持续增收、农村面貌持续改善，奋力在乡村振兴上开新局。

27日，由中国经济社会理事会和贵州省政协联合举办的助力贵州"在乡村振兴上开新局"主题研讨会在贵阳举行。贵州省委书记、省人大常委会主任谌贻琴出席。全国政协港澳台侨委员会主任、中国经济社会理事会副主席朱小丹主持研讨会。全国政协经济委员会副主任苗圩，国家发展和改革委员会原副主任杜鹰，全国政协常委王会生，省政协主席刘晓凯出席。全国政协农业和农村委员会副主任刘永富、陈晓华作主旨发言。

30日，2021年贵州省政府"十件民生实事"——应急广播系统建设提前一个月超额完成任务，实际完成2504个行政村应急广播系统建设。

十二月

14日，天眼新闻讯 近日省绿化委员会、省林业局组织开展了"贵州省森林城市"贵州省森林乡镇"贵州省森林村寨"贵州省森林人家"贵州省景观优美森林村寨"评选工作，贵州 1676 个县、乡镇、村寨和人家获选"森林"称号。

15 日，贵州省委常委会召开会议，省委书记、省人大常委会主任谌贻琴主持会议并讲话。会议强调，要扎实巩固拓展脱贫攻坚成果，聚焦"三落实一巩固"，严格落实"四个不摘"要求，用好五年过渡期政策，加强动态监测和精准帮扶，常态化开展"两不愁三保障"情况"回头看"，做好巩固脱贫成果后评估工作，全力以赴抓好问题整改，进一步完善巩固脱贫成果长效机制，奋力推进乡村振兴开新局。

17 日，贵州省委书记、省人大常委会主任、省委全面深化改革委员会主任谌贻琴主持召开省委全面深化改革委员会第十五次会议，会议审议通过了《关于夯实筑牢农村基层党组织战斗堡垒防范和整治"村霸"问题的实施意见》，会议强调，要建立健全防范和整治"村霸"问题长效机制，选优配强村"两委"班子特别是带头人，真正把基层组织建设成为团结带领广大群众推进乡村振兴的坚强战斗堡垒。

23 日，由省作协组织创作的《历史的丰碑——贵州决战决胜脱贫攻坚大纪实》大型报告文学丛书发布。丛书包含《贵州省卷》《贵阳市卷》《遵义市卷》《安顺市卷》《黔西南布依族苗族自治州卷》《铜仁市卷》《毕节市卷》《六盘水市卷》《黔南布依族苗族自治州卷》《黔东南苗族侗族自治州卷》10 卷，对贵州脱贫攻坚战役以来的成果建设、产业结构、人物事迹及特色亮点等进行总结，真情地讲述了贵州干部群众牢记嘱托、感恩奋进，努力拼搏、艰苦奋斗，构筑精神高地，走出经济洼地，向污染、向贫困发起总攻，打响脱贫攻坚总战役，努力实施新时代乡村振兴战略，走绿色可持续发展、实现经济转型新路子，解决农村现实问题特别是"留守儿童""空巢老人"等问题，探索相应扶贫模式的感人故事。

23 日，经贵州省政府同意，省人社厅、省财政厅、省林业局等 9 个部门联合印发《贵州省乡村公益性岗位开发管理办法》。该办法将自 2022 年 1 月 1 日起实施。

27 日，2021 年度巩固拓展脱贫攻坚成果同乡村振兴有效衔接考核评估省级工作对接会在贵阳召开。国家考核评估综合核查组组长、生态环境部副部长赵英民讲话，省委书记、省人大常委会主任谌贻琴主持会议并讲话。

28 日，2021 年度巩固拓展脱贫攻坚成果同乡村振兴有效衔接考核评估省级工作对接会在贵阳召开。国家考核评估综合核查组组长、生态环境部副部长赵英民讲话，贵州省委书记、省人大常委会主任谌贻琴主持会议并讲话，省委副书记、省长李炳军汇报贵州省 2021 年巩固拓展脱贫攻坚成果同乡村振兴有效衔接工作情况，广东省委常委叶贞琴汇报粤黔东西部协作工作情况，副省长吴胜华出席会议。同日，以"发展苗绣产业　助力乡村振兴"为主题的第五届中国纺织非物质文化遗产大会暨多彩贵州苗绣系列活动在贵阳举行，通过展示纺织非遗在脱贫攻坚、乡村振兴国家战略中发挥的重要作用，促进以苗绣为代表的贵州纺织类非遗的跨区域交流，加快推动苗绣产业高质量发展。